Günter Mertins (Hrsg.): Beiträge zur Stadtgeographie von Montevideo

MARBURGER GEOGRAPHISCHE SCHRIFTEN

Herausgeber: W. Andres, E. Buchhofer, G. Mertins
Schriftleiter: A. Pletsch

Heft 108

Günter Mertins (Hrsg.)

Beiträge zur Stadtgeographie von Montevideo

Marburg/Lahn 1987

Im Selbstverlag der Marburger Geographischen Gesellschaft e. V.

VORWORT DES HERAUSGEBERS

Montevideo nimmt unter den Metropolen Lateinamerikas in mehrfacher Hinsicht eine Sonderstellung ein. So weist es z.B. bezüglich Bevölkerungsentwicklung und -struktur, Zuwanderung, raum-zeitlichen Wachstumsphasen und Dominanz der Hauptstadt oder der relativ weiten Verbreitung degradierter Altbausubstanz bzw. dem vergleichsweise geringen Auftreten von Hüttenvierteln oft atypische metropolitan-lateinamerikanische Strukturzüge auf.

Jedoch fand dieser interessante "Spezialfall" mit der bereits um die Jahrhundertwende einsetzenden Metropolisierung in der internationalen Literatur nur nachrangige Beachtung, sucht man z.B. jüngere bevölkerungs- und/oder stadtgeographische Arbeiten über die Hauptstadt Uruguays vergebens. Erst in den letzten Jahren erschienen einige, z.T. historisch angelegte Untersuchungen uruguayischer Wissenschaftler vor allem über städtebaulich-architektonische und Planungsprobleme (vgl. die Literaturangaben zu den drei Beiträgen).

Daher kommt der Bearbeitung von Montevideo im Rahmen des von J. BÄHR (Kiel) und dem Unterzeichneten geleiteten Forschungsprojektes "Jüngere Tendenzen des Urbanisierungsprozesses in lateinamerikanischen Großstädten. Vergleichende Untersuchungen zu einem Modell der sozialräumlichen Differenzierung und Entwicklungsdynamik" eine besondere Bedeutung zu. Zwar stehen zunächst im Vordergrund:

- Aktualisierung und Erweiterung des Kenntnisstandes über die bevölkerungs- und stadtgeographische Entwicklung bzw. Strukturen sowie

- Detailanalysen, z.B. zur Altstadtsanierung oder zum "sozialen" Wohnungsbau, entstanden z.T. in enger Kooperation mit uruguayischen Institutionen/Organisationen, als Basis für weiterführende Programme oder Planungen.

Jedoch sollen diese Ergebnisse und diejenigen über die sozialräumliche Entwicklung und Differenzierung von Montevideo - mit der relativ früh einsetzenden und bereits mit dem Zweiten Weltkrieg abgeschlossenen Hauptwachstumsphase - später dazu beitragen, das "Idealschema der sozialräumlichen Differenzierung lateinamerikanischer Großstädte" (BÄHR/MERTINS 1981) gerade an diesem "Spezialfall" zu überprüfen, d.h. ob bestimmte, stadtstrukturell/-funktional bedeutsame Prozesse raumzeitlich differenziert in allen lateinamerikanischen Großstädten ablaufen und über ähnliche Gestaltungsprinzipien zu vergleichbaren sozialräumlichen Gefügemustern führen.

Die Erhebungen und Untersuchungen in Montevideo wurden in den Jahren 1982 und 1984/85 durchgeführt. Wir erfuhren dabei von vielen Institutionen, Organisationen und Einzelpersonen zuvorkommende Unterstützung, die von der Materialeinsicht und -beschaffung, über Anregungen, Hinweise und Diskussion bis zur Mithilfe bei Kartierungen, Erhebungen etc. reichten. Dafür sei an dieser Stelle ausdrücklich gedankt, besonders jedoch

- Mariano ARANA, Architekt,
  Grupo de Estudios Urbanos

- J. Fernando CHEBATAROFF RETA, Architekt
  SEPLACODI und Instituto de Historía de la Arquitectura,
  Universidad de la República

- Juan A. CRISPO CAPURRO, Architekt,
  Comisión Especial Permanente de la Ciudad Vieja,
  Grupo Técnico de Trabajo, Plan Director
  (Intendencia Municipal).

- Isabel DAROCZI H., Licenciada en Geografía,
  Depto. de Geografía, Universidad de la República

- Enrique S. PEES BOZ, Subgerente General,
  Banco Hipotecario del Uruguay

- Lina SANMARTIN, Architektin,
  Grupo de Estudios Urbanos

- Ernesto SPOSITO,
  Grupo Técnico de Trabajo, Plan Director
  (Intendencia Municipal)

- Thomas SPRECHMANN, Architekt
  Taller de Investigaciones Urbanas

Die Stiftung Volkswagenwerk hat die Untersuchungen in Montevideo im Rahmen des genannten Forschungsprojektes stets großzügig gefördert, wofür ich auch an dieser Stelle - und gleichzeitig im Namen von J. BÄHR - herzlich danke.

Marburg, im Oktober 1987   G. MERTINS

Bereits vorliegende Publikationen und abgeschlossene Untersuchungen aus dem Forschungsprojekt

"Jüngere Tendenzen des Urbanisierungsprozesses
in lateinamerikanischen Großstädten.
Vergleichende Untersuchungen zu einem Modell
der sozialräumlichen Differenzierung und Entwicklung".

J. BÄHR: Innerstädtische Wanderungsbewegungen unterer Sozialschichten und peripheres Wachstum lateinamerikanischer Metropolen (mit Beispielen aus Santiago de Chile und Lima). - K. KOHUT (Ed.): Die Metropolen in Lateinamerika - Hoffnung und Bedrohung für den Menschen (= Eichstätter Beiträge 18, Abt. Lateinamerika, Bd. 2), Regensburg 1986, S. 143-178.

— The impact of socio-political structures on intra-urban migration of low-income groups and the peripheral growth of Latin American metropolitan areas (including examples from Lima and Santiago de Chile). - J.M.G. KLEINPENNING (Ed.): Competition for rural and urban space in latin america. Its consequences for low income groups (= Nederlandse Geografische Studies 25), Amsterdam - Nijmegen 1986, S. 140-163.

— Bevölkerungswachstum und Wanderungsbewegungen in Lateinamerika. Jüngere Entwicklungstendenzen anhand eines Literaturüberblicks. - E. GORMSEN/K. LENZ (Eds.): Lateinamerika im Brennpunkt. Aktuelle Forschungen deutscher Geographen. Berlin 1987, S. 111-154.

— Der Einfluß gewandelter politischer und wirtschaftlicher Rahmenbedingungen auf die Entwicklung von Wohngebieten in lateinamerikanischen Metropolen; die Beispiele Montevideo und Santiago de Chile. - Jahrbuch der Geographischen Gesellschaft zu Hannover für 1987. Hannover 1987 (im Druck).

— G. KLÜCKMANN: Staatlich geplante Barriadas in Peru. Dargestellt am Beispiel von Villa El Salvador (Lima). - Geographische Rundschau 36, Braunschweig 1984, S. 452-459.

— G. KLÜCKMANN: Sozialräumliche Differenzierung von Wohngebieten unterer Einkommensgruppen in lateinamerikanischen Metropolen: Die Beispiele Santiago de Chile und Lima. - Ibero-Amerikanisches Archiv, N.F. 11, Berlin 1985, S. 283-314.

— G. KLÜCKMANN: Diferenciación socio-espacial en las zonas de vivienda de las clases sociales bajas en las metrópolis latinoamericanas. El caso de Lima Metropolitana. - D. BENECKE u.a. (Eds.): Desarrollo demográfico, migraciones y urbanización en América Latina (= Eichstätter Beiträge 17, Abt. Lateinamerika, Bd. 1), Regensburg 1986, S. 323-341.

— G. MERTINS: Bevölkerungsentwicklung in Groß-Santiago zwischen 1970 und 1982. Eine Analyse von Zensusergebnissen auf Distriktbasis. - Erdkunde 39, Bonn 1985, S. 218-238.

Spanische Fassung:
Desarrollo poblacional en el Gran Santiago entre 1970 y 1982. Análisis de resultados censales en base a distritos. - Revista de Geografía Norte Grande 12, Santiago de Chile 1985, S. 11-26.

E. BALTES: Evaluierung zweier Low-Cost-Housing-Siedlungen in Groß-Bogotá (Kolumbien). Bedingungen, Konzeptionen und Implementierung der SERVIVIENDA-Projekte Serranias und Serenas. - Marburg 1987 (unveröffentl. Diplomarbeit am Fachbereich Geographie).

P. GANS: Informelle Aktivitäten in der Altstadt Montevideos. - Tagungsbericht und wiss. Abhandlungen des 45. Deutschen Geographentages Berlin 1985, Stuttgart 1987, S. 508-513.

G. MERTINS: Marginalsiedlungen in Großstädten der Dritten Welt. - Geographische Rundschau 36, Braunschweig 1984, S. 434-442.

— Raum-zeitliche Phasen intraurbaner Migrationen unterer Sozialschichten in lateinamerikanischen Großstädten. - Ibero-Amerikanisches Archiv, N.F. 11, Berlin 1985, S. 315-332.

Spanische Fassung:
Fases espacio-temporales de las migraciones intraurbanas de los estratos sociales bajos en las metrópolis latinoamericanas. - D. BENECKE u.a. (Eds.): ...Regensburg 1986, S. 305-322.

— Die Habitat-Misere in Großstädten der Dritten Welt. Fragen zum Defizit und zur Effizienz bisheriger Wohnungsbauprogramme für untere Sozialschichten. - J. AUGEL/P. HILLEN/L. RAMALHO (Eds.): Die verplante Wohnmisere. Urbane Entwicklung und "armuts-orientierter" Wohnungsbau in Afrika und Lateinamerika (= ASA-Studien, Bd. 7), Saarbrücken - Fort Lauderdale 1986, S. 25-39.

— Wohnraumversorgung und Wohnbauprogramme für untere Sozialschichten in den Metropolen Lateinamerikas. - K. KOHUT (Ed.) ... Regensburg 1986, S. 227-244.

— Probleme der Metropolisierung Lateinamerikas unter besonderer Berücksichtigung der Wohnraumversorgung unterer Sozialschichten. - E. GORMSEN/K. LENZ (Eds.): ... Berlin 1987, S. 155-182.

U. REUFELS: Recife. Aspekte der demographischen, wirtschaftlichen und sozialen Entwicklung aus geographischer Sicht. - Bonn 1987 (unveröffentl. Staatsexamensarbeit am Geographischen Institut).

B. THOMAE: Programme und Problematik der Altstadtsanierung in Salvador/Bahia. Das Beispiel des Maciel-Pelourinho-Viertels. - Marburg 1987 (unveröffentl. Staatsexamensarbeit am Fachbereich Geographie).

Ferner enthält der in Vorbereitung befindliche Bd. 68 der Kieler Geographischen Schriften (Kiel 1988) "Wohnen in lateinamerikanischen Städten" u.a. neun Beiträge aus diesem Forschungsprojekt.

INHALT

VORWORT DES HERAUSGEBERS IV

BEREITS VORLIEGENDE PUBLIKATIONEN VI

JÜRGEN BÄHR
    Bevölkerungsentwicklung und Bevölkerungs-
    struktur Montevideos 1

GÜNTER MERTINS
    Wachstumsphasen Montevideos.
    Kriterien und Formen der raumstrukturellen
    Entwicklung und Differenzierung unter beson-
    derer Berücksichtigung des sozialen Wohnungs-
    baus 45

PAUL GANS
    Die Altstadt Montevideos.
    Bauliche und soziale Veränderungen im kolonialen
    Kern der uruguayischen Metropole 107

BEVÖLKERUNGSENTWICKLUNG UND BEVÖLKERUNGSSTRUKTUR MONTEVIDEOS

Jürgen Bähr

Vorbemerkungen

Unter den lateinamerikanischen Metropolen nimmt Montevideo in mehrfacher Hinsicht eine Sonderstellung ein. In kaum einem anderen Land der Erde ist die bevölkerungsmäßige Dominanz der Hauptstadt derart ausgeprägt wie in Uruguay. Schon seit den 60er Jahren leben fast 50% der Landesbevölkerung in Montevideo. Die nächstgrößeren Städte (Salto, Paysandú) haben bis heute nicht den Einwohnerschwellenwert von 100.000 überschritten. Zwar zeichnen sich auch andere lateinamerikanische Staaten durch eine Primatstruktur ihres Städtesystems aus (vgl. CHASE-DUNN 1985), damit verbunden ist jedoch stets eine überdurchschnittlich schnelle Bevölkerungszunahme der führenden Städte; Montevideo hingegen wächst keineswegs besonders schnell: Binnenwanderungssaldo und Bilanz der natürlichen Bevölkerungsbewegung sind selbst für lateinamerikanische Verhältnisse außerordentlich niedrig und werden zudem in jüngster Zeit durch die Abwanderung in die Nachbarstaaten, aber auch nach Übersee teilweise wieder ausgeglichen.

Das Zusammenwirken von geringen Geburtenüberschüssen und gleichermaßen geringer Zuwanderung macht es verständlich, daß sich Montevideo auch im Hinblick auf die demographische Struktur seiner Bewohner von anderen Hauptstädten Lateinamerikas abhebt. Davon wiederum gehen Auswirkungen auf den sozio-ökonomischen Bereich aus (z.B. Umfang der Erwerbstätigkeit). In erster Linie ist die Sozial- und Wirtschaftsstruktur der Gegenwart jedoch mit dem Aufstieg Uruguays zur "Schweiz Lateinamerikas" und seinem späteren wirtschaftlichen Niedergang verbunden.

Von der Stagnation der Einwohnerzahl werden darüber hinaus die innerstädtische Bevölkerungsverteilung und deren Veränderungen beeinflußt. Der fehlende Zuwanderungsdruck bei niedrigem natürlichen Wachstum erklärt, daß eine übermäßige Bevölkerungsverdichtung in einzelnen Teilräumen der Stadt nicht zu beobachten ist. Kennzeichnend ist eher ein Bevölkerungsrückgang nicht nur in der City, sondern auch in ihren Randbereichen. Nennenswerte Zunahmen verzeichnen lediglich einzelne periphere Stadtbezirke, auf die sich die Neubautätigkeit konzentriert.

Mit dem folgenden Beitrag soll eine Übersicht der jüngeren Bevölkerungsentwicklung Montevideos, der sie bestimmenden Komponenten und der daraus ableitbaren Konsequenzen für Bevölkerungsstruktur und innerstädtische Bevölkerungsverteilung gegeben werden (1). Das erfordert einerseits einen Rückblick auf die Hauptwachstumsphasen der Stadt, macht es andererseits aber auch notwendig, die ökonomischen Rahmenbedingungen und deren Wandlungen im zeitlichen Verlauf einzubeziehen; denn die meisten demographischen Strukturmerkmale, die die Sonderstellung Montevideos ausmachen, sind bereits in der Vergangenheit angelegt und können ohne Berücksichtigung der gesamtwirtschaftlichen Lage nicht richtig verstanden werden. Die Auswirkungen dieser Gegebenheiten auf das räumliche Wachstum der Stadt, auf Baustruktur und Viertelsbildung sowie die damit in Zusammenhang stehenden speziellen Planungsprobleme bleiben den weiteren Aufsätzen dieses Bandes vorbehalten.

Die demographische Sonderstellung Uruguays

Früher als in allen anderen Staaten der Dritten Welt hat der demographische Transformationsprozeß in Uruguay begonnen. Um die Jahrhundertwende - nur so weit reichen verläßliche Zahlenangaben zurück - befand sich das Land bereits am Ende der Transformationsphase (Abb. 1):

Abbildung 1: Komponenten des Bevölkerungswachstums in Uruguay 1897-1985

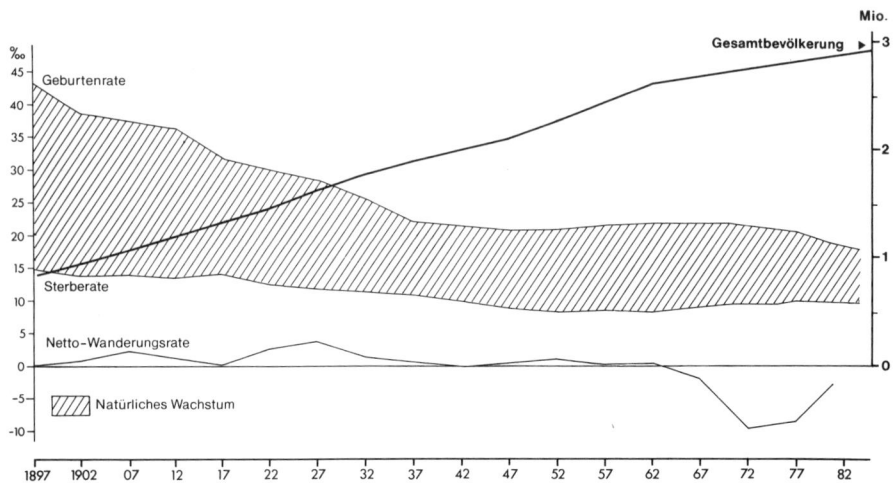

Quelle: FINCH 1981, ergänzt

Die Sterberate war schon damals sehr weit abgesunken, und auch die Geburtenzahlen gingen zurück. Zu Beginn der 20er Jahre kann die Phase des Übergangs endgültig als abgeschlossen gelten. Selbst Argentinien hat diese Stufe erst ein halbes Jahrzehnt später erreicht (vgl. CHUNG 1970). Seitdem schwanken die Sterberaten nur noch unwesentlich bzw. nehmen durch altersstrukturelle Verschiebungen sogar leicht zu. Dagegen hat sich der Rückgang der Geburtenrate bis in die Gegenwart fortgesetzt. Waren dafür bis Anfang der 60er Jahre im wesentlichen Veränderungen im generativen Verhalten verantwortlich - der Anteil von Frauen im gebärfähigen Alter schwankte zwischen 1909 und 1959 nur geringfügig zwischen 24,8 und 26,4% (FINCH 1981: 27) -, so macht sich seitdem zusätzlich die verstärkte Auswanderung gerade jüngerer Personen (s.u.) bemerkbar.

Die gegenwärtige demographische Situation läßt sich in der Weise charakterisieren, daß Uruguay zusammen mit Kuba (und einigen kleineren karibischen Inselstaaten) die bei weitem niedrigste Geburtenrate Lateinamerikas aufweist (Tab. 1); dagegen liegt die Sterbeziffer sogar über dem la-

Tabelle 1: Kennziffern des natürlichen Bevölkerungswachstums Uruguays im Vergleich zu anderen lateinamerikanischen Staaten Mitte der 80er Jahre

	Sterberate ‰	Lebenserwartung i.J.	Geburtenrate ‰	Totale Fertilitätsrate ‰	Natürl. Wachstum ‰	Säugl. sterblichkeit ‰
Uruguay	10	71	18	2,5	0,8	30
Chile	6	68	22	2,4	1,6	20
Kuba	6	73	18	1,8	1,2	17
Kolumbien	7	65	28	3,1	2,1	48
Nicaragua	9	61	43	5,7	3,4	69
Bolivien	14	53	40	5,1	2,6	127
Lateinamerika	8	66	30	3,7	2,2	58
Bundesrepublik Deutschland	12	74	10	1,3	-0,2	10

Quelle: World Population Data Sheet 1987

Tabelle 2: Altersgliederung der Bevölkerung Uruguays im Vergleich zu anderen lateinamerikanischen Staaten Mitte der 80er Jahre

	< 15 Jahre	15-64 Jahre	≥ 65 Jahre
Uruguay	27	62	11
Argentinien	31	60	9
Brasilien	36	60	4
Peru	41	55	4
Honduras	47	50	3
Lateinamerika	38	58	4
Bundesrep. Deutschland	15	70	15

Quelle: World Population Data Sheet 1987

teinamerikanischen Durchschnitt, bedingt durch die schon recht weitgehende Überalterung der Bevölkerung (Tab. 2) sowie vergleichsweise wenig Fortschritte bei einer weiteren Verbesserung der seit langem hohen Lebenserwartung und geringen Säuglingssterblichkeit (Tab. 1). Das Zusammenwirken von niedrigen Geburten- und mittleren Sterberaten bedingt ein natürliches Wachstum von weniger als 1,0%/Jahr, ein Wert, der in der Dritten Welt kein zweites Mal erreicht wird und ungefähr dem Niveau Australiens und Kanadas entspricht.

Über die Gründe für den außerordentlich frühen demographischen Übergang in Uruguay besteht keine vollständige Klarheit. Genauere Untersuchungen fehlen, und so werden meist nur diejenigen Faktoren genannt, die auch für europäische Länder zur Erklärung herangezogen werden. Hier wie dort sind dies für den Sterblichkeitsrückgang vor allem (2): Fortschritte in Hygiene (z.B. Wasserleitung seit 1871) und öffentlichem Gesundheitswesen (z.B. Spezialkrankenhaus für Tuberkulose seit 1891), Verbesserung der Wohnbedingungen (z.B. Rückgang der Hüttenwohnungen (*ranchos*) von 27% im Jahre 1852 auf 9% 1908) und der Ernährung (z.B. überdurchschnittlich gute Proteinversorgung von 114 g pro Tag im Zeitraum 1870-1915).

Weit schwerer fällt es demgegenüber - und das gilt für Europa und Uruguay gleichermaßen -, den Einfluß einzelner sozio-ökonomischer Merkmale auf die Verminderung der Kinderzahlen nachzuweisen. Vermutlich bestehen jedoch Beziehungen zum Rückgang der Analphabetenrate, der zunehmenden Verstädterung, dem steigenden Lebensstandard und hohen Anteil von Mittelklassefamilien, den wachsenden Beschäftigungsmöglichkeiten für Frauen u.a. (FINCH 1981: 27). Allerdings zeigt das uruguayische Beispiel auch, daß wirtschaftliche Veränderungen nicht in jedem Falle Verhaltensänderungen nach sich ziehen: Die Mitte der 50er Jahre einsetzende und mit gelegentlichen Unterbrechungen bis heute andauernde wirtschaftliche Krise hatte keinen nachhaltigen Einfluß auf die Höhe der Geburtenzahlen, die in der Blütezeit der Jahrzehnte zuvor bereits sehr weit abgesunken waren.

Tabelle 3: Bevölkerungsentwicklung Uruguays und Montevideos 1769-1985

Jahr	Bevölkerung Uruguays in 1000	Jährliche Wachstumsrate %	Städtische Bevölkerung %	Bevölkerung Montevideos (Departamento) in 1000	Anteil Montevideos an der Landesbevölkerung %	Anteil Montevideos+Canelones %
1769	12	–	–	3	30,4	–
1796	46	5,1	–	15	33,0	–
1830	79	1,6	–	19	24,1	–
1852	132	2,4	38,0	34	25,7	39,2
1860	229	7,2	41,1	58	25,2	35,0
1873	450	5,3	–	127	28,3	–
1908	1.043	2,4	46,3	309	29,6	38,0
1963	2.596	1,7	80,8	1.203	46,3	56,2
1975	2.788	0,6	83,0	1.237	44,4	56,0
1985	2.931	0,5	84,4	1.304	44,5	56,8

Quelle: MARTORELLI 1980, Dirección 1986 a (Daten für 1852, 1860, 1908, 1963, 1975 und 1985 nach Zensusergebnissen; 1985 vorläufige Angaben)

Neben dem natürlichen Wachstum hat in Uruguay immer auch das Wanderungsgeschehen die Bevölkerungsentwicklung entscheidend mitbestimmt. Nur so erklären sich die rasche Bevölkerungsvermehrung mit zeitweiligen Zunahmeraten von ca. 7%/Jahr in der zweiten Hälfte des vorigen Jahrhunderts, aber auch der hinter dem natürlichen Wachstum zurückbleibende Anstieg der Einwohnerzahlen in der Gegenwart (Tab. 3).

Zum Zeitpunkt des ersten Bevölkerungszensus im Jahre 1852 zählte ganz Uruguay lediglich 132.000 E. (3). Innerhalb von nur acht Jahren (bis 1860) kamen fast 100.000 Menschen hinzu, und in den folgenden 13 Jahren verdoppelte sich die Bevölkerung von 223.000 auf 450.000. Erst nach der Jahrhundertwende ist eine deutliche Verminderung der Progressionsrate zu erkennen; zwischen den Zensuserhebungen von 1963 und 1975 wird erstmals der Wert von 1,0%/Jahr unterschritten, und zwischen 1975 und 1985 liegt die durchschnittliche jährliche Zunahme sogar nur noch bei 0,5% (Dirección 1986a).

Abbildung 2: Ein- und Auswanderung über den Hafen von Montevideo 1835-1923

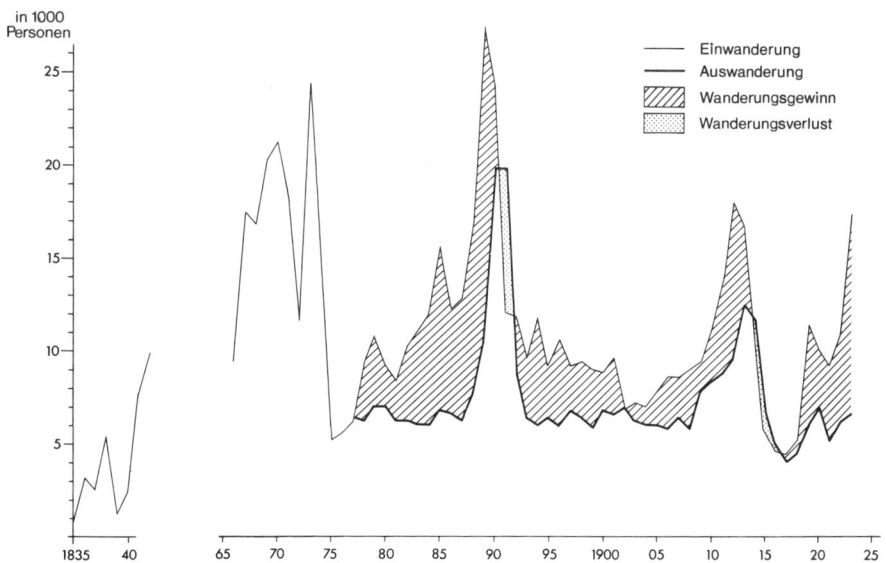

Quelle: WILLCOX 1929

Die um die Mitte des vorigen Jahrhunderts einsetzende schnelle Bevölkerungszunahme hängt eng mit der europäischen Einwanderung zusammen (Abb. 2). Nach WILHELMY & BORSDORF (1985: 263) haben ungefähr 800.000 Menschen aus Europa in Uruguay eine neue Heimat gefunden, davon ca. 650.000 zwischen 1836 und 1926. Wenn auch nach Uruguay nur "ein kleiner Seitenarm" von dem großen Einwanderungsstrom nach Argentinien abzweigte (WILHELMY & ROHMEDER 1963: 145) und so der absolute

Gewinn aus der Einwanderung im Vergleich zu Argentinien mit 5,4 Mio. und Brasilien mit 3,8 Mio. nicht sonderlich groß war, so bedeutete er doch für das kleine, zuvor kaum bevölkerte Land einen entscheidenden Entwicklungsimpuls und prägt bis heute seine Bevölkerungszusammensetzung. Immerhin betrug der Ausländeranteil bereits im Jahre 1860, als der zweite allgemeine Bevölkerungszensus durchgeführt wurde, 33% (RIAL u.a. 1978: 99).

Tabelle 4: Einwanderung nach Uruguay im 19. und beginnenden 20. Jahrhundert

a) Arbeitssuchende Einwanderer nach Nationalitäten 1876-1890

Nationalitäten	1867-78 %	1879-90 %
Spanier	33,1	22,2
Italiener	32,7	60,2
Franzosen	16,4	6,1
Engländer	3,9	0,9
Deutsche	3,6	1,9
Schweizer	2,6	0,8
Argentinier	1,9	1,2
Andere	5,8	6,7
Gesamtzahl (100%)	19.774	33.929

b) Einwanderung (Hafenstatistiken) nach Nationalitäten 1879-1921

Nationalitäten	1879-90 %	1891-1903 %	1913-21 %
Spanier	22,3	25,3	41,5
Italiener	48,0	39,2	16,1
Franzosen	6,6	5,6	4,1
Engländer	3,1	2,8	4,7
Deutsche	2,6	2,8	2,4
Schweizer	0,4	0,6	-
Argentinier	0,5	0,7	2,1
Brasilianer	4,9	7,9	8,7
Andere	11,6	15,1	20,4
Gesamtzahl (100%)	168.256	122.029	71.885

Quelle: WILLCOX 1929

Der Zustrom von Einwanderern aus Europa - vorwiegend aus Italien und Spanien (vgl. CAMPIGLIA 1965, RODRIGUEZ VILLAMIL & SAPRIZA 1983: Tab. 4) - ist nur zu einem geringen Teil dem ländlichen Raum zugu-

Tabelle 5: Bevölkerung im Departamento Montevideo nach Nationalität 1852-1908

Jahr	Einwohner	Ausländer	%	Ausländeranteil in Uruguay %
1852	33.994	15.404	45,3	-
1860	57.916	27.674	47,8	34,8
1868	126.096	70.586	56,0	-
1889	215.061	100.739	46,8	-
1908	309.231	94.129	30,4	17,4

Quelle: CASTELLANOS 1971, RODRIGUEZ VILLAMIL & SAPRIZA 1983, ALVAREZ LENZI u.a. 1986

te gekommen. Das liegt vor allem daran, daß sich die Ländereien des *Interior* weitgehend in der Hand Viehzucht treibender Großgrundbesitzer befanden und die Regierung keine aktive Ansiedlungspolitik betrieb. Überdies gab es schon damals auf dem Lande nur wenig Beschäftigungsmöglichkeiten; es gingen sogar Arbeitsplätze verloren, als man ab 1870 mit der Einzäunung und Unterteilung der Weideflächen durch Drahtzäune begann und auf diese Weise die Herden auch ohne eine größere Zahl von Aufsichtspersonen kontrollieren konnte (FINCH 1981: 5). Die Mehrzahl der Einwanderer blieb daher in Montevideo und legte so den Grundstein für deren Entwicklung zur Primatstadt (CAMPIGLIA 1965: 16). Als im Jahre 1889 ein gesonderter Zensus für das *departamento* Montevideo durchgeführt wurde, lag der Ausländeranteil hier bei 47% (davon 47% Italiener und 32% Spanier), und auch die Volkszählungsergebnisse von 1908 zeigen die Konzentration der Ausländer auf die Landeshauptstadt noch sehr deutlich (30% gegenüber 17% im Landesdurchschnitt; vgl. Abb. 3, Tab. 5). Darüber hinaus ist diesem Zensus zu entnehmen, daß die in Uruguay ansässigen Ausländer zu 75% im sekundären und tertiären Sektor tätig waren (CAMPIGLIA 1965: 21).

Nach 1900 nahm der Einfluß der Zuwanderung auf die Bevölkerungsentwicklung ab (Abb. 2). Nennenswerte Wanderungsgewinne wurden nur noch kurz vor dem Ersten Weltkrieg und in den 20er Jahren erzielt. Diese lagen jedoch immer niedriger als das natürliche Wachstum (Abb. 1). Bezieht man sich hingegen auf den gesamten Zeitraum zwischen 1850 und 1930, so stand Uruguay mit einer durchschnittlichen jährlichen Wachstumsrate von 3,4% noch vor Argentinien (3,0%) an der Spitze aller lateinamerikanischen Länder (HARDOY & LONGDON 1978: 148).

Mit der Weltwirtschaftskrise ging die Zeit der "freien Einwanderung" zu Ende. Durch eine Reihe von Gesetzen (z.B. *ley de indeseables;* vgl. CAMPIGLIA 1965: 27) reglementierte der Staat die Ansiedlung von Ausländern, um die einheimische Bevölkerung vor unliebsamer Konkurrenz um die knapper werdenden Arbeitsplätze zu schützen. Nur bestimmte Berufsgruppen erhielten noch eine Einwanderungserlaubnis.

Vollends vom Einwanderer- zum Auswandererland wurde Uruguay in den 60er Jahren. Letztmalig erlebte das Land während des Koreakrieges einen wirtschaftlichen Boom. Dann folgte jedoch eine ökonomische und politische Krise der anderen (RAMA 1983). Es begann die "Entwicklung zur

Abbildung 3: Der Ausländeranteil nach Altersgruppen in Uruguay und Montevideo 1908

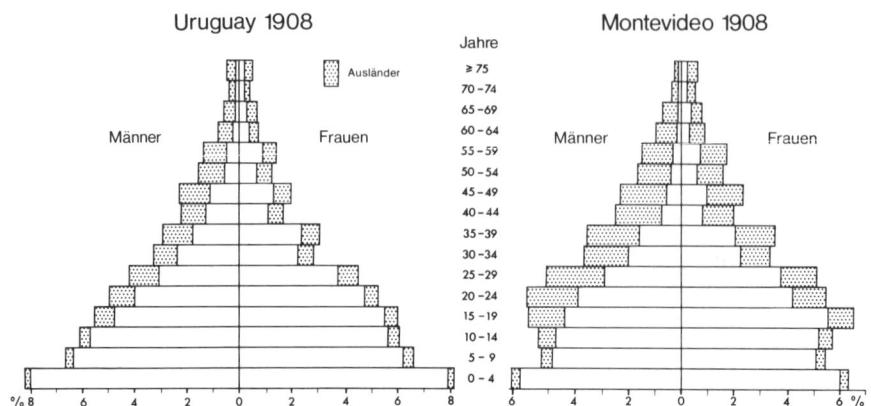

Quelle: AGUIAR 1982

Unterentwicklung" (KLEINPENNING 1981). Bis heute ist es Uruguay nicht gelungen, den Nachfrage- und Preisrückgang bei den traditionellen Exportprodukten aufzufangen. Hatte sich der Wertindex der Exporte (1961 = 100) nach der Weltwirtschaftskrise allmählich wieder erholt (1935 = 28, 1946 = 105) und 1951 mit 173 ein Maximum erreicht, so ist seitdem ein Abwärtstrend kennzeichnend, der unter Schwankungen bis in die 80er Jahre anhielt (FINCH 1980, Statistisches Bundesamt 1985). Diese Veränderungen auf der Nachfrageseite gingen mit einer wenig dynamischen Entwicklung auf der Produktionsseite einher - wie z.B. ein Vergleich mit Neuseeland sehr eindrucksvoll zeigt (KIRBY 1975) - und hatte nicht zuletzt deshalb besonders nachteilige Konsequenzen. Seit Beginn unseres Jahrhunderts ist die Zahl der in Uruguay gehaltenen Rinder und Schafe nahezu konstant geblieben, und auch die Rindfleischproduktion sowie die Wollerträge änderten sich kaum (genauere Zahlenwerte dazu bei FINCH 1980, KLEINPENNING 1981, Statistisches Bundesamt 1985, CEPAL 1986).

Das ganze Ausmaß der Stagnation in der uruguayischen Volkswirtschaft kommt darin zum Ausdruck, daß das Bruttosozialprodukt in den letzten 30 Jahren kaum angestiegen ist. Während von 1945-1955 noch durchschnittlich jährliche Wachstumsraten von 4,8% registriert wurden, die damit die Bevölkerungszunahme deutlich übertrafen, wird für die Periode 1955-1977 nur noch ein jährlicher Mittelwert von 1,1% und für die Folgezeit bis einschließlich 1985 ein solcher von ziemlich genau 0% angegeben (FINCH 1980: 235, FINCH 1981: 226 u. 262, Statistisches Bundesamt 1985: 60, CEPAL 1986: 60). Somit erwies sich auch der wirtschaftliche Boom in den ersten Jahren der Militärherrschaft (1974-1980), bedingt durch eine Liberalisierung der Wirtschaft, im nachhinein als eine "Scheinblüte".

Der Niedergang der uruguayischen Wirtschaft war - bei gleichzeitiger Verschärfung der Gegensätze zwischen arm und reich - von einem fühlbaren Absinken des Lebensstandards für die Masse der Bevölkerung begleitet. Ein uruguayischer Arbeiter ist heute wesentlich schlechter gestellt als vor 100 Jahren (ALVAREZ LENZI u.a. 1986: 65). Seit 1963 gingen die Reallöhne - zunächst mit Unterbrechungen, seit Anfang der 70er Jahre jedoch schnell und kontinuierlich - zurück. 1979 war der Indexwert auf ca. 55% des Standes von 1961 gefallen, und 1985 wurde der 1979er Stand nur noch zu 88% erreicht, trotz der deutlichen Lohnerhöhungen im Jahre 1985. Im gleichen Zeitraum erhöhte sich die Arbeitslosenquote - allerdings unter Schwankungen - von 8,5% im Jahre 1964 auf 13-14% in den Jahren 1984/85. Hinzu kommt eine weit verbreitete Unterbeschäftigung, die auf wenigstens 10% geschätzt wird (AGUIAR 1982: 47, Statistisches Bundesamt 1985: 26 u. 59, MAZZEI & VEIGA 1985: 22 ff, ROITMAN 1985).

Viele Menschen versuchten daher ihr Glück in einer zumindest vorübergehenden Auswanderung. Nach Schätzungen betrug die Netto-Emigration zwischen den Zensuserhebungen 1963 und 1975 ungefähr 186.000 Personen, bis Mitte 1982 haben weitere 127.000 Uruguay verlassen (Dirección 1983 b). In anderen Quellen werden sogar noch höhere Werte angegeben (vgl. z.B. WONSEWER & TEJA 1983). Zielgebiete der Auswanderung sind vor allem das Nachbarland Argentinien und in geringerem Umfang die Vereinigten Staaten, Europa und sogar Australien (Tab. 6). Die zeitliche Aufschlüsselung der Aus- und Rückwanderungsfälle (Abb. 4) belegt eindeutig das Anschwellen der Emigration seit Beginn der 70er Jahre und damit den engen Zusammenhang mit der Wirtschaftskrise jener Zeit, aber auch den Beginn der Militärdiktatur. In der Gegenwart scheint sich eine leichte Abschwächung der Aus- und eine vermehrte Rückwanderung anzudeuten, nicht zuletzt beeinflußt durch die wirtschaftlichen Schwierigkeiten Argentiniens. Gleichzeitig sank die relative Bedeutung Argentiniens als Zielland von einem Maximalwert im Jahre 1974 mit 67% auf weniger als 30% seit 1979. Hingegen waren in diesem Zeitraum knapp 20% der Wanderungen aus Uruguay auf die USA gerichtet, gegenüber dem langjährigen Durchschnitt von lediglich 11%.

Tabelle 6: Zielländer der Auswanderung aus Uruguay
(% der kumulierten Werte bis 1982)

Land	%
Argentinien	49,8
Brasilien	7,2
Venezuela	4,8
übriges Lateinamerika	3,4
USA	11,0
Spanien	5,1
übriges Europa	6,1
Australien	7,5
übrige Länder	5,1
	100,0

Quelle: Dirección 1983 b

Abbildung 4: Zeitlicher Verlauf der Aus- und Rückwanderung für Uruguay bis Mitte 1982

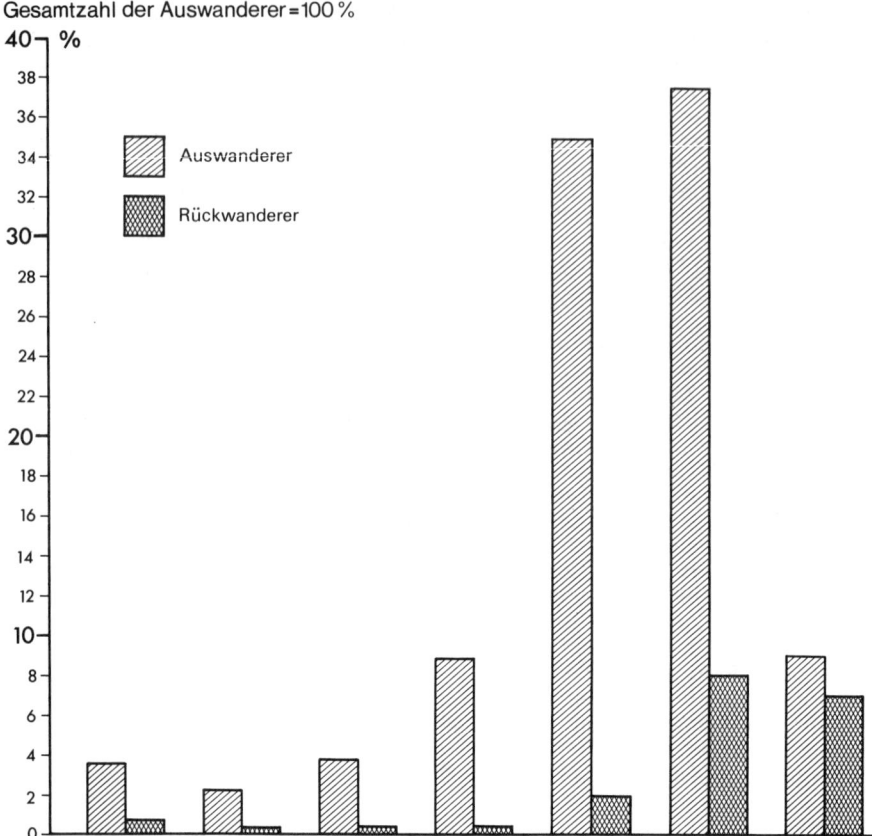

Quelle: Dirección 1983 b

Tabelle 7: Motive für eine Rückwanderung nach Uruguay

Motive	Männer %	Frauen %
Wirtschaftliche Gründe	16,6	10,9
Familiäre Gründe	45,7	53,5
Gesundheitliche Gründe	5,7	6,7
Nur vorübergehender Auslandsaufenthalt	12,8	12,6
Andere und ohne Angabe	19,2	16,3
	100,0	100,0

Quelle: Dirección 1983 b

Für eine Rückwanderung sind jedoch nicht nur wirtschaftliche Faktoren maßgebend. Befragungen haben ergeben, daß diese sogar eine untergeordnete Rolle spielen. Vielfach war von vornherein nur eine vorübergehende Auswanderung geplant, bzw. es werden familiäre und gesundheitliche Gründe genannt (Tab. 7). Fest steht auch, daß die Rückwanderer keine negative Auslese darstellen, denn sie unterscheiden sich von der Gesamtheit der Auswanderer nur unwesentlich im Hinblick auf ihre schulische und berufliche Qualifikation (Dirección 1983 b; Tab. 13).

Die Entwicklung Montevideos zur Primatstadt

Die führende Rolle Montevideos innerhalb des uruguayischen Städtesystems geht bereits auf die Kolonialzeit zurück. Schon im 18. Jahrhundert wohnten mehr als 30% der Landesbevölkerung in der späteren Hauptstadt (Tab. 3). Dieser hohe Anteilswert beruhte damals jedoch weniger auf der großen Einwohnerzahl der Stadt, sondern in erster Linie auf der völligen Siedlungsleere des Hinterlandes. Die verhältnismäßig späte Gründung von Montevideo (1726 durch Zabala) hatte zunächst einzig und allein den Zweck, den Vormarsch der Portugiesen aufzuhalten, die schon 1680 direkt gegenüber von Buenos Aires am La Plata die befestigte Siedlung Colonia del Sacramento angelegt hatten. Lange Zeit blieb Montevideo überwiegend militärischer Stützpunkt, und die Zahl der Stadtbewohner - zunächst vorwiegend Einwanderer von den Kanarischen Inseln - war gering (MARTINEZ RODRIGUES 1956: 137; Tab. 3). Endgültig sichergestellt wurde die spanische Oberhoheit über die *Banda Oriental* des La Plata im Vertrag von Ildefonso (1777), und Uruguay kam zum Vizekönigreich Río de La Plata. Durch Beseitigung der Handelsbeschränkungen und Lockerungen der Steuerpolitik erlebte Montevideo in den folgenden Jahrzehnten eine erste Blütezeit (vgl. Beitrag GANS).

Ende des 18. Jahrhunderts wird die Bevölkerung ganz Uruguays auf wenig mehr als 40.000 Personen geschätzt, davon lebten ungefähr 15.000 in Montevideo, die übrigen vor allem in kleineren Orten in der Nähe des La Plata und am Unterlauf des Río Uruguay (vgl. Abb. 5). Diese Siedlungen verdanken ihre Gründung ebenfalls militärischen Überlegungen, so z.B. Salto (1756), Maldonado (1757), Paysandú (1772); man erhoffte sich dadurch eine festere Einbindung des umstrittenen Gebietes in das spanische Kolonialreich (WILHELMY & BORSDORF 1985: 265). Der Norden und Osten des heutigen Uruguays waren damals nahezu unbesiedelt und wurden in Form einer äußerst extensiven Rinderhaltung genutzt. Während der ganzen Kolonialzeit war der Export von Rinderhäuten der wichtigste Wirtschaftsfaktor Uruguays (genauere Angaben dazu bei LOMBARDI 1978: 15).

Die indianische Bevölkerung der *Banda Oriental* ist nie sehr zahlreich gewesen. Sie wird für die Zeit um 1700 auf ungefähr 5.000 geschätzt (RIAL 1984: 11). Auch die Einfuhr von Negersklaven hatte nur vorübergehend eine größere Bedeutung. Die meisten von ihnen wurden als "Haussklaven" nach Montevideo gebracht (vgl. RAMA 1967). Immerhin betrug der Anteil der Neger an der Stadtbevölkerung des Jahres 1778 ungefähr 20%, allerdings bei einer Gesamteinwohnerzahl von lediglich 9.358 Personen (WILHELMY & BORSDORF 1985: 273). Heute machen die Nachkommen dieser Sklaven nur etwa 3-5% der Bevölkerung Montevideos aus, und das uruguayische Volk kann als das "weißeste" in ganz Lateinamerika gelten.

Abbildung 5: Die Städte Uruguays nach Gründungszeit und Einwohnerzahl 1985

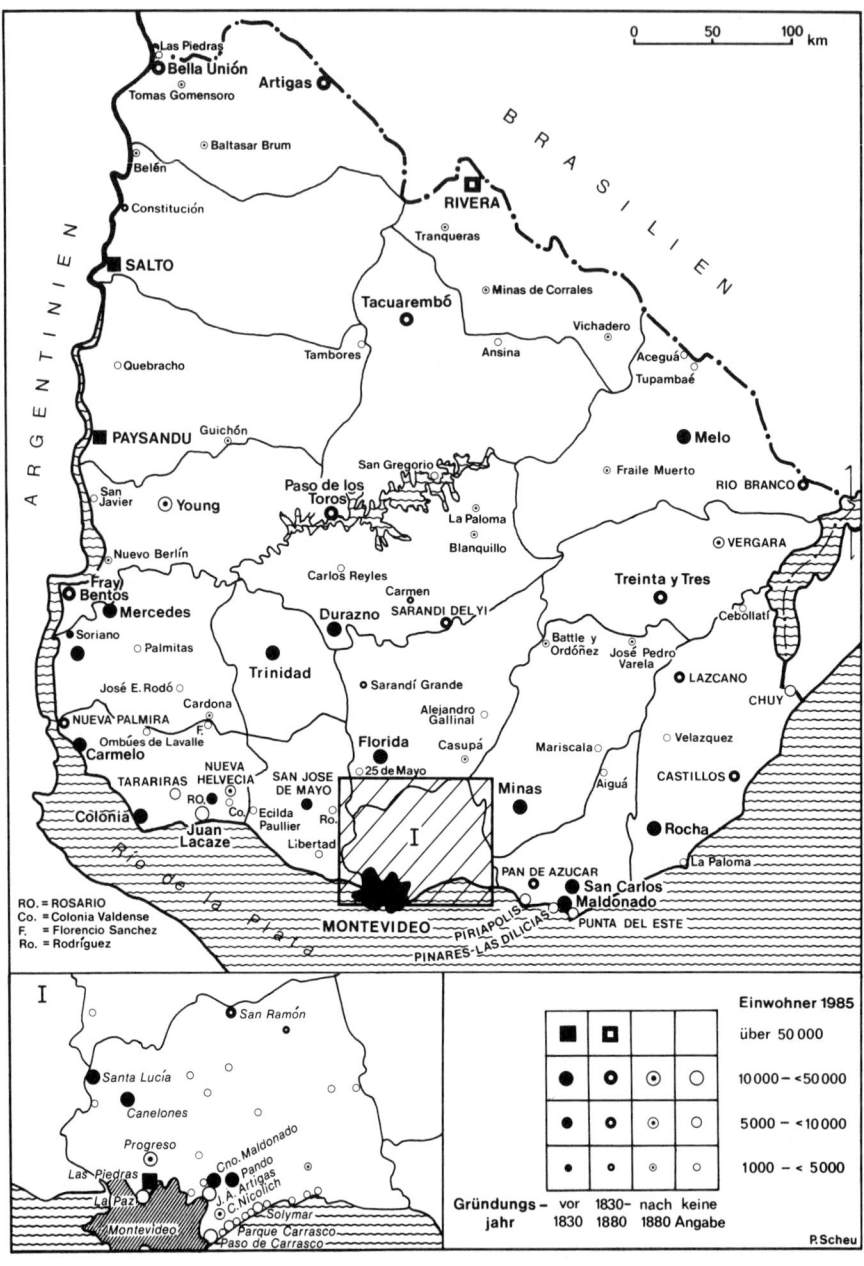

Quelle: COLLIN-DELAVAUD 1972, Dirección 1986 a

Obwohl die in der zweiten Hälfte des 18. Jahrhunderts neugegründeten Städte nicht sehr viel Einwohner zählten, hat sich die Dominanz Montevideos zu Beginn des 19. Jahrhunderts doch etwas abgeschwächt. 1830 lebten nur noch gut 24% der Landesbevölkerung in der Hauptstadt (Tab. 3). Auch die Kämpfe um die Unabhängigkeit, die Besetzung durch Brasilien sowie die langjährige Belagerung während der bürgerkriegsähnlichen Auseinandersetzungen zwischen *Blancos* und *Colorados,* in die auch ausländische Mächte eingriffen (*Guerra Grande* 1839-1851), trugen zur bevölkerungs- und flächenmäßigen Stagnation bei. Zudem bemühte sich der Staat nach der 1829 endgültig errungenen Unabhängigkeit um eine stärkere Anbindung und Kontrolle des *Interior*. Diesem Ziel diente eine Reihe von Städtegründungen vor allem im Norden und Osten, wo es zuvor keine einzige städtische Siedlung gegeben hatte. In dieser zweiten Stadtgründungsphase entstanden z.B. die späteren *departamento*-Hauptstädte Tacuarembó (1831), Treinta-y-Tres (1855) und entlang der Grenze zu Brasilien Artigas (1852) und Rivera (1862; vgl. Abb. 5).

Ab 1870 sind keine staatlichen Neugründungen mehr erfolgt. Darauf konnte auch deshalb verzichtet werden, weil durch den 1869 begonnenen Eisenbahnbau eine enge Verbindung zwischen Hauptstadt und ihrem Hinterland gewährleistet und der Regierungseinfluß in der Provinz sichergestellt war. Das sternförmig auf Montevideo ausgerichtete Eisenbahnnetz (4) unterstreicht die hochgradige Abhängigkeit des ganzen Landes von seiner Hauptstadt und hat mit dazu beigetragen, daß sich Montevideo in der Folgezeit auch hinsichtlich der Bevölkerung zum überragenden Zentrum entwickelte.

Die Städtegründungen um die Mitte des 19. Jahrhunderts haben die Herausbildung einer Primatstruktur nicht verhindern können (Abb. 6). Selbst die Hauptorte der einzelnen *departamentos* waren - von wenigen Ausnahmen abgesehen - nichts anderes als der "verlängerte Arm der Metropole". So nahm der *Index of Primacy* - ganz gleich, ob man nur die nächstgrößere oder noch weitere Städte berücksichtigt - ebenso wie der Anteil Montevideos an der Landesbevölkerung seit dem ersten Zensus im Jahre 1852 stetig zu (Tab. 3 u. 8) (5).

Tabelle 8: Entwicklung des Index of Primacy in Uruguay 1852-1985

	$\dfrac{P_1^{\,1}}{P_2}$	$\dfrac{P_1}{P_2+P_3+P_4+P_5}$
1852	8,2	2,2
1860	10,1	3,2
1908	13,9	4,2
1930[2]	16,0	-
1963	20,0	6,0
1975	16,3	4,9
1985	15,4	4,6

1) P_i = Bevölkerung der i-größten Stadt
2) Schätzung

Quelle: Dirección 1983a und 1986a, RIAL 1984

Abbildung 6: Rank-size-Diagramm für uruguayische Städte 1860-1985

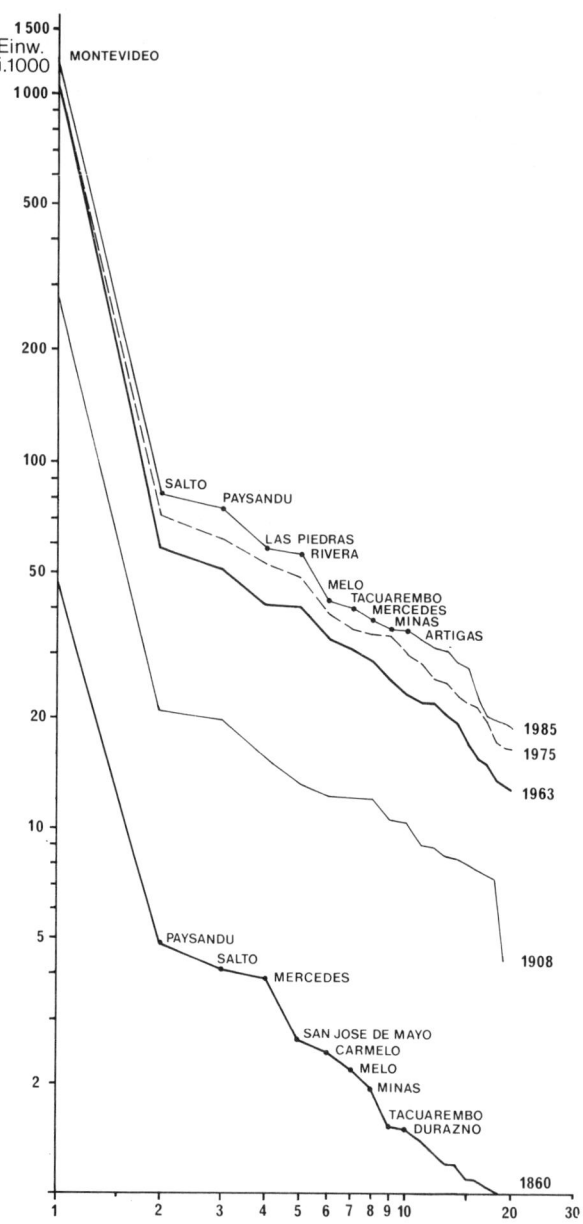

Quelle: Dirección 1983 a und 1986 a

Es mag fast paradox erscheinen, daß der Aufschwung der Landwirtschaft infolge zunehmender Nachfrage auf dem Weltmarkt nach den in Uruguay erzeugten Produkten sowie technischer Fortschritte bei der Fleischverarbeitung und der dadurch gegebenen Möglichkeit, Rindfleisch über große Entfernungen zu den Hauptverbraucherländern in Europa und Nordamerika zu transportieren, die Basis für eine beschleunigte Verstädterung und Metropolisierung des Landes legte. Die industrielle Produktion von Salz- und Trockenfleisch ab 1859, die Herstellung von Fleischextrakt seit 1864, ganz besonders aber die Erfindung des *corned beef* und des Gefrierfleisches nur wenig später (vgl. im einzelnen WILHELMY & ROHMEDER 1963: 181 ff, 283) bewirkten eine grundlegende Umstellung der bislang außerordentlich extensiven Weidewirtschaft. Schon zuvor hatte sich die wirtschaftliche Basis des Landes mit der Ausweitung der Schafzucht, verbunden mit einer Steigerung der Wollausfuhren, verbreitert. Durch die Umzäunung der Weideflächen, die Anlage von Kunstweiden, den Übergang zur geregelten Umtriebsweide, die Einführung europäischen Zuchtviehs und andere Maßnahmen stellten sich viele Großgrundbesitzer - vor allem im Süden und Westen des Landes - auf die Produktion hochwertigen Fleisches um (vgl. dazu insbesondere LOMBARDI 1978). Zwar hat auch die Schafhaltung von einigen dieser agrartechnischen Neuerungen profitiert, sie büßte jedoch vorübergehend an Bedeutung ein. In den Jahren nach dem Ersten Weltkrieg übertrafen die Erlöse aus dem Export von Fleisch und Fleischextrakt deutlich diejenigen aus der Wollausfuhr (FINCH 1981: 129).

Dieser agrarwirtschaftliche Strukturwandel hat die Stellung der Städte und insbesondere der Hauptstadt insofern gestärkt, als sich eine Fleischverarbeitung besonders dort anbot, von wo aus direkte Exporte nach Übersee möglich waren. Bildete zunächst Fray Bentos mit der oben erwähnten ersten industriellen Produktionsstätte von Salz- und Trockenfleisch sowie von Fleischextrakt noch ein gewisses Gegengewicht zu Montevideo, so konzentrierte sich die Gefrier- und Kühlfleischindustrie (*frigoríficos*) ganz auf die Metropole (seit 1904). Dazu hat nicht zuletzt beigetragen, daß seit dem Eisenbahnbau die Bedeutung des Río Uruguay als Transportweg abnahm und gleichzeitig der Hafen Montevideos großzügig ausgebaut wurde (1901-1909). Heute werden ca. 90% der Exporte und 95% der Importe über Montevideo abgewickelt (WILHELMY & BORSDORF 1985: 276).

Die Modernisierung und Rationalisierung der Viehzuchtbetriebe sowie die Umstellung auf Eisenbahntransporte machten viele zeit- und personalintensive Arbeiten überflüssig (z.B. die Viehtriebe zu den Verarbeitungsstätten) und bewirkten eine Abwanderung vom Lande, zunächst häufig in kleinere Provinzstädte, später gewöhnlich von dort in die Hauptstadt. Mit dem wirtschaftlichen Aufschwung wurde diese in zunehmendem Maße für ausländisches Kapital interessant. Die Investitionen erfolgten nicht nur in den Bau von *frigorífcos* und anderen Industrien - 1889 waren 86% aller Industriebetriebe Montevideos in den Händen von Ausländern und 1908 noch 60% (ALVAREZ LENZI u.a. 1986: 20) -, sondern auch in Verbesserungen der Infrastruktur (z.B. Straßenbahn, Telefon, Gas, Wasser) sowie in Bauprojekte und in das Grundstücks- und Immobiliengeschäft. Die dadurch gegebene vermehrte Nachfrage nach Arbeitskräften verstärkte die Landflucht, die während der ganzen ersten Hälfte des 20. Jahrhunderts die Bevölkerungsentwicklung Uruguays und seiner Hauptstadt entscheidend bestimmte.

Besonders eng waren die wirtschaftlichen Verflechtungen mit Großbritannien. Bis zu Beginn des Ersten Weltkrieges hatte Großbritannien über 46 Mio. £ in Uruguay investiert: Eisenbahn, Straßenbahn, Telefon, Gas-

und Wasserversorgung waren entweder ganz in Händen britischer Firmen oder wurden von britischem Kapital dominiert (FINCH 1981: 192). Umgekehrt bildete Großbritannien den wichtigsten Absatzmarkt für uruguayische Produkte. Noch 1930 wurden das gesamte Rinder-Kühlfleisch, 83% des Hammel- und 39% des Rinder-Gefrierfleisches nach Großbritannien ausgeführt (FINCH 1981: 17). Erst nach der Weltwirtschaftskrise stellte sich Großbritannien, sehr zum Schaden Uruguays, mehr und mehr auf Importe aus den Commonwealth-Staaten Australien und Neuseeland um (KLEINPENNING 1981: 107).

Die wachsende Bevölkerungskonzentration in der Metropole machte diese als Absatzmarkt zunehmend attraktiver, zumal um die Jahrhundertwende die Bevölkerungszahl Montevideos auch absolut gesehen vergleichsweise groß war. Immerhin stand die uruguayische Hauptstadt zwischen 1880 und 1900 auf dem vierten und zwischen 1910 und 1930 auf dem fünften Rangplatz unter den größten Städten Südamerikas (HARDOY & LANGDON 1978: 150); nur Buenos Aires, Río de Janeiro, Santiago und später São Paulo zählten damals mehr Bewohner. Früher als andere Länder beschritt Uruguay daher den Weg der importsubstituierenden Industrialisierung. Die ersten protektionistischen Gesetze stammen bereits aus der Zeit ab 1875; zusätzlich begünstigt wurde der städtische Sektor durch die Kontrolle der Nahrungsmittelpreise und den beträchtlichen Lohnvorsprung selbst ungelernter Industriearbeiter gegenüber den in der Landwirtschaft Beschäftigten (VEIGA 1981: 6/7).

Unter dem Schutz des Staates konnte sich eine breite Palette von Industriezweigen entwickeln, die von der Textilherstellung über die Metall- und Elektroindustrie bis zur chemischen Industrie reichte. Dabei gingen insbesondere von den Einwanderern wichtige Impulse aus (WILHELMY & BORSDORF 1985: 266). Teilweise engagierte sich der Staat auch selbst beim industriellen Aufbau des Landes, so in der Erdölraffinerie (z.B. ANCAP = *Administración Nacional de Combustibles, Alcohol y Portland*, seit 1931), aber auch - als Gegengewicht zu den ausländischen Firmen - in der Fleischverarbeitung (1928: *Frigorífico Nacional*). Vor allem nach der Weltwirtschaftskrise stieg die Zahl der Industriebetriebe in Uruguay sprunghaft an: 1930 waren es noch 7.100, 1955 schon 21.100. Damit einher ging eine Zunahme der Beschäftigtenzahlen von 78.000 auf 162.000 (WETTSTEIN 1975: 32).

Die Industrialisierungspolitik stieß jedoch in dem kleinen, nach Abklingen der Einwanderung nur langsam an Bevölkerung zunehmenden Land sehr schnell an ihre Grenzen. Die meisten der in Uruguay erzeugten Produkte waren nicht zuletzt aufgrund des hohen Lohnniveaus, aber auch wegen der geringen Stückzahlen auf dem Weltmarkt nicht konkurrenzfähig, so daß eine Produktionssteigerung nach Sättigung des Binnenmarktes kaum mehr möglich war und beträchtliche Überkapazitäten entstanden. Konnte die Industrie ihren Anteil am Bruttoinlandsprodukt zwischen 1930 und 1955 sehr schnell von 12,5% auf 22,0% steigern, so hat sich dieser Wert seitdem nur noch unwesentlich verändert, und auch die Beschäftigtenzahlen stagnierten bzw. gingen in den letzten Jahren sogar zurück (6).

Die sich schon in den 30er Jahren abzeichnende wirtschaftliche Krise wurde noch zwei Jahrzehnte hinausgeschoben, weil die weltweite Nachfrage nach den klassischen Agrarprodukten des Landes anhielt. Dank der hohen Exporterlöse konnte es sich Uruguay sogar leisten, das Bildungs- und Gesundheitswesen auszubauen und eine vorbildliche Sozialgesetzgebung ein-

zuführen. Schon in den ersten Jahrzehnten unseres Jahrhunderts war das
Land auf dem besten Wege zum Wohlfahrtsstaat und galt als die "Schweiz
Lateinamerikas". Dazu haben vor allem die Reformen des Präsidenten José
Batlle y Ordonez (1903-1907, 1911-1915) beigetragen (z.B. 8-Stunden-Arbeitstag, kostenlose Schulausbildung, großzügige Altersversorgung). Die
traditionellen Strukturen im ländlichen Raum sind hingegen nicht verändert worden, so daß sich auch dadurch eine indirekte Begünstigung des
städtischen Bereichs ergab (VEIGA 1981: 7). Seit der Jahrhundertwende
wird die Wirtschaftsstruktur Uruguays in erster Linie vom tertiären Sektor bestimmt. Auf diesen entfielen bereits 1908 mehr als 50% der Erwerbspersonen, dagegen auf die Landwirtschaft, die die Grundlage des Wohlstandes bildete, nur 28%. Dieses Ungleichgewicht zwischen dem produktiven und dem Dienstleistungsbereich hat sich in der Folgezeit weiter verstärkt. Zwar konnte die Industrie vorübergehend einen Teil der in der
Landwirtschaft freigesetzten Arbeitskräfte auffangen, seitdem diese jedoch
stagniert, setzt sich die Tertiarisierung der Wirtschaft fort (Tab. 9).

Tabelle 9: Erwerbspersonen nach Wirtschaftssektoren in Uruguay 1908-1975

Sektor	1908 %	1963 %	1975 %
Primär	28,2	19,8	16,8
Sekundär	20,1	27,7	27,2
Tertiär	51,7	52,5	56,0
	100,0	100,0	100,0

Quelle: MARTORELLI 1980 nach Zensusergebnissen

Mit der Umschichtung innerhalb der Wirtschaftssektoren ging eine
räumliche Umverteilung der Bevölkerung einher, denn Arbeitsplätze in Industrie und Dienstleistungen wurden überwiegend in Montevideo geschaffen. 1963, als erstmals wieder seit 1908 eine Volkszählung stattfand, lebten
46% der uruguayischen Bevölkerung in der Landeshauptstadt - einschließlich des angrenzenden *departamento* von Canelones waren es sogar 56%
(Tab. 3, Abb. 7) -, und der einfache *Index of Primacy* hatte sich auf
über 20 erhöht (Tab. 8). Gegenüber den 1,2 Mio. Bewohnern Montevideos
nahmen sich die Einwohnerzahlen der nächstfolgenden Städte Salto und
Paysandú mit wenig mehr als 50.000 außerordentlich bescheiden aus (Abb.
6). Noch weit stärker als die Bevölkerung konzentrierten sich Industriebeschäftigte und industrieller Produktionswert auf Montevideo. Die entsprechenden Anteile lagen in den 70er Jahren bei 75% (WETTSTEIN 1975 b: 80
u. 87; VEIGA 1981: 12).

Auf der Ebene der *departamentos* wiederholt sich in kleinerem Maßstab die einseitige Bevölkerungskonzentration; schon 1908 war beispielsweise Paysandú fast 18mal größer als der nächstfolgende Ort, und 1975
betrug der Anteil der in den Provinzhauptstädten lebenden Bevölkerung
in den *departamentos* Flores, Salto und Paysandú zwei Drittel und mehr
(MARTORELLI 1980: 75). Ausnahmen bildeten nur die *departamentos*

Abbildung 7: Bevölkerungswachstum in verschiedenen Räumen Uruguays 1908-1985

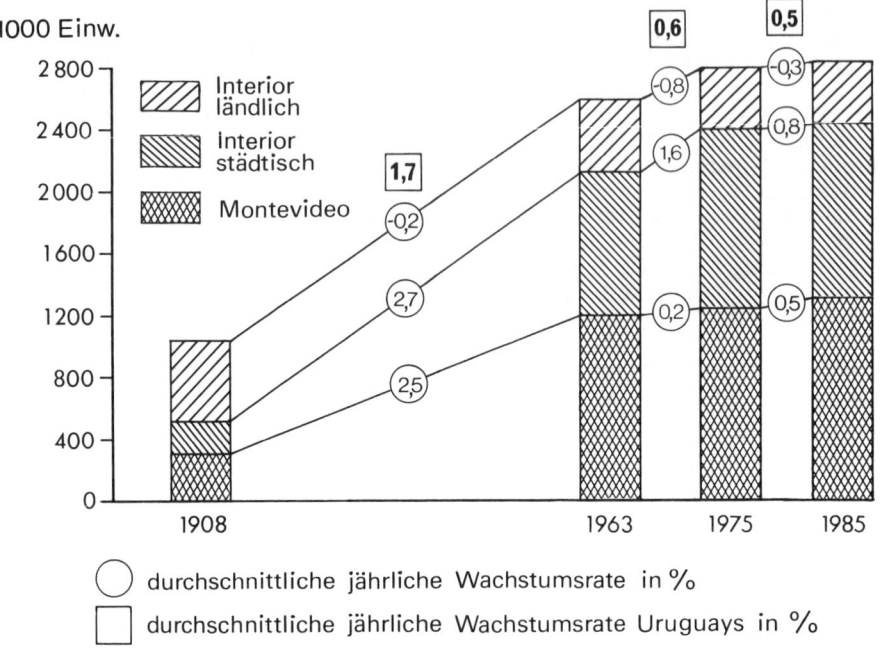

○ durchschnittliche jährliche Wachstumsrate in %
☐ durchschnittliche jährliche Wachstumsrate Uruguays in %

Quelle: Zensusergebnisse (städtische Bevölkerung für 1908 = Schätzung, für 1985 = Orte über 1.000 E.)

Canelones (Einzugsbereich der Hauptstadt), Colonia (intensive agrarische Nutzung) und Maldonado (Tourismus, insbesondere in Punta del Este), die somit sämtlich keine *departamentos ganaderos* sind.

Der Bevölkerungszensus des Jahres 1963 gibt die demographische und sozio-ökonomische Situation in Uruguay und seiner Hauptstadt auf dem Höhepunkt der großen Abwanderungswelle vom Lande wieder. Nach Schätzungen verließen allein zwischen 1956 und 1970 ca. 180.000 Menschen den ländlichen Raum. Davon war insbesondere die auf landwirtschaftlichen Betrieben lebende Bevölkerung betroffen (Tab. 10). Das bedeutete eine Abnahme der ländlichen Bevölkerung um 24% und der ländlichen Erwerbspersonen sogar um 35% (VEIGA 1981: 14). Gleichzeitig begann jedoch der wirtschaftliche Niedergang Uruguays, so daß es immer schwerer fiel, die zugewanderte Bevölkerung in die städtische Wirtschaft zu integrieren. Eine weitere Aufblähung des staatlichen Verwaltungsapparates und der Sozialleistungen erwies sich bald als nicht mehr bezahlbar. Das kommt z.B. darin sehr deutlich zum Ausdruck, daß die Renten und Pensionen immer unzureichender an die Inflationsraten angepaßt wurden. Hatte schon die erwerbstätige Be-

Tabelle 10: Auf landwirtschaftlichen Betrieben (> 1 ha) lebende Bevölkerung Uruguays 1916-1970

Jahr	Zahl	Anteil an der Landesbevölkerung %
1916	269.756	20,8
1930	330.849	19,4
1951	453.912	20,4
1961	389.850	15,1
1970	318.166	11,3

Quelle: MARTORELLI 1980

völkerung im Zeitraum von 1968-1983 eine Halbierung der Reallöhne hinnehmen mußten, so war der Kaufkraftverlust bei den Rentnern und Pensionären noch wesentlich größer (AGUIAR 1981: 16 ff, MAZZEI & VEIGA 1985: 26). 1983 erhielten 60% dieser Personengruppe "Minirenten" von weniger als N$ 2.200 (55 US$).

Zwischen den Zensuserhebungen von 1963 und 1975 ist das überproportionale Wachstum der Hauptstadt erstmals zum Stillstand gekommen, und die mittlere jährliche Wachstumsrate blieb hinter dem Landesdurchschnitt zurück (Abb. 7 u. 8). Dafür lassen sich im wesentlichen drei Gründe anführen:

1) Die natürlichen Wachstumsraten sind weiter zurückgegangen. Dazu trugen sowohl Verhaltensänderungen als auch altersstrukturelle Faktoren bei. So sank der Anteil der Bevölkerung im Alter von 20-40 Jahren, der zwischen 1908 und 1963 mit ziemlich genau 30% konstant geblieben war, auf nur noch 26,9% im Jahre 1975 (Tab. 11).

2) Die Zuwanderung aus dem *Interior* hat sich abgeschwächt und wird durch die beginnende Auswanderung (s.o.) zu einem großen Teil kompensiert. Waren 1963 noch fast 30% der Bewohner Montevideos im *Interior* geboren, so betrug dieser Wert 1975 nur noch gut 27% (Tab. 12). Zwar hat die ländliche Bevölkerung des *Interior* auch im betrachteten Zeitraum abgenommen und ist auf einen Anteil von lediglich 13,5% an der Gesamtbevölkerung zurückgefallen, jedoch verzeichnete die städtische Bevölkerung des *Interior* überproportionale Gewinne und konnte ihren Anteil auf über 40% steigern (Abb. 7).

3) Montevideo ist inzwischen über die administrative Stadtgrenze hinausgewachsen (insbesondere entlang der Ausfallstraßen Nr. 1, 5, 7 u. 8). Daher wird die Bevölkerungszunahme teilweise in den angrenzenden *departamentos* von Canelones und San José registriert. Nicht zuletzt deshalb weisen diese zwischen 1963 und 1975 überdurchschnittlich hohe Wachstumsraten auf (Abb. 8).

Trotz einer gewissen Abschwächung der Primatstruktur (vgl. Abb. 6) trifft bis heute das Bild zu, das MARTINEZ LAMAS (zitiert in RIAL 1984: 27) schon 1930 zeichnete, als er Uruguay mit einer riesigen *estancia* verglich, auf der außerhalb des Hofes nur wenige Menschen wohnen. Man

Abbildung 8: Durchschnittliche jährliche Wachstumsrate der uruguayischen Departamentos 1908–1963, 1963–1975 und 1975–1985

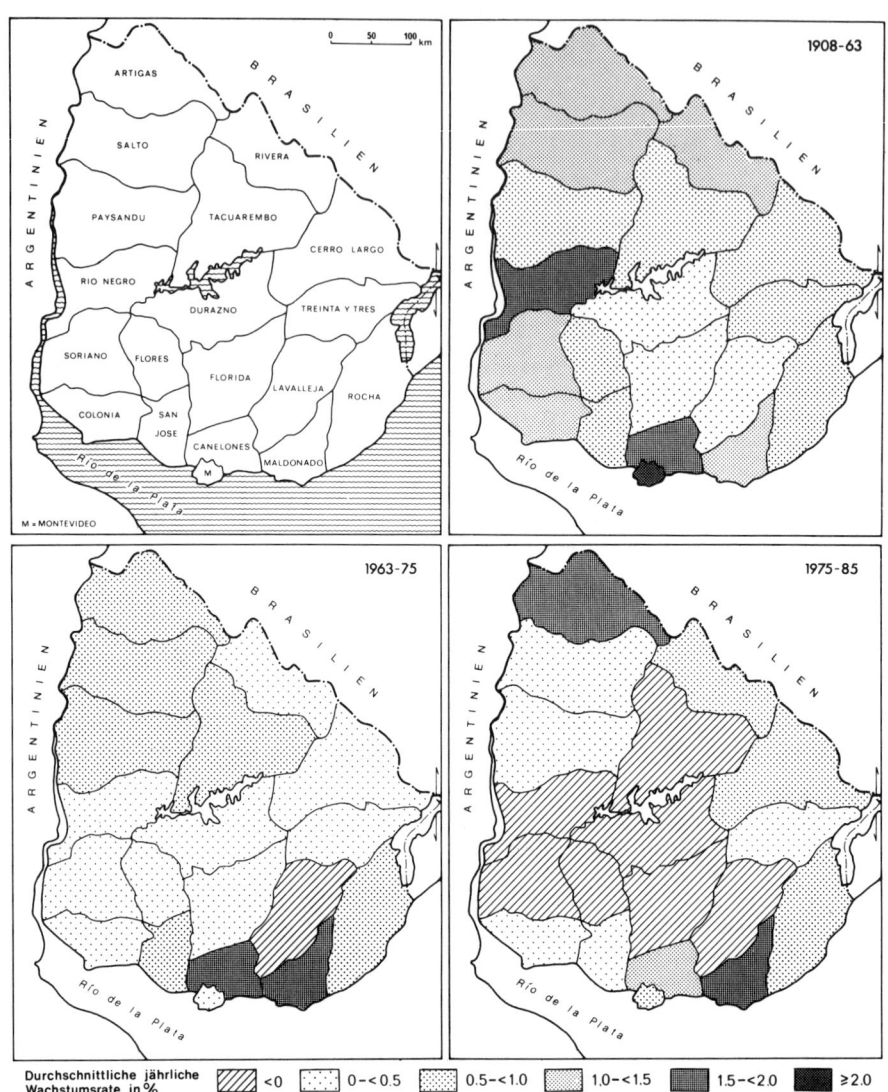

Quelle   Zensusergebnisse

könnte diesen Vergleich sogar noch ausweiten und hinzufügen: Ebenso wie der Grundbesitzer von seinen riesigen Ländereien lebt, so lebt Montevideo vom *Interior* und den hier erzeugten Exportprodukten. Die Aus- und Einfuhrstatistiken unterstreichen diese Situation: Bei den Exporten stehen Wolle und Tierhaare (20%) sowie Fleisch und Fleischwaren (22%) an der Spitze, hingegen machen Maschinen und Fahrzeuge (33%) sowie Erdöl (28%) den größten Teil der Importe aus (Werte für 1981 nach Statistisches Bundesamt 1985).

Komponenten des gegenwärtigen Bevölkerungswachstums Montevideos

Für die fast stagnierende Bevölkerungsentwicklung in Montevideo spielt sowohl die Bilanz der natürlichen Bevölkerungsbewegungen als auch die der Wanderungen eine Rolle. Die Zahl der Geburten- und Sterbefälle in regionaler Differenzierung ist zuletzt für die Jahre 1983 und 1984 veröffentlicht worden (Dirección 1986b; Tab. 11 (7)). Daraus ergibt sich, daß die Geburtenrate in Montevideo unter der des *Interior*, die Sterberate jedoch darüber liegt. Strukturelle Faktoren bestimmen insbesondere die recht hohe Sterbeziffer. Während sich die Lebenserwartung in den einzelnen Teilräumen Uruguays nicht mehr stark unterscheidet, übertrifft der Anteil älterer Menschen, die naturgemäß einem höheren Sterblichkeitsrisiko ausgesetzt sind, in Montevideo deutlich den Landesdurchschnitt (Tab. 11). Dagegen dürften für die differierenden Geburtenraten auch Verhaltensunterschiede von Bedeutung sein. Als Beleg dafür sei - mangels anderer Kennziffern - die in Montevideo trotz höherer Heiratsrate niedrigere allgemeine Fruchtbarkeitsziffer angeführt (Tab. 11).

Tabelle 11: Komponenten des natürlichen Bevölkerungswachstums im Departamento Montevideo im Vergleich zum Interior um 1980

	Maß-einheit	Jahr	Montevideo	Interior	Uruguay
Geburtenrate	‰	1983/84	16,4	19,3	18,3
Sterberate	‰	1983/84	11,1	9,1	10,0
Natürliche Wachstumsrate	‰	1983/84	5,3	10,2	8,3
Heiratsrate	‰	1983/84	7,6	6,1	6,8
Allgemeine Fruchtbarkeitsziffer[1]	%	1979/80	37,2	49,1	43,5
Lebenserwartung	J.	1974-76	69,7	68,4	68,9
Bev. ⩾ 60 J.	%	1975	16,0	13,0	14,3
Bev. 20-39 J.	%	1975	26,9	26,7	26,8

1) Kinder < 5 Jahren auf 100 Frauen zwischen 15 und 44 Jahren

Quelle: Dirección 1983 a, 1986 a und b

Aus dem Zusammenwirken von Geburten- und Sterbeziffern resultiert die äußerst niedrige Rate des natürlichen Wachstums von wenig mehr als 0,5%/J. (1983/84). Diese entspricht annähernd genau der durchschnittlichen jährlichen Bevölkerungszunahme, die zwischen den Zensuserhebungen von 1975 und 1985 lediglich 0,53%/J. betrug, und übertrifft sogar deutlich die Wachstumsrate zwischen 1963 und 1975 (0,24%/J). Selbst wenn man gewisse Ungenauigkeiten bei der Ermittlung dieser Ziffern in Rechnung stellt und berücksichtigt, daß sich die für das natürliche Wachstum genannten Werte nur auf einen Zweijahresdurchschnitt beziehen, so kann daraus doch auf eine negative Wanderungsbilanz in den zurückliegenden zwei Jahrzehnten geschlossen werden. Das gilt vor allem auch deshalb, weil die natürlichen Wachstumsraten in den 60er und 70er Jahren noch höher lagen. Um zu genaueren Aussagen zu gelangen, sind Binnenwanderungen und internationale Wanderungen getrennt zu betrachten.

Es ist schon gesagt worden, daß sich Uruguay seit den 60er Jahren vom Ein- zum Auswanderungsland entwickelte. Nennenswerte Überschüsse aus den internationalen Wanderungen wurden letztmals in den 50er Jahren registriert. Obwohl wir über keine regional aufgeschlüsselten Angaben zu den grenzüberschreitenden Wanderungen verfügen, so läßt sich aus dem vorliegenden Material - z.T. auf indirektem Wege - doch folgern, daß sich der negative Saldo aus den internationalen Wanderungen in besonderem Maße auf die Bevölkerungsentwicklung Montevideos auswirkt.

Tabelle 12: Geburtsort der Bevölkerung im Departamento Montevideo 1963 und 1975

	Montevideo %	Interior %	Ausland %	ohne Angabe %	%
1975					
Gesamtbevölkerung	63,8	27,4	7,5	1,3	100
Männer	65,5	25,5	7,8	1,2	100
Frauen	62,5	29,2	7,3	1,3	100
1963					
Gesamtbevölkerung	56,6	29,8	13,4	0,2	100
Männer	58,1	27,1	14,6	0,2	100
Frauen	55,2	32,2	12,4	0,2	100
Wohnsitz 1970 f.Bev. ≥ 5 J. 1975	93,5	5,2	0,6	0,7	100

Quelle: Dirección 1969 und 1979

Im Rahmen der Volkszählung von 1975 wurde auch nach dem Wohnsitz des Jahres 1970 gefragt. Den entsprechenden Auswertungen ist zu entnehmen, daß zwischen 1970 und 1975 lediglich 7.000 Personen aus dem Ausland nach Montevideo gekommen sind. Abbildung 9 und Tabelle 12 unterstreichen die gegenüber früher fast zum Erliegen gekommene Einwanderung. Nur in den älteren Jahrgangsgruppen sind noch verhältnismäßig viele Menschen im Ausland geboren. Aufgrund der natürlichen Absterbeordnung resultieren daraus im zeitlichen Verlauf sinkende Anteilswerte. Gaben 1963 noch mehr als 13% der Bewohner Montevideos einen ausländischen Geburtsort an, so waren es 1975 weniger als 8% (Tab. 12).

Abbildung 9: Alterszusammensetzung der im Ausland geborenen Bevölkerung Montevideos (städtischer Teil des Departamento) 1975

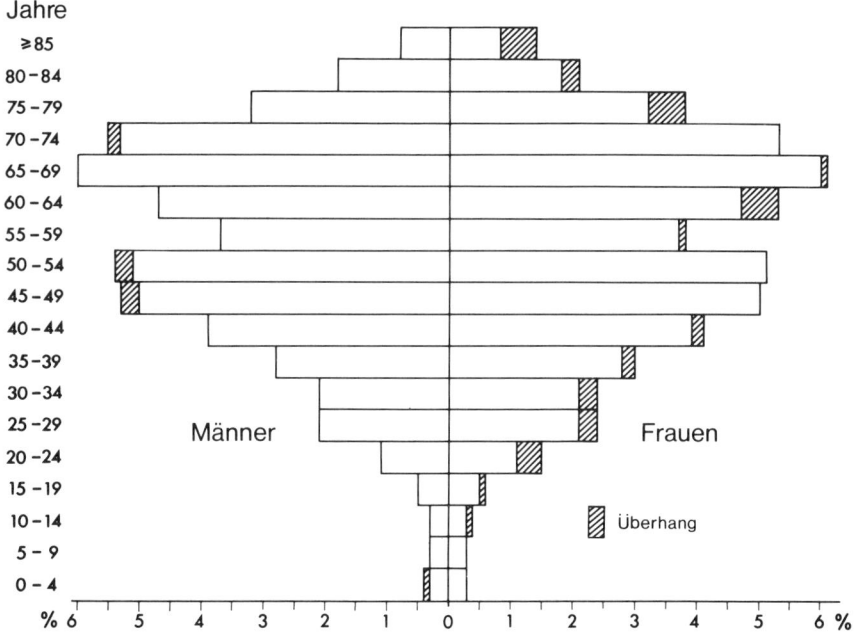

Quelle: Zensusergebnisse

Der unbedeutenden Immigration steht eine erhebliche Emigration gegenüber. Für ganz Uruguay läßt sich die Auswanderung für die Fünfjahresperiode 1970-1975 auf ungefähr 144.000 Personen schätzen. Allerdings weichen die in den verschiedenen Quellen genannten Werte beträchtlich voneinander ab (vgl. AGUIAR 1982: 53 ff). Stellt man in Rechnung, daß fast 90% der Auswanderer ihren letzten Wohnsitz in Montevideo hatten (Dirección 1983b), so kommt man auf einen Bevölkerungsverlust der Hauptstadt von ca. 129.000 Personen. Selbst wenn man davon die oben angeführte geringfügige Zuwanderung abzieht und weiterhin berücksichtigt, daß ein Teil der Immigranten nur vorübergehend im Ausland weilt, bleibt eine negative Bilanz von mehr als 100.000 Personen. Auch in der Folgezeit ist der Saldo aus den internationalen Wanderungen negativ gewesen. Für die Fünfjahresperiode 1975-1980 kann man von einem Verlust in ungefähr gleicher Höhe ausgehen (Dirección 1983 b).

Die stark angestiegene Auswanderung bringt auf längere Sicht eine Reihe von nachteiligen Konsequenzen mit sich. Kurzfristig trägt sie zwar zu einer gewissen Entlastung des Arbeitsmarktes und Stabilisierung des Lohnniveaus bei, weil bevorzugt Personen im erwerbsfähigen Alter und davon wiederum insbesondere die Männer Uruguay verlassen - was zu einer relativen Knappheit an Arbeitskräften führt (AGUIAR 1982: 73; Abb. 10) - langfristig ist jedoch die Emigration gerade besonders gut ausgebildeter Bevölkerungsgruppen nicht unproblematisch (Tab. 13).

Tabelle 13: Ausbildungsstand, Berufs- und Beschäftigungsstruktur der Aus- und Rückwanderer (zum Zeitpunkt der Auswanderung) im Vergleich zur Bevölkerung Uruguays (Zensus 1975)

	Auswanderer %	Rückwanderer %	Uruguay %
a) Ausbildungsstand (Bev. ≥ 6 J.)			
Primarschule	46,4	45,4	64,4
Sekundarschule	33,5	34,0	18,4
Andere (einschl. Universität)	20,1	20,6	17,2
	100,0	100,0	100,0
b) Berufsstruktur (Bev. ≥ 12 J.)			
Profesionales, leitende Angestellte	13,4	13,3	8,7
Büroangestellte	11,7	11,0	11,0
Händler u.ä.	12,1	12,7	9,8
Landwirte, landw. Arbeiter	2,0	2,3	16,0
Handwerker, Arbeiter	39,1	41,9	29,4
Beschäftigte im Bereich pers. Dienstl.	10,2	9,2	14,5
Andere und ohne Angabe	11,5	9,6	10,6
	100,0	100,0	100,0
c) Beschäftigungsstruktur (Bev. ≥ 12 J.)			
Landwirtschaft	2,0	2,7	16,2
Industrie	33,0	35,6	20,8
Bau	5,4	6,7	5,5
Handel und Transport	22,5	22,5	17,5
Andere Dienstleistungen	30,8	28,7	32,4
Andere und ohne Angabe	6,3	3,8	7,6
	100,0	100,0	100,0

Quelle: Dirección 1983 b

Abbildung 10: Alterszusammensetzung der Aus- und Rückwanderer für Uruguay bis 1982 (Alter zum Zeitpunkt der Wanderung)

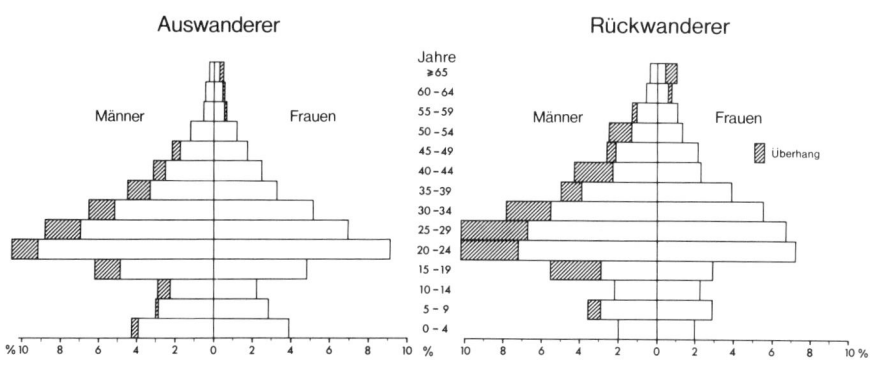

Quelle: Dirección 1983 b

Mehr als die Hälfte der Auswanderer haben weiterführende Schulen besucht bzw. eine gehobene Berufsausbildung absolviert (Uruguay insgesamt nur 35%) und mehr als 13% zählen zu den *profesionales* und leitenden Angestellten (Uruguay insgesamt weniger als 9%). Selbst wenn man als Vergleichsmaßstab nicht die nationalen Durchschnittswerte, sondern die für Montevideo gültigen Zahlen heranzieht, verschiebt sich das Bild nur unwesentlich. Für den Zeitraum von 1963-1975 hat AGUIAR (1982: 69) errechnet, daß die Bevölkerung Montevideos durch Auswanderung um 12,1%, die Bevölkerung zwischen 20 und 29 Jahren jedoch um 31,4% und die Erwerbspersonen aus gehobenen Berufsgruppen um 20,8% abgenommen haben. Neben dem Verlust an Fachkräften, für deren Ausbildung der Staat nicht unerhebliche Summen aufgebracht hat, ergibt sich daraus eine Beschleunigung der ohnehin schon weit fortgeschrittenen Überalterung. Es dürfte daher auch in Zukunft für den uruguayischen Staat außerordentlich schwer sein, den mit steigenden Renten- und Pensionslasten auf ihn zukommenden Anforderungen gerecht zu werden.

Die negative Bilanz aus den internationalen Wanderungen wird durch die Zuwanderung aus dem *Interior* nur unzureichend kompensiert. Der Vergleich der Zensusergebnisse von 1963 und 1975 belegt, daß sich die Landflucht in den 60er Jahren abgeschwächt hat und in den 70er Jahren allmählich zu Ende gegangen ist. Der rückläufige Anteil der im *Interior* geborenen Bevölkerung Montevideos wurde oben schon herausgestellt (vgl. Tab. 12). Mittels einer weitergehenden Differenzierung der Zensusergebnisse von 1963 nach Altersgruppen läßt sich die zeitliche Entwicklung noch weiter zurückverfolgen (Abb. 11). Selbst bei den 20 bis 30- und den 30 bis 40jährigen, die bei der Land-Stadt-Wanderung gewöhnlich die stärksten Jahrgangsgruppen bilden, war der Anteil der im *Interior* Geborenen mit 35,9 bzw. 38,6% schon damals geringer als bei den 40- bis 50jährigen, für

Abbildung 11: Geburtsort der Bevölkerung des Departamento Montevideo für verschiedene Altersgruppen 1963

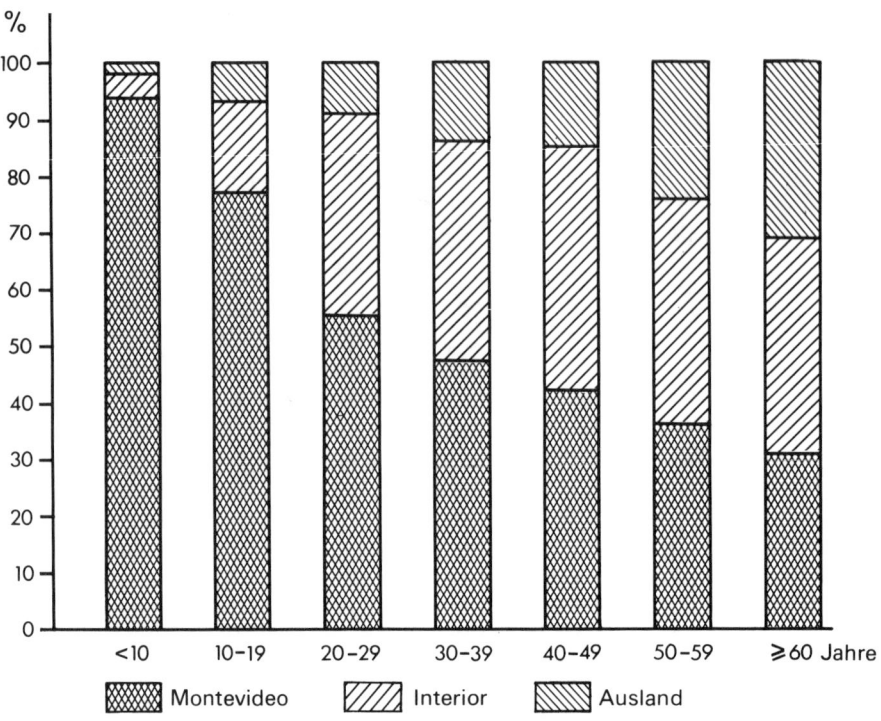

Quelle: Zensusergebnisse

die ein Maximalwert von 43,1% registriert wurde.

Befragungsergebnisse aus jüngerer Zeit unterstreichen die aus den Zensusdaten abgeleiteten Aussagen. In den sechs von BAUDRON (1979: 36 u. 45) im Jahre 1971 untersuchten *barrios marginales* waren knapp 40% der Haushaltungsvorstände und Ehefrauen in Montevideo geboren, und bei den Zugewanderten lag das Zuzugsdatum überwiegend schon mehr als 20 Jahre zurück (64%). Einen noch höheren Prozentsatz in Montevideo Geborener stellten MAZZEI & VEIGA (1985: 51) für die von ihnen im Jahre 1984 befragten 518 in *cantegriles* lebenden Haushaltungsvorstände fest (56%). Von denjenigen, deren Geburtsort im *Interior* lag, waren 52% vor 1970 in die Hauptstadt gekommen. Auch die Altstadt bildet schon seit längerer Zeit nicht mehr einen "Brückenkopf" für Neuzuwanderer. Eine Stichprobenbefragung von 97 Altstadthaushalten aus dem Jahre 1984 ergab, daß 40% der Haushaltungsvorstände schon immer in der Altstadt lebten, 50% aus anderen Teilen Montevideos zugezogen waren, während der direkte Zuzug

Abbildung 12: Kumulierte Zuwanderung (nach Geburtsort) in das Departamento Montevideo bis 1975

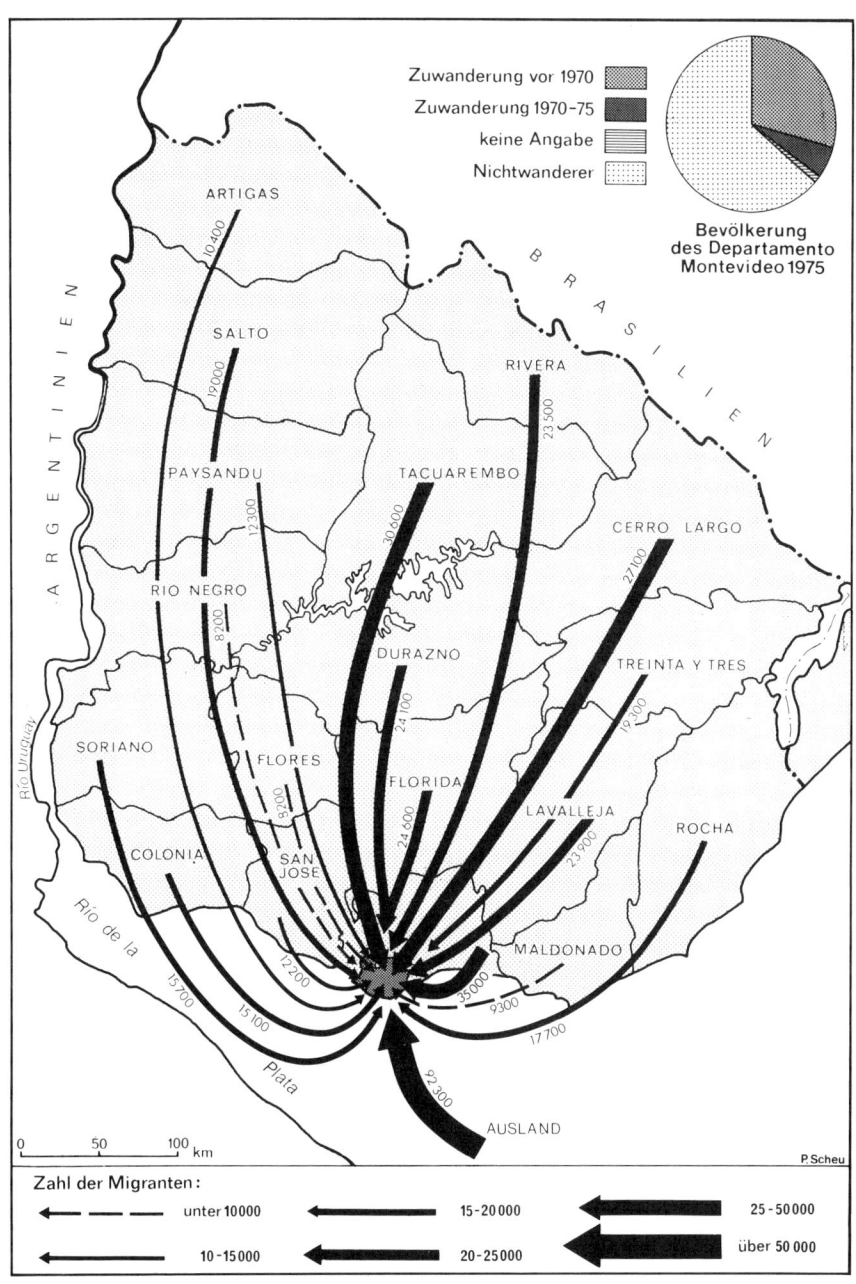

Quelle: Zensusergebnisse

aus dem *Interior* und dem Ausland nur 10% ausmachte. Fast 60% der Haushaltungsvorstände waren bereits in Montevideo geboren (vgl. BÄHR 1987).

Eine genauere Wanderungsbilanz Montevideos läßt sich für den Fünf-Jahreszeitraum zwischen 1970 und 1975 errechnen (8). Die uruguayische Hauptstadt verzeichnete in dieser Periode einen Zuzug aus dem *Interior* von 58.600 Personen (Bevölkerung $\geq$ 5 J.). Ähnlich wie bei der *lifetime migration* (Bestimmung nach dem Geburtsort) dominieren als Herkunftsregionen das unmittelbar angrenzende *departamento* Canelones sowie alle *departamentos* im Osten und Norden, die durch eine extensive Viehhaltung geprägt werden (Abb. 12). Umgekehrt war für die genannten *departamentos* der Anteil in Montevideo lebender Personen an der Gesamtzahl der in den jeweiligen *departamentos* geborenen besonders hoch (Abb. 13). Das deckt sich mit der von VEIGA (1981: 17/18) vorgenommenen Typologie der uruguayischen Provinzen hinsichtlich des Wanderungsverhaltens. Darin werden die *departamentos* Rivera, Tacuarembó, Cerro Largo, Treinta y Tres, Durazno, Flores, Florida, Lavalleja und Rocha zu einer Gruppe zusammengefaßt. Als Gründe für die hier besonders hohe Abwanderung nach Montevideo werden die fehlenden Arbeitsplätze im ländlichen Bereich, das Fortbestehen des *latifundio-minifundio*-Komplexes sowie die geringe Bedeutung der jeweiligen Hauptorte als alternative Wanderungsziele genannt. Dagegen weisen die landwirtschaftlich intensiver genutzten Bereiche im Westen und Südwesten des Landes ein vergleichsweise niedriges Abwanderungsvolumen auf, und die Wanderungsströme sind weniger einseitig auf Montevideo gerichtet.

Dieses Wanderungsmuster ist im zeitlichen Verlauf recht stabil geblieben. Schon in den 50er und beginnenden 60er Jahren war die Abwanderung in den im Norden und Osten gelegenen *departamentos* besonders hoch, so daß CAMPIGLIA (1965: 48) feststellen konnte: "*El latifundio está en la base de la migración hácia Montevideo*". Mittlerweile hat die anhaltende Abwanderung in vielen ländlichen Räumen sogar zu einer negativen Bevölkerungsentwicklung geführt, und auch die *departamentos* des Westens tragen kaum noch zur Modifizierung des Gesamtbildes bei (Abb. 8).

Dem in Montevideo registrierten Zuwanderungsvolumen bezüglich der Binnenwanderungen steht ein fast gleich starkes Abwanderungsvolumen gegenüber, denn zwischen 1970 und 1975 haben ziemlich genau 50.000 Menschen (Bevölkerung $\geq$ 5 J.) ihren Wohnsitz von Montevideo in die Provinz verlegt. Die Richtung der Abwanderungsströme ist allerdings eine gänzlich andere. Besonders heraus fällt die Bewegung in das *departamento* Canelones; sie macht allein fast 50% aller Fortzüge ins *Interior* aus. Ein Großteil dieser Migranten ist eher den intra- als den interregionalen Wanderungen zuzuordnen, gehen doch die bebauten Bereiche der *departamentos* Montevideo und Canelones unmittelbar ineinander über. Mit einer Wohnsitzverlagerung an den Stadtrand ist daher häufig eine grenzüberschreitende Wanderung in ein anderes *departamento* verbunden.

Aus den genannten Zu- und Abwanderungswerten ergibt sich für die Zeit zwischen 1970 und 1975 nur noch ein sehr bescheidener Wanderungsgewinn von 8.600 Personen. Aus erhebungstechnischen Gründen (Frage nach dem Wohnsitz von 1970) bezieht sich dieser Wert allerdings nur auf die Bevölkerung im Alter von 5 und mehr Jahren. Unterstellt man, daß auch in Montevideo - ähnlich wie in den anderen Metropolen Südamerikas - die Wanderungen an den Stadtrand überwiegend von jüngeren Familien mit noch kleinen Kindern getragen werden, so ist zu vermuten, daß an den

Abbildung 13: Kumulierte Abwanderungen (nach Geburtsort) aus den
Departamentos Uruguays bis 1975

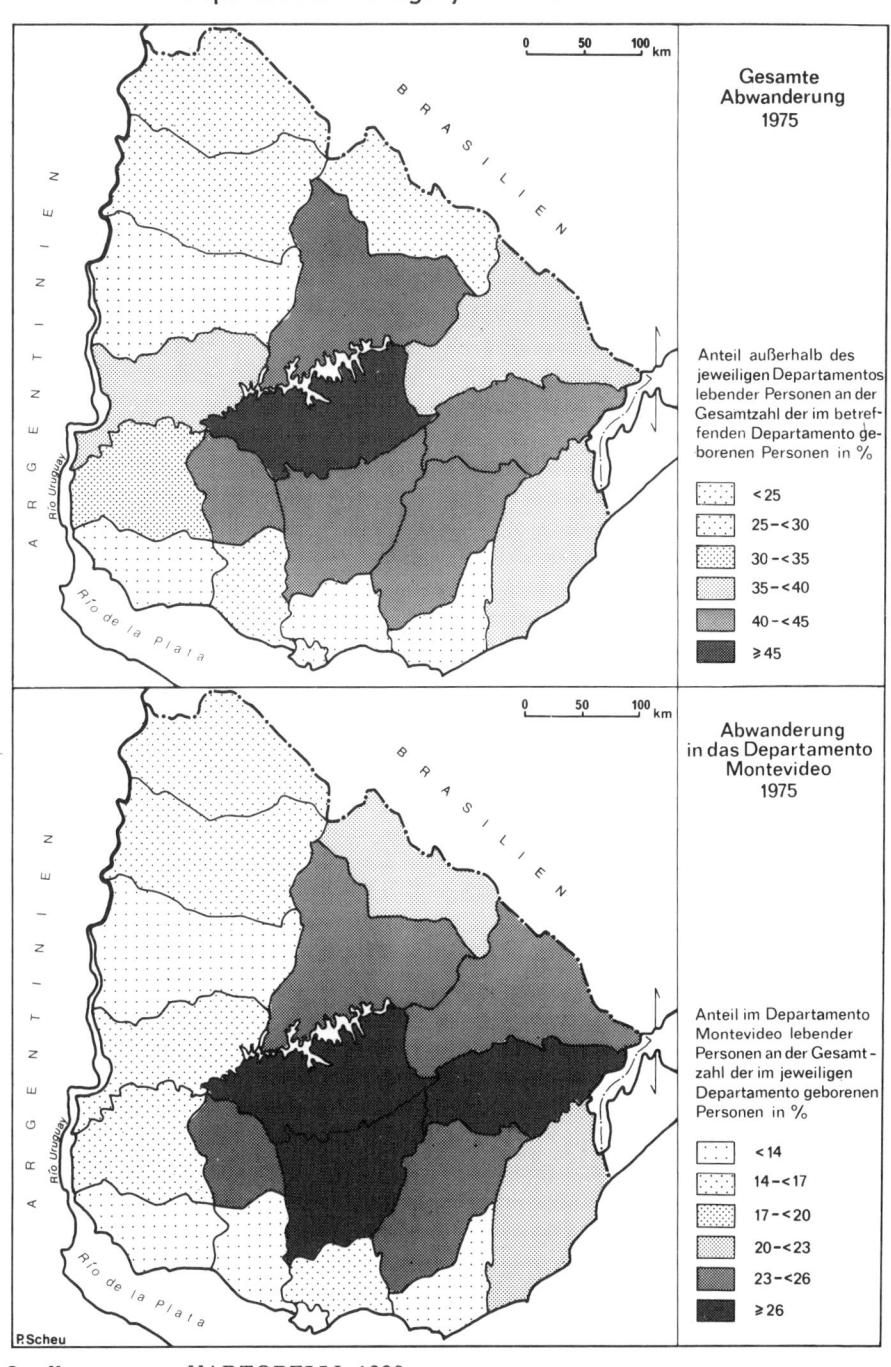

Gesamte Abwanderung 1975

Anteil außerhalb des jeweiligen Departamentos lebender Personen an der Gesamtzahl der im betreffenden Departamento geborenen Personen in %

- < 25
- 25 – < 30
- 30 – < 35
- 35 – < 40
- 40 – < 45
- ≥ 45

Abwanderung in das Departamento Montevideo 1975

Anteil im Departamento Montevideo lebender Personen an der Gesamtzahl der im jeweiligen Departamento geborenen Personen in %

- < 14
- 14 – < 17
- 17 – < 20
- 20 – < 23
- 23 – < 26
- ≥ 26

Quelle: MARTORELLI 1980

Wanderungen von Montevideo in das *departamento* Canelones überproportional viele unter fünfjährige Personen beteiligt sind, eine Schlußfolgerung, die auch die unterschiedliche Altersstruktur der beiden *departamentos* nahelegt (Abb. 14). Das würde den geringen Binnenwanderungsgewinn der Stadt weiter reduzieren und für eine nahezu ausgeglichene Bilanz sprechen.

Abbildung 14: Alterspyramiden der städtischen Bereiche der Departamentos Montevideo und Canelones 1975

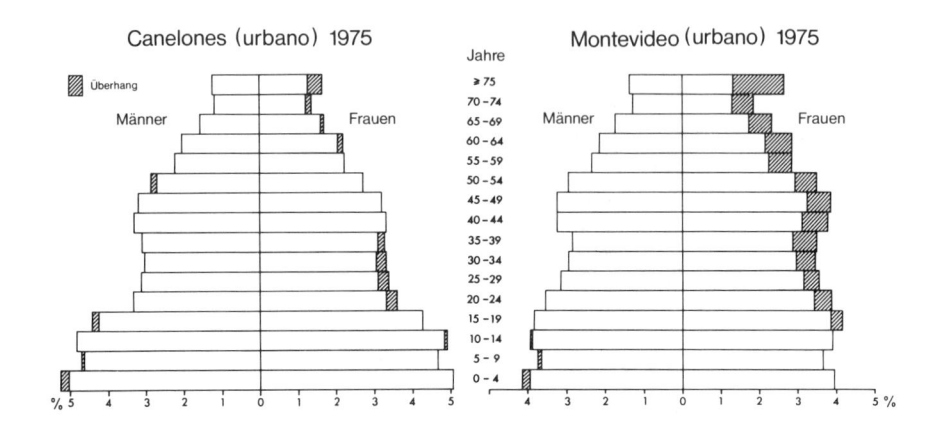

Quelle: Zensusergebnisse

Die demographische und sozio-ökonomische Struktur der Bevölkerung Montevideos

Natürliches Wachstum und demographische Struktur einer Bevölkerung sind eng miteinander verknüpft. Es ist bekannt, daß ein Rückgang der Geburtenzahlen, weit stärker als eine Verbesserung der Überlebenschancen, zu einer langsam fortschreitenden Überalterung führt. In vielen Städten der Dritten Welt gibt es zwar bereits Anzeichen für eine Verminderung der Fruchtbarkeit, und die Sterblichkeit hat meist überdurchschnittlich schnell abgenommen; die Auswirkungen dieser Veränderungen auf die Altersstruktur sind jedoch bislang nicht sehr bedeutsam, weil sie im allgemeinen durch eine starke Zuwanderung gerade jüngerer Personengruppen mehr als kompensiert werden. In Montevideo hingegen besteht eine vollständig andere Situation. Es konnte gezeigt werden, daß die Binnenwanderungsüberschüsse nur noch gering sind und durch die in den 70er Jahren stark angeschwollene Auswanderung mehr als ausgeglichen werden.

Als Konsequenz dieser Entwicklung unterscheidet sich die Alterszusammensetzung Montevideos grundlegend von derjenigen anderer lateinamerikanischer Metropolen. In Abbildung 15 sind die Bevölkerungspyramiden

Abbildung 15: Alterspyramide des Departamento Montevideo 1975 im Vergleich zu derjenigen von Lima/Callao 1981

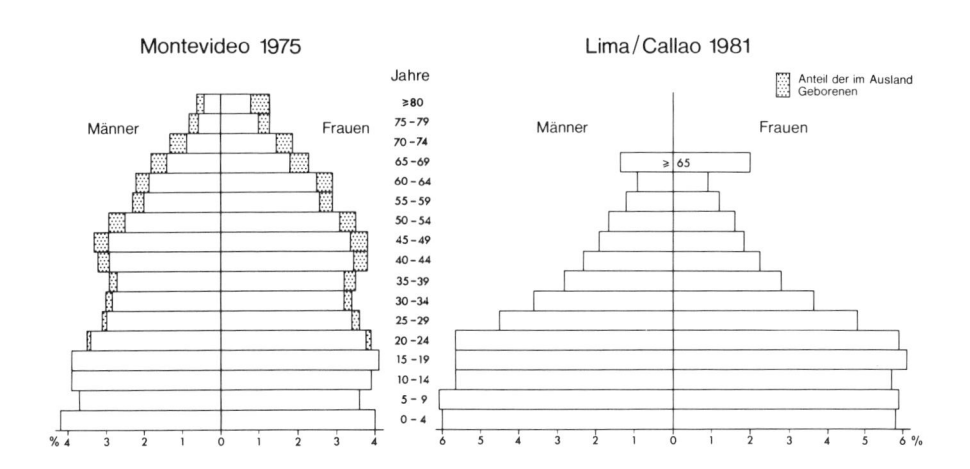

Quelle: Zensusergebnisse

Limas und Montevideos einander gegenübergestellt. Daraus läßt sich ablesen, daß der Anteil der Bevölkerung unter 10 Jahren in Montevideo nur etwa halb so groß wie derjenige in Lima ist, der Prozentsatz älterer Menschen (Bevölkerung ≥ 65 J.) dagegen ungefähr das Dreifache beträgt. Selbst im Vergleich zum übrigen Uruguay ist die Überalterung in Montevideo weiter fortgeschritten, machen die ≥ 65jährigen in Montevideo doch 11,0% gegenüber nur 8,8% im *Interior* aus (Zensus 1975).

Tabelle 14: Angaben zur Bevölkerungsstruktur im Departamento Montevideo 1908-1985

	1908 %	1963 %	1975 %	1985 %
Frauenanteil	48,9	52,3	53,2	53,5
Im Ausl. geb. Bevölkerung	42,0	13,5	8,0	
Alter				
< 10 Jahre	21,1	16,9	15,7	
10-29 Jahre	43,8	29,7	30,0	
30-59 Jahre	28,7	40,9	38,3	
≥ 60 Jahre	6,4	12,5	16,0	

Quelle: Zensusergebnisse

Die Veränderungen im zeitlichen Verlauf werden in Tabelle 14 zusammengefaßt. Man erkennt, daß Montevideo die für eine Einwanderungsgesellschaft typische Struktur mit einem hohen Anteil der Bevölkerung im erwerbsfähigen Alter und einem Übergewicht der Männer allmählich verloren hat. Die abklingende Einwanderung aus Übersee, die höhere Lebenserwartung der Frau und der überproportionale Anteil weiblicher Migranten bei der Land-Stadt-Wanderung erklären die mit 115 : 100 erheblich zur weiblichen Seite verschobene Sexualproportion in Montevideo (Uruguay insgesamt: 106 : 100; Werte für 1985). Verstärkend dürfte auch die Emigration der Gegenwart dazu beigetragen haben, wird für diese doch eine umgekehrt gerichtete Sexualproportion von 83 : 100 angegeben (Dirección 1983b). Daß der Anteil der Bevölkerung im erwerbsfähigen Alter nicht noch weiter abgesunken ist, läßt sich auf die bis in die 60er Jahre recht bedeutsame Zuwanderung aus dem *Interior* zurückführen.

Der vergleichsweise hohe Anteil älterer Jahrgangsgruppen an den Einwohnern Montevideos spiegelt sich auch in der Aufschlüsselung der Bevölkerung nach ihrer Beteiligung am Erwerbsleben wider. Um die ermittelten Zensusergebnisse besser beurteilen und einordnen zu können, wird wiederum zum Vergleich die Situation in Lima herangezogen (Tab. 15).

Tabelle 15: Bevölkerung nach der Beteiligung am Erwerbsleben Montevideo 1975 im Vergleich zu Lima 1981[1]

	Erwerbstätige %	Arbeitslose %	Rentner, Pensionäre %	Hausfrauen u.ä. %	Schüler, Studenten %
Männer: Montevideo	66,6	4,4	15,1	1,3	12,4
Lima	70,5	4,4	3,0	1,5	20,5
Frauen: Montevideo	30,0	2,2	20,6	35,5	11,6
Frauen	28,4	2,9	0,9	49,3	18,1

1) Montevideo Bevölkerung ≥ 12 J., Lima ≥ 15 J., jeweils bezogen auf das Departamento

Quelle: Zensusergebnisse

Wie nicht anders zu erwarten, ist der Anteil der erwerbstätigen Männer in Montevideo kleiner, derjenige der Rentner und Pensionäre größer als in Lima. Trotz des in Uruguay allgemein verbreiteten Besuchs weiterführender Schulen liegt auch der Anteil der Schüler und Studenten deutlich unter dem für Lima ermittelten Wert und ist Ausdruck der gänzlich anderen Alterszusammensetzung. Besonders groß sind die Unterschiede zwischen beiden Städten jedoch hinsichtlich der Erwerbsbeteiligung der Frau. Die Erwerbsquote für die weibliche Bevölkerung übertrifft in Montevideo deutlich diejenige von Lima, und entsprechend gegensätzliche Prozentwerte gelten für die jeweiligen Hausfrauenanteile. Daß die Berufstätigkeit der Frau in Montevideo schon eine längere Tradition hat, geht daraus hervor, daß immerhin 20% der weiblichen Bevölkerung (≥ 12 J.) eine Rente oder

Pension beziehen; in Lima ist dieser Prozentsatz verschwindend gering. Ebenso besuchen in Montevideo auch Mädchen bereits seit längerem weiterführende Schulen oder die Universität. Nicht zuletzt deshalb unterscheiden sich die Anteilswerte der beiden Städte in der Gruppe Schüler/Studenten beim weiblichen Bevölkerungsanteil weniger stark als beim männlichen.

Tabelle 16: Analphabetenrate im Departamento Montevideo und in Uruguay 1908-1975

	Uruguay %	Montevideo %
1908 (Bev. $\geq$ 5 J.)	42,3	25,3
1963 (Bev. $\geq$ 8 J.)	9,0	5,4
1975 (Bev. $\geq$ 10 J.)	4,7	3,1

Quelle: Zensusergebnisse

Tabelle 17: Beschäftigte nach Wirtschaftszweigen und Stellung im Beruf in Montevideo und Uruguay 1984 (Stichprobenergebnisse ohne ländlichen Raum)

	Montevideo %	Interior %	Uruguay %
a) nach Wirtschaftszweigen			
Landwirtschaft	1,1	5,0	2,9
Industrie, Bergbau	22,2	17,3	19,9
Bauwirtschaft	4,5	7,4	5,8
Handel	17,7	17,7	17,7
Andere Dienstleistungen	54,5	52,6	53,7
	100,0	100,0	100,0
b) nach Stellung im Beruf			
Arbeiter und Angestellte in der Privatwirtschaft	52,4	44,9	49,0
Arbeiter und Angestellte im öffentlichen Dienst	21,0	23,9	22,3
Arbeitgeber und auf eigene Rechnung Arbeitende	21,8	22,9	22,3
Andere	4,8	8,3	6,4
	100,0	100,0	100,0

Quelle: Dirección 1985

Was die sozio-ökonomische Struktur der Bevölkerung angeht, so treffen die für Uruguay insgesamt herausgearbeiteten Merkmale auch für Montevideo zu. Diese Aussage kann man - nach dem, was zur sozialen und wirtschaftlichen Entwicklung des Landes gesagt wurde - schon fast als eine Selbstverständlichkeit ansehen. Es überrascht daher weit mehr, daß sich Montevideo nur vergleichsweise geringfügig vom *Interior* bzw. den nationalen Durchschnittswerten abhebt. Am Beispiel des Analphabetenanteils (Tab. 16) läßt sich zeigen, daß sich die einstmals bestehenden ausgeprägten regionalen Unterschiede mehr und mehr verwischt haben. Ähnliches gilt auch für den Indikator Säuglingssterblichkeit. Nach 1955-1959 lag die entsprechende Rate im *Interior* mit 61,6‰ fast doppelt so hoch wie in Montevideo (33,6‰ nach WETTSTEIN 1975). Bis heute hat sich die Relation fast ins Gegenteil verkehrt (Mittel 1979/80: Montevideo 40,8‰, *Interior* 38,5‰; nach Dirección 1983a). Selbst im Hinblick auf die Beschäftigungsverhältnisse nimmt Montevideo keine besonders herausgehobene Stellung mehr ein. Auch das *Interior* wurde schon Mitte der 70er Jahre weitgehend vom Dienstleistungssektor bestimmt (43% der Beschäftigten im Vergleich zu 63% in Montevideo). Selbst wenn man berücksichtigt, daß die für 1984 veröffentlichten Zahlenwerte (Tab. 17) nur auf einer Stichprobenerhebung beruhen und den ländlichen Raum (ca. 15% der Bevölkerung) nicht einschließen, so unterstreichen sie doch das wachsende Mißverhältnis zwischen einer nur kleinen Zahl an Menschen, die die wichtigsten Exportprodukte des Landes erzeugen, und der ständig größer werdenden Zahl, die - nicht zuletzt in Montevideo - davon lebt.

Die innerstädtische Bevölkerungsverteilung und -entwicklung

Bevölkerungsdichte und Bevölkerungswachstum der einzelnen städtischen Teilräume spiegeln ebenfalls die besondere demographische Entwicklung Montevideos und die stagnierende Einwohnerzahl der Gegenwart wider. Detaillierte Analysen stoßen allerdings auf beträchtliche Schwierigkeiten, da nur wenig Zensusergebnisse nach einzelnen *secciones* (Abb. 17) oder gar *distritos* (Abb. 16) aufgeschlüsselt sind und diese noch dazu eine sehr unterschiedliche Flächengröße aufweisen. So lassen sich nur einige grundlegende Merkmale und Entwicklungstrends herausstellen.

Bereits um die Jahrhundertwende waren die auf der Halbinsel gelegene Altstadt und die angrenzende Neustadt mit überwiegend mehrgeschossigen Häusern bebaut (vgl. Beiträge MERTINS und GANS). Entlang der Hauptstraßen (Sarandí in der Altstadt, Avenida 18 de Julio in der Neustadt) machten sich zwar schon früh erste Anzeichen einer Citybildung bemerkbar, die daran angrenzenden Straßenblöcke sind jedoch bis heute überwiegend Wohnbereiche geblieben. Daraus erklärt sich die nach wie vor hohe Bevölkerungsdichte dieser Distrikte, die in den meisten Fällen 20.000 E./km^2 übersteigt (Abb. 16, Tab. 18). Nach außen erfolgt eine mehr oder weniger regelmäßige Abnahme der Dichtewerte. Große Teile der randlichen Distrikte sind - abgesehen von einer gewissen baulichen Verdichtung entlang der Hauptausfallstraßen und im Bereich einzelner *Conjuntos Habitacionales* - nur locker bebaut, und es herrschen kleinere Häuser für ein oder zwei Familien vor, die - abgesehen von den gehobenen Wohnbereichen im Osten - häufig in Selbstbauweise errichtet worden sind. Lediglich entlang der Küste werden höhere Dichtewerte registriert als in anderen Teilen der Stadt, die in vergleichbarer Distanz zum Zentrum liegen. Vor allem im Gebiet von Pocitos kommt darin die zunehmende Hochhausüberbauung der strandnahen Zone zum Ausdruck. Zuletzt entstanden

Abbildung 16: Bevölkerungsdichte in den Distrikten Montevideos 1985

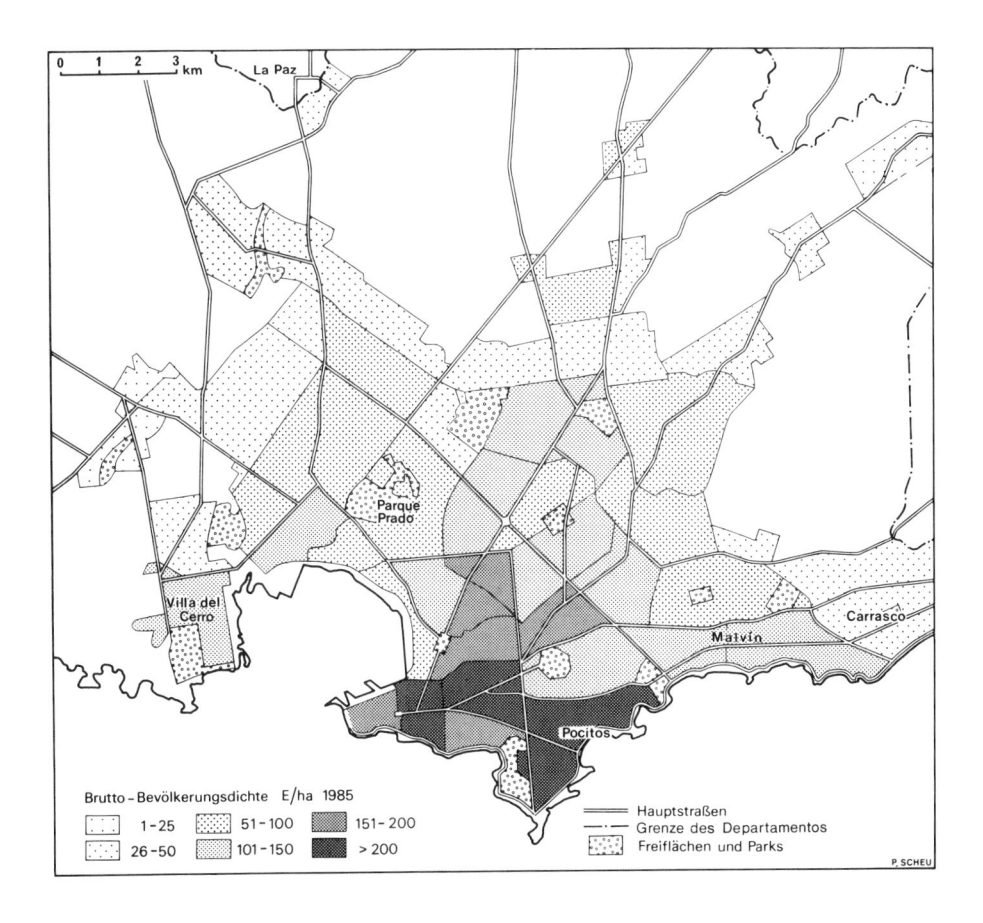

Quelle: Unveröffentlichte Daten der Intendencia Municipal de Montevideo

hier Ende der 70er Jahre, ausgelöst durch die ökonomische Liberalisierung während der Militärregierung, eine größere Zahl von Komforteigentumswohnungen (vgl. Abb. 17).

Nahezu sämtliche Distrikte, die durch hohe Dichtewerte gekennzeichnet sind, weisen einen Rückgang der Bevölkerung (und teilweise auch des Wohnungsbestandes) auf; die umgekehrten Verhältnisse gelten für die noch nicht geschlossen bebauten peripheren Stadtviertel. Wiederum bildet nur die vornehme Wohngegend von Pocitos und angrenzender Bezirke eine Ausnahme. Hier schritt die Verdichtung auf hohem Niveau weiter fort (Abb. 16 u. 17).

Tabelle 18: Bevölkerungsentwicklung in der Alt- und Neustadt von Montevideo 1852-1975

	1852	1860	1889	1908	1963	1975	1985
Departamento Montevideo insgesamt	33.994	57.916	215.061	309.231	1.202.757	1.237.227	1.303.942
Alt- und Neustadt[1]	20.489	36.539	89.931	90.059	69.287	64.691	59.092
Dichte in E/ha	61	109	269	270	209	195	178
Anteil an der Bev. d. Dep. Montevideo (%)	60,3	63,1	41,8	29,1	5,8	5,2	4,5

1) Secciones censales 1-6

Quelle: ALVAREZ LENZI u.a. 1986, Dirección 1986a

In der gesamten Altstadt und weiten Bereichen der Neustadt stammt der größte Teil der Bausubstanz aus einer Zeit, in der Uruguay eine wirtschaftliche Blüte erlebte und Zielgebiet überseeischer Wanderungen, später zunehmend auch von Binnenwanderungen, war. Früher als andere lateinamerikanische Metropolen haben in Montevideo die Oberschichtfamilien die Altstadt verlassen. Bildete zunächst die zentrale Achse der Neustadt, die Avenida 18 de Julio, den bevorzugten Wohnstandort der reichen Familien, so entstand parallel zu deren allmählicher Umgestaltung zur Hauptgeschäftsstraße Montevideos schon vor der Jahrhundertwende um den Parque Prado, ca. 5 km nördlich der Altstadt, ein erstes "modernes" Oberschichtviertel. In der Zeit zwischen dem Ersten und Zweiten Weltkrieg kamen dann Standorte am Río de La Plata mehr und mehr in Mode. Entsprechend setzte daher in der Alt- wie auch in der Neustadt außerhalb der City ein baulicher und sozialer Degradierungsprozeß ein. Zuerst siedelten sich hier bevorzugt Mittelschichtfamilien an, und die ehemals einstöckigen Häuser wurden durch bis zu viergeschossige Bauten mit repräsentativen Fassaden ersetzt; später hat auch die Mittelschicht dieses Gebiet verlassen. Heute ist der Erhaltungszustand der Gebäude außerhalb der Hauptgeschäftsstraßen im allgemeinen recht schlecht; vor allem in der Altstadt stehen sie häufig vor dem Zerfall oder sind abgerissen worden, ohne daß die Grundstücke einer neuen Nutzung zugeführt wurden.

Allerdings ist die Entwicklung der Einwohnerzahlen und des Wohnungsbestandes in den letzten beiden Jahrzehnten nicht vollständig synchron verlaufen. Bezogen auf die Gesamtstadt nahm die Zahl der Wohnungen von 1963-1975 um 6,3% und von 1975-1985 sogar um 12,0% zu, während sich die Bevölkerungszahl nur um 2,9 bzw. 5,4% erhöhte. Daraus errechnet sich eine Verminderung der Personenzahl pro Wohnung von 3,41 (1963) auf 3,11 (1985). Da allein schon aus altersstrukturellen Gründen die Zahl kleinerer Haushal-

Abbildung 17: Bevölkerungsentwicklung 1963-1985, Entwicklung des Wohnungsbestandes 1963-1985 und durchschnittliche Haushaltsgröße 1985 in Teilräumen Montevideos

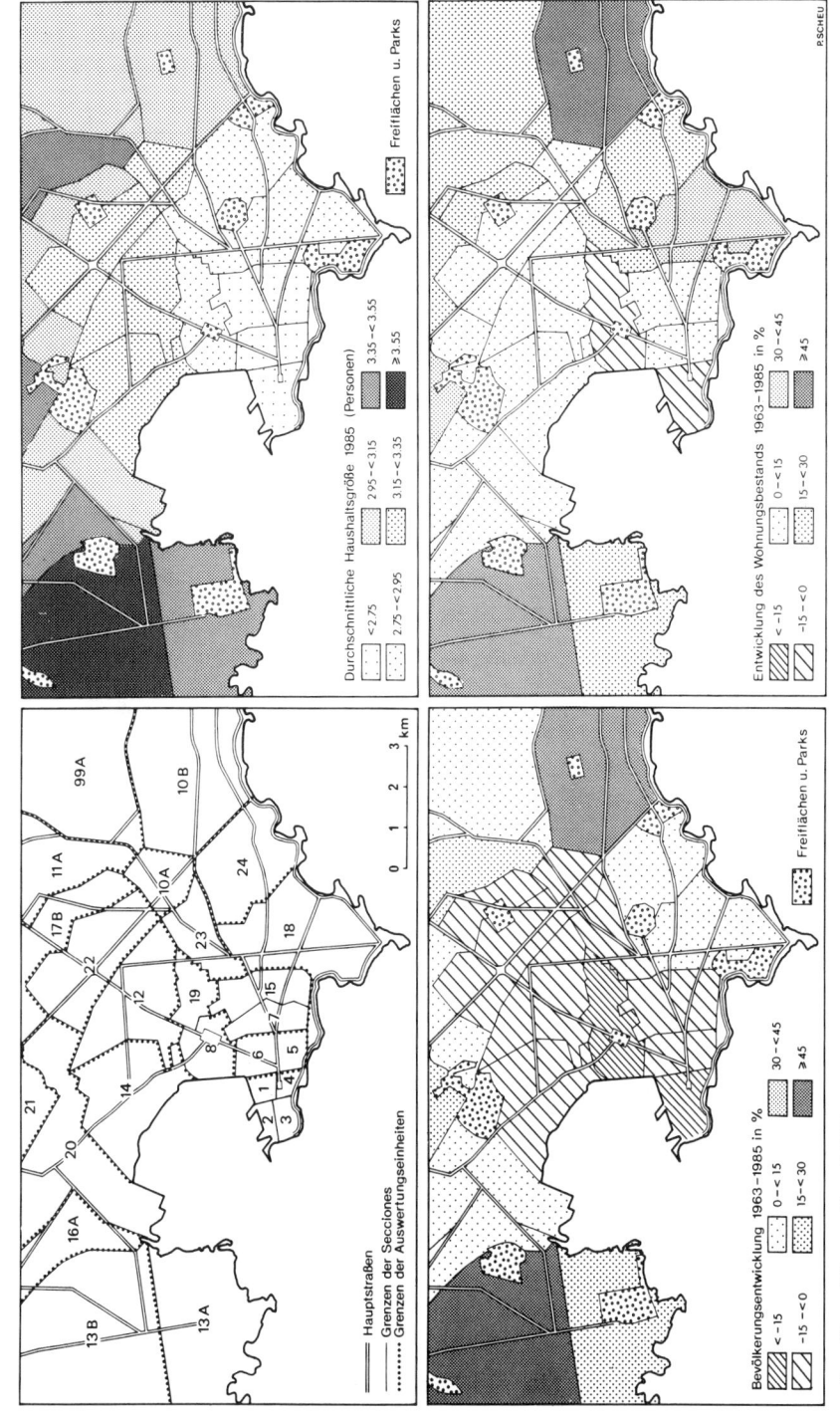

Quelle: Dirección 1986 a

te in Zukunft weiter ansteigen dürfte (vgl. Abb. 17), ist selbst bei stagnierenden Einwohnerzahlen mit einem wachsenden Wohnungsbedarf und einer Vergrößerung des bestehenden Wohnungsdefizits zu rechnen.

Die zunehmende Zahl von Hausbesetzungen vor allem in der Altstadt ist ein Indiz dafür, daß selbst im "Sozialstaat Uruguay" die ärmeren Bevölkerungsgruppen nur schwer eine geeignete Wohnung finden und daher in bestehende Haushalte zuziehen bzw. den elterlichen Haushalt auch dann nicht verlassen, wenn sie eine eigene Familie gegründet haben (zur Situation der Altstadt siehe ausführlicher den Beitrag GANS). Das Wohnungsproblem verschärfte sich in jüngster Zeit vor allem dadurch, daß sich die Mieten im Rahmen der liberalen Wirtschaftspolitik der 70er und beginnenden 80er Jahre überproportional erhöht haben. Schon 1974 verkündete die Militärregierung ein neues *ley de alquileres,* das die Aufhebung jeglicher Kontrollen bei neuen Mietverträgen vorsah und nur für Altverträge gewisse Schutzbestimmungen aufrecht erhielt. Der Mietindex stieg deshalb zwi-

Abbildung 18: Bevölkerungsdichte in der Altstadt Montevideos 1975

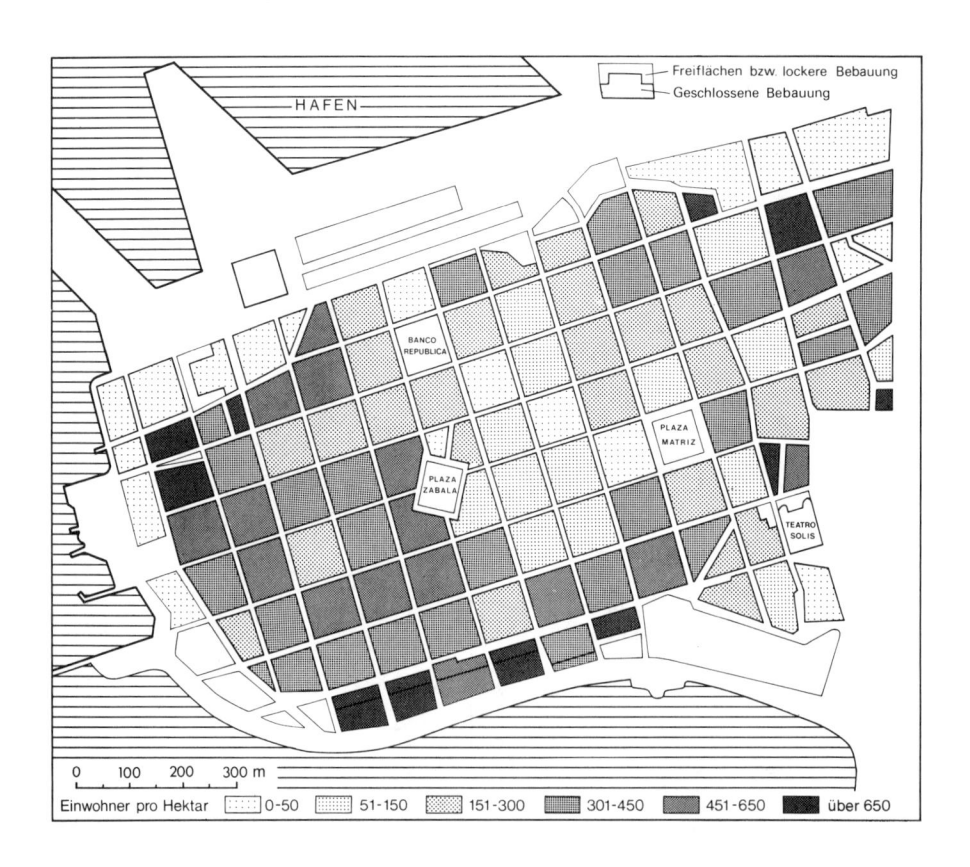

Quelle: Unveröffentlichte Zensusergebnisse

schen 1973 und 1980 um nicht weniger als 200% an (Grupo de Estudios Urbanos 1983). Wenn man dabei auch berücksichtigen muß, daß die Altmieten z.T. extrem niedrig lagen, weil die Mieterschutzgesetze nur eine unzureichende Anpassung an die Inflation erlaubten, so bedeutete die Anhebung für viele Menschen doch eine nicht tragbare Belastung, weil sie sich in einer Zeit sinkender Realeinkünfte vollzog. Allein zwischen 1976 und 1982 nahm der Anteil derjenigen Haushalte, die mehr als ein Viertel ihrer Einkünfte für die Wohnung ausgeben mußten, von 68% auf 87% zu (MAZZEI & VEIGA 1985: 40).

Kleinräumig betrachtet sind allerdings Verdichtung und Entleerung z.T. parallel verlaufende Prozesse. Die auf Baublockbasis gezeichnete Dichtekarte für die Altstadt (Abb. 18) hebt die extremen Gegensätze klar hervor. Auf der einen Seite stehen - als Ergebnis der Bodenspekulation - völlig unbebaute, vielfach als Parkplätze genutzte Grundstücke und - vor allem entlang der Hauptstraßen - solche, die ihre Wohnfunktion verloren und mit Geschäfts- und Bürohäusern bebaut sind, auf der anderen Seite die durch Wohnungsunterteilungen und Zuzüge in bestehende Haushalte stark verdichteten Wohnbereiche unterer Sozialschichten. Entgegen der allgemeinen Tendenz hat daher in den Altstadtbezirken mit dem höchsten Rückgang des Wohnungsbestandes (*secciones* 2 mit 36% und 3 mit 27%) die Personenzahl pro Wohnung zwischen 1963 und 1975 nicht ab-, sondern zugenommen (von 3,82 auf 4,04 bzw. von 2,77 auf 3,24).

Da sich die Neubautätigkeit - zumindest bis Mitte der 70er Jahre - vor allem auf periphere Bereiche der Stadt konzentrierte, wachsen auch in Montevideo die randlichen Stadtviertel am schnellsten (Abb. 17) - wenn auch erheblich langsamer als in anderen lateinamerikanischen Metropolen -, und die wichtigsten innerstädtischen Wanderungsbewegungen sind von innen nach außen gerichtet. Daß vor allem jüngere Familien mit Kindern an diesen intraurbanen Bevölkerungsverlagerungen überproportional beteiligt sind, läßt sich - mangels jeglicher Daten zur Alters- und Familienstruktur - lediglich aus den in den peripheren Stadtteilen über dem Durchschnitt liegenden Haushaltsgrößen (Abb. 17) entnehmen. Auch die Gegenüberstellung der Bevölkerungspyramiden für Montevideo und das angrenzende, einen Teil der Vorortzone einschließende *departamento* Canelones (Abb. 14) spricht für diese auch aus anderen lateinamerikanischen Großstädten bekannte Regelhaftigkeit.

Zusammenfassung

Bevölkerungsentwicklung und Bevölkerungsstruktur Montevideos unterscheiden sich in mehrfacher Hinsicht von anderen lateinamerikanischen Metropolen. In den letzten beiden Jahrzehnten nimmt die Einwohnerzahl der uruguayischen Hauptstadt nur noch sehr langsam zu. Die Gründe dafür sind das geringe natürliche Wachstum und die gleichermaßen geringe Zuwanderung aus dem *Interior,* die durch die in jüngerer Zeit angestiegene Auswanderung, vor allem nach Argentinien, mehr als ausgeglichen wird. Die Hauptwachstumsphase der Stadt liegt schon über ein halbes Jahrhundert zurück und muß in Verbindung mit der Einwanderung aus Europa und der damaligen wirtschaftlichen Blüte Uruguays gesehen werden. Seitdem ist Montevideo weltweit eines der extremsten Beispiele für eine Primatstadt.

Der Rückgang der Geburtenzahlen führte zu einer langsam fortschreitenden Überalterung, die sich in der Gegenwart durch die Abschwächung der Binnenwanderung und die Auswanderung von Personen im erwerbsfähigen Alter noch beschleunigte. So zeigt die Altersstruktur Montevideos sowie auch ganz Uruguays heute größere Ähnlichkeiten mit europäischen als mit lateinamerikanischen Staaten.

Der vergleichsweise hohe Anteil älterer Jahrgangsgruppen spiegelt sich auch in der Aufschlüsselung der Bevölkerung nach ihrer Beteiligung am Erwerbsleben wider. Entscheidender jedoch wird die sozio-ökonomische Struktur der Bevölkerung durch den Aufstieg Uruguays zur "Schweiz Lateinamerikas" und seinen späteren wirtschaftlichen Niedergang bestimmt. Unter weitgehendem "Überspringen" der Industrialisierungsphase vollzog sich ein direkter Übergang von der Agrar- zur Dienstleistungsgesellschaft. Der Anteil der Beschäftigten im tertiären Sektor beläuft sich heute in Uruguay auf fast 60%, in der Hauptstadt dürfte er bei über 70% liegen. Als die Nachfrage nach den uruguayischen Agrarerzeugnissen auf dem Weltmarkt abnahm, begann für das Land eine wirtschaftliche Krise, die bis heute nicht überwunden werden konnte, und die Bevölkerung mußte einschneidende Kürzungen ihres Realeinkommens hinnehmen.

Die innerstädtische Bevölkerungsverteilung und deren Veränderungen im zeitlichen Verlauf sind ebenfalls Ausdruck der besonderen demographischen Entwicklung Montevideos und der nahezu stagnierenden Einwohnerzahlen der Gegenwart. Der fehlende Zuwanderungsdruck bei niedrigem natürlichen Wachstum erklärt, daß weder eine übermäßige Bevölkerungsverdichtung in einzelnen Teilräumen der Stadt noch eine unkontrollierte Flächenexpansion zu beobachten sind. Kennzeichnend ist eher ein Bevölkerungsrückgang nicht nur in der City, sondern auch in ihren baulich und sozial stark degradierten Randbereichen. Nennenswerte Zunahmen verzeichnen lediglich einzelne periphere Stadtbezirke, auf die sich die Neubautätigkeit konzentriert. In besonderem Maße gilt das für die bevorzugten Wohnviertel in Pocitos entlang der Küste. Hier entstanden zuletzt Ende der 70er Jahre im Zusammenhang mit der wirtschaftlichen Liberalisierung eine größere Zahl von Komforteigentumswohnungen. In anderen Stadtteilen war die Neubautätigkeit dagegen vergleichsweise gering.

Entlang der Hauptausfallstraßen ist Montevideo inzwischen vor allem in nördliche Richtung über die administrative Stadtgrenze hinausgewachsen. Wohnstandortverlagerungen an den Stadtrand im Rahmen von Suburbanisierungsprozessen tragen daher neben der Emigration zur negativen Wanderungsbilanz der uruguayischen Hauptstadt bei.

ANMERKUNGEN

1) Die Zahlenangaben zur gegenwärtigen Situation basieren so weit wie möglich auf ersten Auswertungen des Bevölkerungszensus von 1985. Dabei handelt es sich um vorläufige Ergebnisse aufgrund einer 15%-Stichprobe. Sofern die Daten für 1985 noch nicht vorliegen, muß auf Ergebnisse des Zensus von 1975 zurückgegriffen werden.
2) Alle Angaben beziehen sich auf Montevideo und sind der Arbeit von ALVAREZ LENZI u.a. (1986) entnommen.
3) Die Angaben für die Zeit vor 1852 beruhen auf Schätzungen und weichen in den verschiedenen Quellen teilweise beträchtlich voneinander ab. Sie sind daher, wie die entsprechenden Wachstumsraten, nur bedingt zuverlässig (zu den Zahlenwerten vgl. Tab. 3).
4) Nach FINCH (1981: 196) betrug die Streckenlänge 1939 ziemlich genau 3.000 km.
5) In der amtlichen Statistik wird zwischen dem *departamento* Montevideo und der Stadt Montevideo unterschieden. Beide Abgrenzungen können aus geographischer Sicht nicht voll befriedigen. Einerseits schließt das *departamento* auch ländliche Gebiete vor allem im Nordwesten der Stadt ein, andererseits reichen Teile der suburbanen Zone, besonders im Norden und Osten, in das angrenzende *departamento* Canelones. Die mit 58.221 E. (1985) viertgrößte Stadt Uruguays (Las Piedras) liegt unmittelbar an der Grenze zum *departamento* Montevideo. Nach vorläufigen Ergebnissen des Bevölkerungszensus von 1985 beträgt die Einwohnerzahl des *departamento* Montevideo 1,304 Mill., die der Stadt Montevideo 1,248 Mill. Angaben zur Bevölkerungsstruktur werden im allgemeinen nur für das *departamento* veröffentlicht.
6) Im Industriezensus des Jahres 1978 werden 13.780 Beschäftigte in Betrieben mit 1-4 Beschäftigten und 164.527 in Betrieben mit 5 und mehr Beschäftigten angegeben. Nach einer Stichprobenerhebung entfielen auf die zuletzt genannte Kategorie im Jahr 1985 nur noch 122.414 Beschäftigte (Dirección 1987).
7) Zur Berechnung der entsprechenden Raten wurden die vorläufigen Ergebnisse des Bevölkerungszensus von 1985 herangezogen, wobei - mangels genauerer Informationen - eine zwischen 1975 und 1985 konstante Wachstumsrate angenommen wurde.
8) Dazu wurden die Ergebnisse des Bevölkerungszensus von 1975 herangezogen (Fragen nach dem Geburtsort und dem Wohnsitz vor 5 Jahren). Entsprechende Auswertungen des Zensus von 1985 liegen leider noch nicht vor.
9) In den veröffentlichten Ergebnissen der Volkszählung von 1985 wurden einzelne *secciones censales* zusammengefaßt, so daß ein zeitlicher Vergleich nur für diese größeren Einheiten möglich ist. Andererseits sind randliche *secciones* weiter unterteilt worden, ohne daß dafür aber die genaue Abgrenzung ermittelt werden konnte. Eine ungefähre Lokalisierung dieser mit ergänzenden Großbuchstaben versehenen Raumeinheiten konnte durch die dafür im Zensus gewählte Bezeichnung vorgenommen werden.

LITERATUR

AGUIAR, C.A. (1981): Salario, consumo, emigración. Mercado de empleo y comportamiento demográfico en el Uruguay de los '70. Montevideo.

— (1982): Uruguay: País de emigración. Montevideo.

ALVAREZ LENZI, R.; ARANA, M. & BOCCHIARDO, L. (1986): El Montevideo de la expansión (1868-1915). Montevideo.

BÄHR, J. (1987): Der Einfluß gewandelter politischer und wirtschaftlicher Rahmenbedingungen auf die Entwicklung von Wohngebieten unterer Einkommensgruppen in lateinamerikanischen Metropolen. Die Beispiele Montevideo und Santiago de Chile. Jahrbuch der Geographischen Gesellschaft zu Hannover für 1987. Hannover 1987 (im Druck).

BAUDRON, S. (ca. 1978): Estudio socioeconómico de algunos barrios marginales de Montevideo. Montevideo o.J.

CAMPIGLIA, N. (ca. 1965): Migración interna en el Uruguay. Montevideo o.J.

CASTELLANOS, A.R. (1971): Historia del desarrollo edilicio y urbanístico de Montevideo (1829-1914). Montevideo.

CHASE-DUNN, C. (1985): The Coming of Urban Primacy in Latin America. Comparative Urban Research, 11, S. 14-31.

CHUNG, R. (1970): Space-Time Diffusion of the Transition Model: The Twentieth Century Patterns. In: DEMKO, G.J.; ROSE, H.M. & SCHNELL, G.A. (Hrsg.): Population Geography: A Reader. New York etc., S. 220-239.

COLLIN-DELAVAUD, A. (1972): L'Uruguay, un exemple d'urbanisation originale en pays d'élevage. Les Cahiers d'Outre-Mer, 25, S. 361-389.

Comisión Económica para América Latina y el Caribe (CEPAL) (1986): Uruguay: Informe económico 1985. Montevideo.

Dirección General de Estadística y Censos (1969): IV censo de población y II de vivienda. Fascículo demografía. Montevideo.

— (1979 ff): V censo general de población. Fascículos demografía, educación y características económicas. Montevideo.

— (1983a): Uruguay 1983. Anuario estadístico. Montevideo.

— (1983b): Encuesta de migración internacional. Noviembre 1981 - Mayo 1982. Montevideo.

— (1983c): Encuesta nacional de hogares 1982. Area Rural 1981. Montevideo.

— (1985): Encuesta nacional de hogares. Ano 1984. Montevideo.

— (1986a): Recuentos preliminares VI censo general de población y IV de viviendas 1985. Montevideo.

— (1986b): Estadísticas vitales 1983-1984. Montevideo.

— (1987): Encuesta anual de actividad económica. Ano 1985. Industrias manufactureras. Montevideo.

FINCH, H. (1980): Historia económica del Uruguay contemporáneo. Montevideo.

FINCH, M.H.J. (1981): A Political Economy of Uruguay since 1870. London/Basingstoke.

Grupo de Estudios Urbanos (1983): La Ciudad Vieja de Montevideo. Posibilidades de rehabilitación. Montevideo.

HARDOY, J.E. & LANGDON, M.E. (1978): Análisis estadístico preliminar de la urbanización de América Latina entre 1850 y 1930. Rev. Paraguaya de Sociología, 15, S. 115-173.

KIRBY, J. (1975): On the Viability of Small Countries. Uruguay and New Zealand Compared. Journal of Interamerican Studies and World Affairs, 17, S. 259-280.

KLEINPENNING, I.M.G. (1981): Uruguay: The Rise and Fall of a Welfare State Seen against a Background of Dependency Theory. Revista Geográfica, 93, S. 101-117.

LOMBARDI, M. (1978): El proceso de urbanización en el Uruguay en los siglos XVIII y XIX: La estructuración del espacio en una economía de "producto principal". Rev. Paraguaya de Sociología, 15, S. 9-45.

MARTINEZ RODRIGUEZ, M. (1956): Pôrto Alegre und Montevideo. Eine vergleichende geographische Studie. Peterm. Geogr. Mitt., 100, S. 136-138.

MARTORELLI, H. (1980): Urbanización y desruralización en el Uruguay. Montevideo (= Colección Economía y Sociedad, 3).

MAZZEI, E. & VEIGA, D. (1985): Pobreza urbana en Montevideo. Nueva encuesta en "cantegriles" (1984) (= Colección Cuadernos de CIESU, 49). Montevideo.

PETRUCELLI, J.L. u.a. (1976): Uruguay datos básicos. Salud, educación, población, población activa, vivienda. Montevideo.

RAMA, C.M. (1967): Los afro-uruguayos. Montevideo.

RAMA, M. (1983): Uruguay: De la croissance à la crise. L'évolution économique et sociale de la dernière décennie. Problèmes d'Amérique Latine, 70, S. 95-126.

RIAL, J. (1984): Uruguay. La genesis de un país urbano macrocefálico. Revista EURE, 11, S. 9-28.

— MARIO, A. & KLACZKO, J. (1978): Proceso de asentamientos urbanos en el Uruguay: Siglos XVIII y XIX. Rev. Paraguaya de Socialogía, 15, S. 91-114.

RODRIGUEZ VILLAMIL, S. & SAPRIZA, G. (1983): La inmigracion europea en el Uruguay. Los Italianos. Montevideo.

ROITMAN, B. (1985): El empleo en Uruguay (1981-1984): Antecedentes y perspectivas. Economía de América Latina, 13, S. 125-143.

Statistisches Bundesamt (Hrsg.) (1985): Länderbericht Uruguay 1985. Stuttgart/Mainz (= Statistik des Auslandes).

VEIGA, D. (1981): Socioeconomic Structure and Population Displacements: The Uruguayan Case. Nord-Sud. Revue Cannadienne des Etudes Latino-américaines, 6, S. 1-25.

WEINSTEIN, M. (1975): Uruguay. The Politics of Failure. Westport/London.

WETTSTEIN, G. (1975): Uruguay: un modelo de industrialización dependiente. Caravelle, 24, S. 29-46.

WILHELMY, H. & BORSDORF, A. (1985): Die Städte Südamerikas. Teil 2. Die urbanen Zentren und ihre Regionen. Berlin/Stuttgart (= Urbanisierung der Erde, Bd. 3/2).

— & ROHMEDER, W. (1963): Die La Plata-Länder. Argentinien - Paraguay - Uruguay. Braunschweig etc.

WILLCOX, W.F. (Hrsg.) (1929): International Migrations. Bd. 1: Statistics. New York etc.

WONSEWER, I. & TEJA, A.M. (1983): La emigración uruguaya 1963-1975. Montevideo (= Estudios CINVE, 5).

WACHSTUMSPHASEN MONTEVIDEOS.

Kriterien und Formen der raumstrukturellen Entwicklung und Differenzierung unter besonderer Berücksichtigung des sozialen Wohnungsbaus (1)

Günter Mertins

1. PHASEN UND FORMEN DES STÄDTEBAULICHEN WACHSTUMS MONTEVIDEOS

Wie kaum in einer anderen Metropole Südamerikas spiegeln sich in Montevideo Phasen und Formen des städtebaulichen Wachstums im heutigen Stadtgrundriß wider (vgl. Abb. 1). Wenn einzelne Stadtteile oder -viertel *(barrios)* zudem noch dominant durch weitgehend ähnliche stadtmorphologisch-bauliche Kriterien (Gebäudestil, -höhe, -typ; Grundstückszuschnitt, -größe, -ausnutzung etc.) gekennzeichnet sind, so "pausen" sich die raum-zeitlichen Entwicklungsphasen um so deutlicher im Stadt"bild", d.h. in der Stadtphysiognomie durch. Dafür spielen einige, z.T. sich gegenseitig beeinflussende Faktoren bzw. Prozesse eine entscheidende Rolle, die hier nicht ausführlich diskutiert, auf die aber nachfolgend an den entsprechenden Punkten kurz hingewiesen werden soll (vgl. u.a. ALVAREZ LENZI 1972, ALVAREZ LENZI/MURAS 1977, BARACCHINI 1981, CASTELLANOS 1971 a, b, TIUR 1986).

Die Gliederung in städtebauliche Wachstumsphasen erfolgt in Anlehnung an ALVAREZ LENZI/MURAS (1977) und BENECH u.a. (1983). Erstere lehnen sich stärker an bestimmte legislative, planungs- und baurechtliche Kriterien an. Die von ihnen auch kartographisch fixierten Phasen bilden eine wesentliche Grundlage für die Abbildung 1. Letztere beziehen vor allem den baulichen Gestaltungs- und Transformationsprozeß mit in ihre Gliederung ein, wobei auch funktionale Merkmale angesprochen bzw. bei der Gliederung differenzierend berücksichtigt werden. Sie unterscheiden in (1983: 9):

- die alte Stadt *(ciudad antigua)*, 1719 bis ca. 1875, unterteilt in die kolonialzeitliche (1719-1830) und in die postkoloniale Stadt (1830 bis ca. 1875);

- die moderne Stadt *(ciudad moderna)*, 1875 bis ca. 1945, ebenfalls mit zwei Phasen: die liberale Stadt *(ciudad liberal,* 1875-1928) und die "moderne Stadt im eigentlichen Sinne" (1928-1945);

- die gegenwärtige Stadt *(ciudad contemporanea,* seit 1945), wiederum unterschieden in die Stadt des *"Plan Director",* eine Mischung zwischen Flächennutzungs-, Bebauungs- und Entwicklungsplan, und der "Eigentumswohnungen" *(propiedad horizontal,* 1945-1968) sowie in die Phase des nationalen Wohnungsbaus *(Plan Nacional de Viviendas,* seit Anfang 1969).

Generell kennzeichnen zwei, gerade für Montevideo typische Faktoren bzw. Prozesse die flächenmäßig-bauliche Entwicklung der Stadt im 19. Jahrhundert und wirken sogar bis ca. 1945 nach (vgl. BARACCHINI 1981: 66/67; BENECH u.a. 1983: 9/10).

Das flächenhafte Wachstum vollzog sich bis 1860/61, z.T. bis 1877 einmal dadurch, daß an den jeweiligen Kernbereich angrenzende, z.T. in Gemeindeeigentum (Allmende) (2) befindliche, noch weitestgehend freie Flächen per Dekret vermessen und - nach den bestehenden Normen - einen Straßengrundriß und erste Grundstücksabgrenzungen erhielten. Dem Prinzip der kontinuierlichen, geplant-normativen Stadtausdehnung steht das des "diskontinuierlichen Wachstums" durch bis 1860 entstandene, disperse Siedlungskerne auf den der Stadtgemeinde gehörenden Flächen gegenüber, die nach den *"Leyes de Indias"* ursprünglich in verschiedene Nutzungszonen unterteilt waren (Abb. 2). In der Folgezeit erfuhren diese Siedlungen entsprechende Erweiterungen *(ensanches)*, mit jeweils eigener Grundrißausrichtung, wodurch sie z.T. deutlich voneinander unterschieden werden können. Zu einer baulichen Auffüllung der noch großen Zwischenräume zwischen den dispersen Siedlungsflächen kam es erst in der Hauptwachstumsphase Montevideos, zwischen 1910 und 1945 (vgl. Abb. 1, Kap. 1.4).

1.1 Die kolonialzeitliche Phase (1726-1828) (3)

Nachdem das Gebiet des späteren Montevideo seit 1719 zur Verhinderung portugiesischer Niederlassungsabsichten bereits zeitweilig von spanischen Truppen besetzt war, 1724 im Bereich der heutigen Altstadt ein spanischer Militärstützpunkt entstand, wurde Montevideo Ende 1726 durch den Gouverneur des Generalkapitanats Buenos Aires, Bruno Mauricio de ZABALA, offiziell gegründet. Gleichzeitig erfolgte - gemäß den Vorschriften der *"Leyes de Indias"* (1680) - die Absteckung des typisch kolonialspanischen, schachbrettartigen Straßengrundrisses und damit auch der ersten Grundstücke *(solares;* ALVAREZ LENZI/MURAS 1977, GEU 1983).

Grenzen und Grundriß des ältesten Stadtteils (der Altstadt oder *Ciudad Vieja)* spiegeln sich im heutigen Stadtplan von Montevideo noch deutlich wider (vgl. BARACCHINI 1981, SPRECHMANN 1982; Abb. 1) (4).

In seiner Funktion als Militärstandort zur Sicherung des spanischen Territoriums am nördlichen Río de la Plata und zur Bekämpfung des portugiesischen Schmuggelhandels im weiteren La Plata-Bereich wurde Montevideo befestigt. Die entsprechenden Arbeiten waren bis Ende des 18. Jahrhunderts abgeschlossen. Das erste, bereits 1724 errichtete Fort *(El Fuerte)* lag bis 1790 an der heutigen *Plaza 1° de Mayo*. Dieser, für das Schachbrettmuster atypische Platz entstand in seiner jetzigen Form erst 1890, als der an der Stelle des Forts ab 1790 errichtete Gouverneurspalast abgerissen wurde (GEU 1983: 13/14).

Nach der 1778 für alle kolonialspanischen Hafenstädte erfolgten Freigabe des Handels mit allen Häfen des Mutterlandes setzte über Montevideo ein ständig zunehmender Export ein, vor allem von Rinderhäuten (LOMBARDI 1978: 15; WILHELMY/BORSDORF 1985: 269). Die Folge war u.a. ein stetiges Anwachsen der Bevölkerung von 3.474 (1769) über 6.466 (1781) auf 18.751 Personen (1829, einschl. 2.489 Sklaven) in der Stadt und *"extramuros"*, d.h. in dem östlich und nordöstlich angrenzenden *ejido*-Bereich (ALVAREZ LENZI/MURAS 1976; vgl. Abb. 2).

Die Einwohnerzahl von 1829 (18.751) entspricht ungefähr der von 1975 (18.918) für die Altstadt von Montevideo, deren räumliche Ausdehnung fast mit dem 1726 abgesteckten Stadtgrundriß bzw. dessen Fläche identisch ist

Abbildung 1: Wachstumsphasen von Montevideo

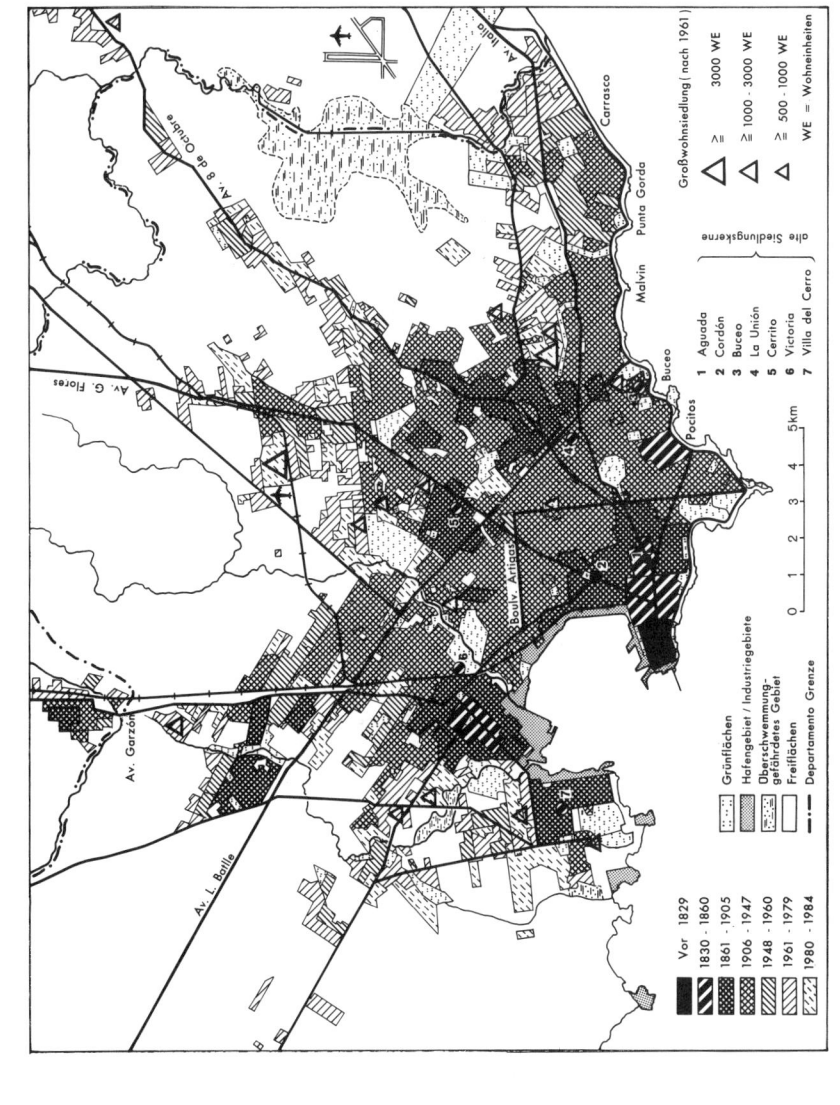

Quellen: Verschiedene topograph. Karten, Unterlagen der Intendencia Municipal von Montevideo (IMM) und der Banco Hipotecario del Uruguay (BHU)

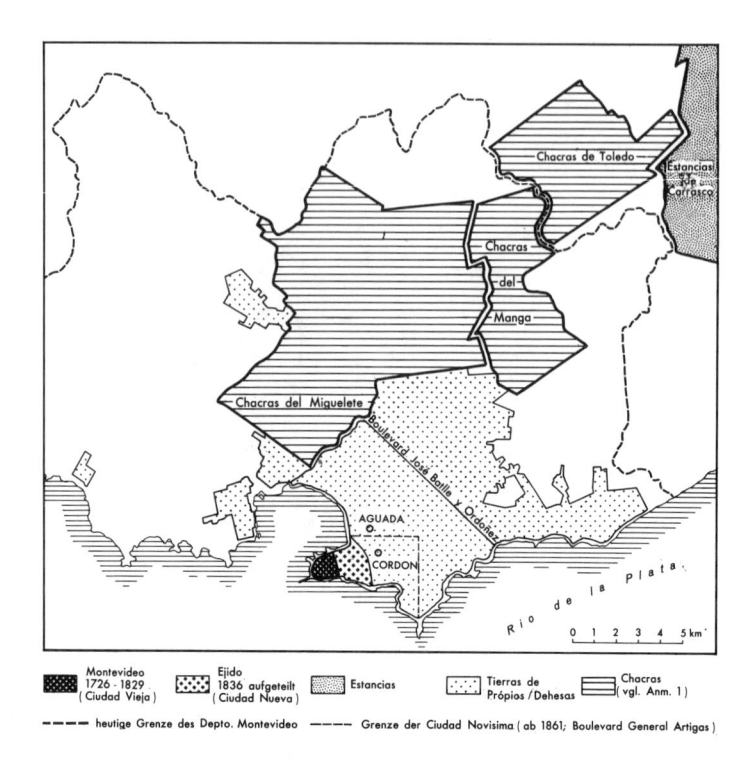

Abbildung 2: Kolonialzeitliche Aufteilung des Territoriums von Montevideo

Quelle: ALVAREZ LENZI / MURAS 1977

(GEU 1983: 16). Allerdings dominierten seinerzeit einstöckige Häuser und war die Baudichte weitaus geringer. Insgesamt hatte sich jedoch - bei den damaligen Baugewohnheiten und -möglichkeiten - die bevölkerungsmäßige Aufnahmekapazität der Altstadt fast erschöpft, so daß eine flächenmäßige Ausdehnung unumgänglich wurde.

1.2   Die postkoloniale Phase (1829-1860)

Diese Phase begann mit zwei, für die weitere Stadtentwicklung wichtigen und für den neuen Staat signifikanten Aktionen:

- dem 1829 erlassenen Gesetz zur Schleifung der nach der Unabhängigkeit (1828) als Symbol der Kolonialzeit angesehenen, die Stadt einengenden Festungsmauern, was sich allerdings bis 1836 hinzog;

- dem nur wenige Wochen später dem Militärtopographen J.M. REYES erteilten Auftrag, einen - endgültig 1836 fertiggestellten - Grundrißplan für eine "neue Siedlung", die erste nach der Unabhängigkeit, auf dem *ejido*-Bereich zu erstellen (CASTELLANOS 1971 a, b; vgl. Abb. 1, 2).

Die sogenannte "neue Stadt" (Neustadt, *Ciudad Nueva*) umfaßte als erste planmäßige Stadterweiterung den gesamten, für eine derartige Maßnahme auch vorgesehenen *ejido*-Bereich zwischen den heutigen Straßen *Ciudadela, Ejido* und *La Paz* (2). Die juristische Eingemeindung wurde allerdings erst 1860 vollzogen (ALVAREZ LENZI u.a. 1986: 29); real erhöhte sich der Flächenumfang Montevideos so auf 333 ha.

Von entscheidender Bedeutung bis heute war die Anlage des "Hauptscharniers" zwischen der *Ciudad Vieja* und der *Ciudad Nueva;* die 1837 fertiggestellte und 1877 erweiterte *Plaza de la Independencia*. Die von dort in die Neustadt führende *Avenida 18 de Julio* wurde in der zweiten Hälfte des 19. Jahrhunderts zur bedeutendsten, boulevardähnlichen Geschäftsstraße Montevideos. Sie hat die Funktion als Hauptachse eines dominanten Geschäfts- und Verwaltungsviertels - auch in ihrer späteren Verlängerung über die *ejido*-Grenze hinaus nach Nordosten - bis heute beibehalten.

Teilweise bürgerkriegsähnliche Unruhen zwischen dem konservativen *(Blancos),* proargentinischen und dem liberalen *(Colorados),* probrasilianischen Lager, die in den "Großen Krieg" (1839-1851) mit der Belagerung von Montevideo (1843-1851) durch die von argentinischen Truppen unterstützten *Blancos* mündeten, bedingten eine wirtschaftliche und bevölkerungsmäßige Stagnation der Stadt. Erst danach nahm die Einwohnerzahl relativ rasch zu und erreichte 1860/61 ca. 50.000.

Ein zweiter, stadtmorphologisch prägnanter Prozeß begann in dieser Phase (vgl. Kap. 1.1): die planmäßige Gründung zunächst von Montevideo administrativ unabhängiger Siedlungen, u.a. *Victoria, Buceo, Cerrito, Restauración/La Unión,* von denen die drei letzten während der "großen Belagerung" (1843-1851) als Hafen, Hauptquartier und Handels-/Gewerbesiedlung der Belagerer entstanden (CASTELLANOS 1971 a: 47-50). Alle wurden - bei einer jeweils eigenen Grundrißausrichtung - in den nächsten Phasen zu Ansatzpunkten der städtischen Erweiterung und Verdichtung, später auch zu Stadtteilen Montevideos (vgl. Abb. 1), wobei die Verkehrswege zwischen diesen "Vororten" und der eigentlichen Stadt eine wichtige Rolle spielten.

Bemerkenswert ist ferner, daß bereits 1834 eine gezielte Einwanderungspolitik mit Anwerbungen u.a. in den baskischen Regionen Spaniens und Frankreichs sowie auf den Kanarischen Inseln einsetzte und daß für die Niederlassung eines Teils der Einwanderer 1834 die Siedlung *Villa del Cerro* gegründet wurde, aus der der heutige, überwiegend von Industrie- und Hafenarbeitern bewohnte Stadtteil entstand. Nach RIAL ROADE u.a. (1978: 99) betrug der Immigrantenanteil an der Bevölkerung Montevideos 1852 45%, 1869 48% und 1868 sogar 60%!

1.3 Die liberale Phase (1861-1911) (5)

Die seinerzeit dominierenden liberalen Grundvorstellungen spiegelten sich städtebaulich in Montevideo vor allem im Nichteingreifen des Staates in Bodenmarkt, Wahl des Siedlungsstandortes, Siedlungsanlage (Grundrißausrichtung) sowie in der Bauform wider. Man kann es auch als weitgehendes staatliches *laissez faire* gegenüber den "Promotoren" der städtebaulichen Expansion, den privaten Immobilien- und Baugesellschaften bezeichnen. Voraussetzung war, daß die 1877 - ohne grundlegende Änderungen gegenüber den noch gültigen *"Leyes de Indias"* (ALVAREZ LENZI 1972: 31-

34) - neu gefaßten Vorschriften über Grundrißgestaltung (Straßenbreite, -abstand etc.) für die neuen Siedlungen oder Stadtteile einigermaßen beachtet wurden (6). Erst der anhaltende Bauboom erforderte 1885 in einem Baugesetz *(Ley de Construcciones)* die Festsetzung von maximalen Gebäudehöhen - gestaffelt nach Straßenbreite - für den vom *Boulevard General Artigas* begrenzten Stadtbereich (CASTELLANOS 1971 b: 28) (7). Weitere Verordnungen und Gesetze (1905, 1907, 1909; vgl. CASTELLANOS 1971 a: 241, 251) waren jedoch notwendig, um das (städtebauliche; G.M.) "Chaos zu beenden, resultierend aus der - wie bisher geschehenen - Anlage neuer Stadtviertel *(barrios)* durch Privatunternehmer ohne Beachtung irgendeiner städtebaulichen Norm und nur diktiert vom Privatinteresse" (CASTELLANOS 1971 a: 251).

Für die innerstädtische Differenzierung lassen sich eindeutig zwei wichtige Prozesse unterscheiden (ALVAREZ LENZI u.a. 1986: 25/26):

- die bauliche und enorme bevölkerungsmäßige Verdichtung im Kernbereich *(Ciudad Vieja* und *Ciudad Nueva)*, die nach 1889/90 stagnierte (vgl. Tab. 1) und die vor allem auf der Ausfüllung von Baulükken bzw. dem Ersatz von alten, meist ein- durch mehrgeschossige Häuser beruhte, und zwar - je nach Standort - sowohl für gehobene Schichten als auch für Unterschichtangehörige *(conventillos;* Kap. 1.3.2);

- die räumlich-disperse, nicht einem übergeordneten Plan folgende Flächen- und bauliche Expansion, die von den bestehenden Siedlungskernen ausging und sich zunächst an den Verbindungswegen und dann an den ab 1868 erbauten Pferdeeisenbahnen, den späteren Straßenbahnlinien (ab 1906/07) orientierte.

Gerade das räumlich-disperse Wachstum war typisch für jene Phase in Montevideo und spiegelt sich durch die unterschiedliche Grundrißausrichtung und -gestaltung sehr deutlich im Stadtplan wider (8). Zu dem räumlich-dispersen kam das zeitlich-diskontinuierliche Wachstum, entsprechend der jeweiligen politischen und/oder wirtschaftlichen Situation und dem damit koinzidierenden Zuwandererstrom. Bereits ab 1861, verstärkt seit Ende der 70er/Anfang der 80er Jahre des 19. Jahrhunderts - und damit zu einem für lateinamerikanische Hauptstädte sehr frühen Zeitpunkt! (9) - erwies sich der alte Kernbereich als nicht mehr ausreichend, ging die Bevölkerungs- mit einer Flächenexpansion einher.

Tabelle 1: Bevölkerungsentwicklung in Montevideo, 1852-1908

	1852	%	1860	%	1889	%	1908	%
Kernstadt[1]	20.489	60,3	36.539	63,1	89.931	41,8	90.059	29,1
außerhalb	13.505	39,7	21.377	36,9	125.130	58,2	219.172	70,9
Gesamt	33.994		57.916		215.061		309.231	
Ew/ha in Kernstadt	61		109		269		270	

1) Ciudad Vieja und Ciudad Nueva

Quelle: ALVAREZ LENZI u.a. 1986: 24

1.3.1 Ciudad Novisima

Dieser in den Plänen jener Zeit auftauchende Name "neueste Stadt" gilt für den Bereich zwischen der *Ciudad Nueva* (der *ejido*-Grenze) und dem erst 1878 erbauten *Boulevard General Artigas* (BARACCHINI 1981: 66; CASTELLANOS 1971 b: 14 ff). Er bezeichnet eine nach der fast vollständigen Aufsiedlung der Alt- und Neustadt notwendig gewordene weitere räumliche Erweiterungsphase (vgl. Abb. 1), gewissermaßen eine Voretappe zum *"Gran Montevideo"* (Kap. 1.3.2) und - z.T. bereits nach den Kriterien für diese - von Anfang der 60er bis Ende der 70er Jahre ablaufend.

Ein erster Schritt war die 1861 vollzogene Eingemeindung der "Vororte" *Cordón* und *Aguada*, östlich bzw. nördlich an die *Ciudad Nueva* anschließend und bereits zu Beginn des 19. Jahrhunderts als disperse, "spontan" entstandene (im Vergleich zu dem "geplanten" Montevideo), kleine Ansiedlungen außerhalb des *ejido*-Bereichs erwähnt (ALVAREZ LENZI/MURAS 1977). Die weiteren Bereiche der *Ciudad Novisima* wurden 1866 eingemeindet, ebenfalls das moderne Oberschichtviertel *Paso de Molino*. In den späten 60er Jahren erfolgte dann die "Gründung" (Parzellierung, Verkauf, anschließende Bebauung von Landstücken; vgl. Kap. 1.3.2) einiger Viertel in z.T. doch recht isolierter Lage östlich und nördlich des *Boulevard Artigas* (u.a. *Pocitos*, *Atahualpa*). Letztlich ist aber festzuhalten, daß während der *Ciudad-Novisima*-Phase der Bereich innerhalb des *Boulevard General Artigas* weiter aufgesiedelt wurde und die außerhalb desselben gelegenen Neugründungen noch kleine Siedlungs"inseln" darstellten.

Bereits in jener Phase setzte die Abwanderung von Teilen der Oberschicht aus dem Altstadtbereich ein, ausgelöst durch eine 1857 grassierende Gelbfieberepidemie. Zielgebiete waren die *Avenida 18 de Julio* (Errichtung repräsentativer Häuser, Ausbau zur Hauptgeschäftsstraße; vgl. Kap. 1.2) und das ca. 12-15 km nördlich (Luftlinie) gelegene *Paso de Molino,* wo viele Oberschichtangehörige Sommer- oder Ferienhäuser besaßen, die nun allmählich zu festen Residenzen umgewandelt wurden (CASTELLANOS 1971 a: 100/101). Die Anlage einer Pferdeeisenbahn dorthin (1869, der zweiten in Montevideo) und die Umwandlung eines Gutshofes in einen öffentlichen Park (1873) mit Promenaden etc. beschleunigten dann die Entstehung des ersten "modernen" Oberschichtviertels in Montevideo.

Schon 1890 wurde *Paso de Molino* mit dem nahen *Prado*-Park als *"barrio aristocrático"* von Montevideo bezeichnet, ausschließlich aus Villen mit großen Gärten *(quintas)* bestehend (CASTELLANOS 1971 a: 203) (10).

1.3.2 Gran Montevideo

Die Epochenbezeichnung *"Gran Montevideo"* steht synonym für die erste große, Anfang der 80er Jahre einsetzende Wachstumsphase und Blütezeit der Stadt, was nicht nur für den demographischen, wirtschaftlichen und städtebaulichen, sondern gleichzeitig auch für den kulturellen Bereich zutraf. Beschleunigend, ja sogar auslösend für die recht schnelle Entwicklung Montevideos waren mehrere, sich z.T. gegenseitig beeinflussende Fakto-

- ein bereits vor 1870 einsetzendes, sich 1880 verstärkendes Wirtschaftswachstum, getragen fast ausschließlich vom weltmarktabhängigen Agrarexport (Gefrierfleisch, Fleischextrakt, Häute, Leder, Wolle), das - durch den ersten Weltkrieg unterbrochen - bis 1929/30 anhielt (vgl. auch Kap. 3.2.1 im Beitrag von P. GANS);

- der in diesem Zusammenhang zu sehende Ausbau (1901-1909) eines modernen Überseehafens;

- eine Modernisierung des Agroindustrie- und Dienstleistungssektors (LOMBARDI 1978: 19-31), vor allem durch englisches, ab ca. 1900 verstärkt durch US-amerikanisches Kapital: Bau der fächerförmig von Montevideo ausgehenden Eisenbahnlinien (Viehtransport statt Viehtrieb!), Einfuhr bzw. Züchtung höherwertiger Rinder und Schafrassen, ab 1904 in Montevideo einsetzende Errichtung von Großschlacht- und Kühlhäusern *(frigoríficos)*, ferner von Gerbereien und Textilfabriken (1889 waren 86% der Industrie- und 83% der Handelsunternehmen Montevideos in ausländischer Hand, 1908 von beiden zusammen immerhin noch 60%);

- die zweite, starke Einwanderungswelle 1880-1913, wobei Italiener und Spanier dominierten; von den 215.061 Einwohnern Montevideos 1889 waren 46,8% Ausländer (100.739, davon 47% Italiener, 32,4% Spanier), deren Anteil bis 1908 relativ auf 30,4%, absolut auf 94.129 absank (davon 42,6% Italiener, 36,3% Spanier, 5,4% Franzosen; ALVAREZ LENZI u.a. 1986: 20);

- eine erhebliche, oft etappenweise Zuwanderung von durch die Einzäunung der Weideparzellen (1872-1882) freigesetzten Landarbeitern (WILHELMY/BORSDORF 1985: 266), ebenfalls von Kleinbauern, die - noch ohne Landtitel - durch große Weidewirtschaftsbetriebe verdrängt wurden.

Insgesamt stieg die Bevölkerung Montevideos von 57.913 (1860) über 110.000 (1873), 164.028 (1884), 234.000 (1894), 309.231 (1908) auf 355.000 (1912; HARDOY/LANGDON 1978: 150) (9).

Für Montevideo hatte der enorme und anhaltende Bevölkerungsanstieg ein rasches, durch Bodenspekulation und zeitweilige Baubooms *("fiebre de construcción"*, CASTELLANOS 1971 b: 31) gekennzeichnetes räumlich-disperses Wachstum zur Folge, das sich in zwei Formen vollzog:

- durch Erweiterungen bestehender Siedlungen (nicht nur Montevideos!), sogenannter *ensanches,* und

- durch dispers gelegene, sich an den Hauptverkehrswegen orientierende Neusiedlungen, wobei das "bruchstückartige Wachstum" *(crecimiento fragmentario;* BENECH u.a. 1983: 20) weiter gefördert wurde; vgl. Abb. 1) (8).

Die Gründung *(fundación)* von Wohnsiedlungen oder Stadtvierteln unterschiedlicher Größe (oft nur 2-4 ha!) geschah fast ausschließlich durch Immobilienmakler bzw. -gesellschaften, die vielfach mit Kreditinstituten in Verbindung standen und durch ihre umfassenden Aktivitäten (z.B. E. REUS, F. PIRIA) die städtebauliche Entwicklung dieser Epoche entscheidend beeinflußten. Allein letzterer parzellierte 1879-1915 58 Wohnsiedlungen mit durchschnittlich jeweils 230 Baugrundstücken (Maximum 1.000, Minimum 45; ALVAREZ LENZI u.a. 1986: 147/148).

Die Makler kauften die Flächen auf (meistens einstige *tierra-de-própios*- bzw. *chacra*-Anteile; vgl. Anm. 2), ließen sie vermessen und - bei Beachtung des schachbrettartigen Straßengrundrisses - nach einem genehmigten Plan in durchschnittlich ca. 400 m² große Baugrundstücke aufteilen (vgl. Abb. 4 a, b) (11). Dann verkauften oder - in "besseren Wohnlagen" - versteigerten sie die Grundstücke, auch die in selteneren Fällen von ihnen darauf meist in einheitlichem Stil erbauten Häuser (vgl. CASTELLANOS 1971 a, b; BARACCHINI 1981), ein Verfahren, das dem der heutigen urbanización entspricht (12). Insgesamt wurden 1868-1915 so 56.466, durchschnittlich ca. 400 m² große Baugrundstücke versteigert bzw. verkauft, die zusammen 2.253,5 ha umfaßten (ALVAREZ LENZI u.a. 1986: 139).

Die Monotonie des schachbrettartigen Grundrisses wurde innerhalb der vom *Boulevard General Artigas* begrenzten *Ciudad Novisima* durch die Anpassung an die Straßenrichtungen der Kernstadt verstärkt und erfuhr nur dort eine andere Ausrichtung, wo eine Anlehnung an bestehende Verkehrswege zwischen der Kernstadt und den einst isolierten "Vorort"-Siedlungen notwendig war. Außerhalb der *Ciudad Novisima* konnten die Immobilienmakler über die Grundrißausrichtung der neuen Wohnsiedlungen relativ frei entscheiden, was - trotz des im Prinzip beibehaltenen Schachbrettmusters - zu einer gewissen Abwechslung im Stadtplan führte.

Mit der Absicht, das "Wachstum der Stadt zu kontrollieren" (BARACCHINI 1981: 67), wurden in dieser Phase die Stadtgrenzen zweimal erheblich erweitert (vgl. ALVAREZ LENZI/MURAS 1977, CASTELLANOS 1971 b):

- bereits 1872 geplant, wurde 1878 die Trassierung einer 50 m breiten, erst Jahrzehnte später vollendeten Ringstraße beschlossen, des späteren *Boulevard General Artigas,* heute die wichtigste Umgehungsstraße für den Innenstadtbereich, und die Stadtgrenze bis hierhin ausgedehnt (vgl. Abb. 1);

- 1887 erfolgte die Erweiterung bis zum ehemaligen *"Camino de Própios"* (heute *Boulevard José Batlle Ordoñez)* und zum *Miguelete*-Bachlauf (vgl. Abb. 1, 2).

Damit war der gesamte, der Gemeinde Montevideo bei ihrer Gründung 1726 zugesprochene Erweiterungsbereich *(ejido, dehesas, tierras de própios;* vgl. Anm. 2, Abb. 2), überwiegend als Siedlungsfläche, in die Stadt einbezogen.

In der Epoche des *Gran Montevideo* entstanden bestimmte Wohnsiedlungsformen, die die Entwicklung der entsprechenden Stadtviertel und damit die innerstädtische Differenzierung prägten bzw. diese z.T. noch heute bestimmen. Eine genauere sozialräumliche Differenzierung zu Ende jener Epoche ist mangels konkreter Angaben nicht möglich (vgl. BENECH u.a. 1983). Jedoch mag der Schichtaufbau der Bevölkerung Montevideos von 1908 eine ungefähre Vorstellung über den Anteil wichtiger Wohnsiedlungsformen vermitteln (Tab. 2).

a) Kombinierte Wohn-Geschäftshäuser bzw. reine Wohnhäuser mit bis zu vier Geschossen und repräsentativen Fassaden (obere Mittel-, z.T.

Tabelle 2: Schichtaufbau der Bevölkerung Montevideos, 1908

	Anteil %	Familieneinkommen/ Monat (Pesos)[1]
Oberschicht	4,5	≥ 385
obere Mittelschicht	5,2	231 - 381
Mittelschicht	17,7	115 - 227
untere Mittelschicht	17,9	77 - 112
Unterschicht	23,4	39 - 73
unterste Schicht	31,3	8 - 18

1) Die Lücken zwischen den Schwellenwerten bei den schichtspezifischen Familieneinkommen werden nicht erklärt.

Quelle: ALVAREZ LENZI u.a. 1986: 53 (nach Unterlagen des Zensus 1908).

noch Oberschicht; vgl. Kap. 1.3.1), z.T. aus der kolonialen bzw. der postkolonialen Phase stammend, kennzeichneten die Altstadt sowie in der Neustadt die *Avenida 18 de Julio* und einen Bereich, der durch 3-4, beiderseits parallel zu derselben verlaufenden Straßen ungefähr umgrenzt wurde. Die innerhalb des ehemaligen *ejido*-Bereichs (Alt- und Neustadt) geltende freie Teilbarkeit der Grundstücksparzellen führte gerade in diesen Bereichen bereits zu einer erheblichen Baudichte und einer hohen Grundstücksüberbauung (BENECH u.a. 1983: 35/36).

b) Wohnviertel der Mittel- und (seltener) Unterschicht in der *Ciudad Nueva* und *Novisima*, z.T. als Spekulationsobjekte von Immobiliengesellschaften erbaut und dann von einer gewissen Uniformität, fast immer eingeschossig und von den Eigentümern selbst bewohnt. Ein größeres Grundstück, ein größeres Wohnhaus und evtl. Nebengebäude (z.B. Gartenhaus) waren die Unterscheidungskriterien zwischen Mittel- und Unterschichtvierteln.

c) *Conventillos*, planmäßig, ab 1871 bzw. 1878 nach gewissen Bauvorschriften erstellte Massenquartiere für Angehörige unterer Sozialschichten, die seit den 60er Jahren im Süden der *Ciudad Nueva* sowie im Süden und Norden der ersten Etappe der *Ciudad Novisima*, also im altstadtnahen Bereich entstanden *(Palermo, Barrio Sur, Aguada, Arroyo Seco, Reducto;* CONTI de QUEIRUGA 1972: 8) (13).

Zwar nicht so häufig vorkommen wie in Santiago und Buenos Aires (vgl. BÄHR 1978: 28; WILHELMY/BORSDORF 1984: 128), prägten sie doch dominant jene Stadtviertel, in denen sie z.T. noch heute vertreten sind (vgl. BENECH u.a. 1983: 55; CONTI de QUEIRUGA 1972) und beherbergten zeitweilig bis zu 15% der Einwohner Montevideos, 1908 sogar fast 20% der Altstadtbewohner. Die Entwicklung der *conventillos* in Montevideo geht aus Tabelle 3 hervor.

Im Gegensatz zu den *conventillos* in Buenos Aires und Santiago, die sich als oft fensterlose Einzimmerunterkünfte beiderseits eines schmalen sackgassenähnlichen Ganges oder um einen oder mehrere Höfe gruppier-

Tabelle 3: Entwicklung der conventillos in Montevideo, 1876-1908

	conventillos	Zimmer	Zimmer/ conventillo	Bewohner	Bewohner/ Zimmer
1876	552			15.274	
1878	589			17.024	
1880	469	7.053	15,0	14.859	2,1
1882	452	6.365	14,0	13.826	2,2
1884	439	6.436	14,7	14.650	2,3
1908	1.130	13.283	11,8	34.864	2,7
davon in Altstadt	357[1]	6.883	19,3	17.718	2,6

1) Es handelt sich ausschließlich um sogen. "conventillos adaptados" (ALVAREZ LENZI u.a. 1986: 31): aufgeteilte, ehemalige Ober-/obere Mittelschichthäuser mit meist zimmerweise vermietetem Wohnraum (14).

Quellen: ALVAREZ LENZI u.a. 1986: 135; CASTELLANOS 1971 a: 170/171, 1971 b: 30; CONTI de QUEIRUGA 1972: 8/9; RIAL 1982: 59.

ten (die "eigentlichen conventillos" nach BÄHR 1978: 28), handelt es sich in Montevideo meistens um zweigeschossige Bauten. Die Einzimmerwohnungen im Erdgeschoß waren bzw. sind über den Innenhof (patio) erreichbar; die im Obergeschoß haben den Zugang von einem innen verlaufenden Rundgang (vgl. Abb. 3). Die conventillos mit den 15-20 m² großen, meist überbelegten Zimmern, den viel zu geringen Gemeinschaftstoiletten, Wasserzapf- und Kochstellen waren trotz der 1878 erlassenen Bauvorschriften (Mindestwohnfläche/Person: 15 m², Belüftungsmöglichkeiten, halbjähriger Anstrich etc.) oftmals Ausgang epidemischer Krankheiten oder die Bewohner derselben wurden von diesen besonders heimgesucht.

Über die Funktion der conventillos gehen die Meinungen auseinander. Nach CONTI de QUEIRUGA (1972) beherbergten die im Süden gelegenen überwiegend - und mit längerer Wohndauer - Negerfamilien, die im Norden meistens Fabrikarbeiter. Folgt man CASTELLANOS (1971 a: 170/171), so stellten Einwanderer, vor allem Italiener und Spanier, über 50% der conventillo-Bewohner, d.h. sie spielten eine Rolle als erste (!) und relativ kurzfristige Wohnquartiere für Einwanderer. Die Abnahme der conventillos zwischen 1876/78 und 1884 wird damit erklärt, daß in jener Zeit 16 neue Siedlungen außerhalb des damaligen Stadtgebietes von Montevideo entstanden mit relativ kleinen Grundstücksgrößen und zu niedrigen Preisen und günstigen Zahlungsbedingungen, wo sich überwiegend italienische und spanische Einwanderer niederließen (15).

d) Die größten Flächen nehmen die aus Parzellierungen bzw. urbanizaciones entstandenen Unter-/untere Mittelschichtviertel ein, die das räumlich-disperse Wachstum Montevideos 1868-1915 (hauptsächlich außerhalb des Boulevard General Artigas) entscheidend vorantrieben, aber auch die erhebliche, überwiegend auf Zuwanderung basierende Zunahme jener Schichten widerspiegeln.

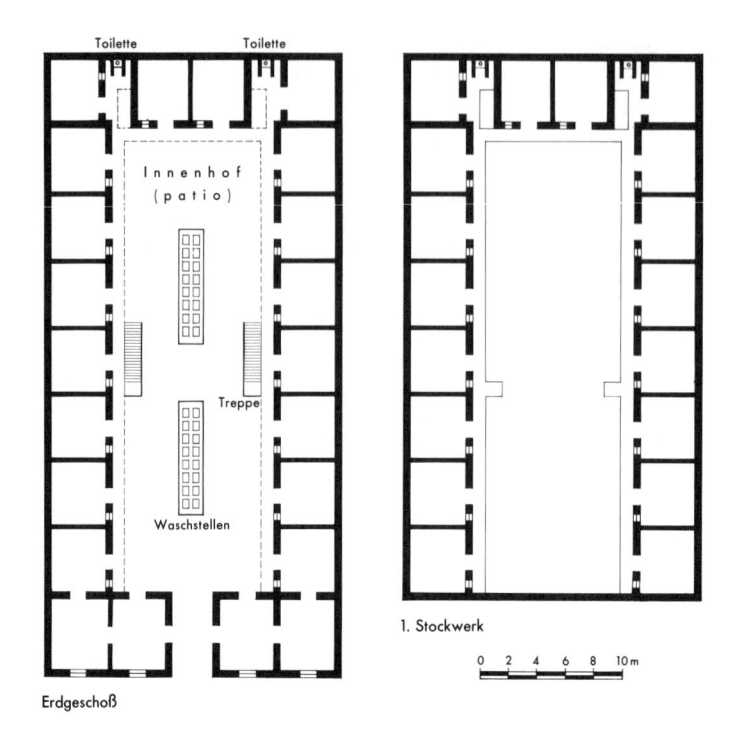

Abbildung 3: Conventillo "Medio Mundo", 1885, Montevideo, Calle Guareim

Quelle: CONTI de QUEIRUGA 1972

Bei den eindeutig auf die Unter- und untere Mittelschicht (1908: 41,3% der Bevölkerung; Tab. 2) zielenden Parzellierungen entsprachen Größe und Preis der Baugrundstücke den finanziellen Möglichkeiten derselben. ALVAREZ LENZI u.a. (1986: 54-56) haben für 1880-1906 nachgewiesen, daß - bei Währungsstabilität, gleichbleibender Kaufkraft und entsprechend niedrigen Lebenshaltungskosten - es für Haushalte aus jenen Schichten möglich war, 19-23/24% (= 8-10 Pesos) ihres Monatseinkommens zu sparen. So konnten diese auch relativ leicht eine Anzahlung auf den durchschnittlich 40-50 Pesos betragenden Grundstückspreis leisten und ihn mit monatlichen Raten von 1-3 Pesos schnell abzahlen. Selbst bei einem ausschließlichen Ratenkauf war eine Bezahlung des Grundstückspreises in 1 1/2 - 4 Jahren möglich.

Von den Banken zinsgünstig angebotene Hausbaukredite wurden von jenen Schichten kaum angenommen. Vielmehr entstanden die Häuser weitestgehend in Eigenbau/Selbsthilfe *(autoconstrucción, autoayuda)* und oft - gemäß den finanziellen Möglichkeiten - in mehreren Etappen. Dabei wurde dann gewöhnlich zunächst im hinteren, straßenferneren Grundstücksbereich mit einem einfachen kleinen Haus, z.T. auch mit einer Hütte begonnen, um letztlich an der Straßenfront mit einem schichtenspezifisch/

standesgemäßen Gebäudeteil abzuschließen, der meistens eine entsprechende Fassade erhielt, die dann allerdings oft von kontraktierten Bauhandwerkern ausgeführt wurde (16).

Der mit den Erweiterungs-/An-/Umbauten entstandene weitere Wohnraum wurde z.T. zimmerweise vermietet. Nur so erklärt sich für 1908 der mit 33,6% recht hohe Anteil der in Einfamilienhäusern zusätzlich lebenden Mieter an der Gesamtbevölkerung in den Stadtteilen nördlich des Miguelete-Baches (umgerechnet nach ALVAREZ LENZI u.a. 1986: 151-153).

Das flächenmäßige Wachstum Montevideos in jener Phase basierte so weitgehend auf den Hausbauaktivitäten von Haushalten der Unter- und unteren Mittelschicht, von denen bis 1908 mindestens 42% über ein eigenes Haus verfügten (ALVAREZ LENZI u.a. 1986: 64); - ein im Vergleich zu anderen lateinamerikanischen Großstädten exzeptioneller Anteil und Prozeß!

e) Durch den Ausbau des Hafens, die Errichtung kleinerer Betriebe zur Herstellung von Pökelfleisch, seit der Jahrhundertwende auch durch die Anlage von Großschlachtereien, Gefrierhäusern und fleischverarbeitenden Betrieben wurden die heutigen Stadtteile *Villa del Cerro, La Teja* und *Victoria* zu Arbeiterwohnorten, eine Funktion, die sie als Unterschichtviertel auch noch heute haben. Dabei kam es seinerzeit nicht zur Anlage von Werkssiedlungen für Arbeiter; die einzige aus jener Epoche (44 Häuser) entstand 1890 für Eisenbahnarbeiter und -angestellte im Stadtteil Peñarol.

Die durch Hafen und Eisenbahn gegebenen Standortvorteile begünstigten die Anlage eines weiteren Industrieviertels am Ost- und Nordostrand der Bahía von Montevideo mit Getreide- und Ölmühlen, Tabakverarbeitung, Textil-, Lederindustrien u.a. Die entsprechenden Arbeiterviertel finden sich vor allem - noch heute - in den nördlich und nordwestlich anschließenden *barrios Bella Vista, 19 de Abril* und *Belvedere*, ferner in den bereits entsprechend genannten Vierteln.

1.4 Übergang von der liberalen zur Planungsphase (1911-1945)

Diese Phase ist zunächst gekennzeichnet durch den Erlaß von Gesetzen und Verordnungen, die einen völligen Wandel der bisherigen Wirtschafts- und Sozialordnung bzw. -struktur einleiteten und - unter verschlechterten wirtschaftlichen Rahmenbedingungen - sich z.T. erst Jahrzehnte später nachhaltig auswirkten, darunter auch auf Stadtentwicklung, Wohnungsbau und sozialräumliche Gliederung Montevideos.

Am Beginn standen politisch-institutionelle und soziale Modernisierungsmaßnahmen (NOHLEN 1982: 238/39), vor allem während der zweiten Präsidentschaft (1911-1915) von José BATLLE y ORDONEZ initiiert, einer Phase hohen Wirtschaftswachstums, die bis zur Weltwirtschaftskrise anhielt, so daß der Staat bzw. die Privatunternehmen seinerzeit die Folgekosten finanzieren konnten.

Zunächst erfolgte ab 1911/12 die Verstaatlichung wichtiger, hauptsächlich von ausländischen Gesellschaften beherrschter Infrastrukturbereiche: u.a. Energiewirtschaft, Häfen, Transport- (Eisen-, Straßenbahn), Versicherungs- und Kreditwesen.

Abbildung 4 a: Parzellierung einstiger dehesa- bzw. chacra-Anteile bei gleichzeitig festgesetztem Straßengrundriß

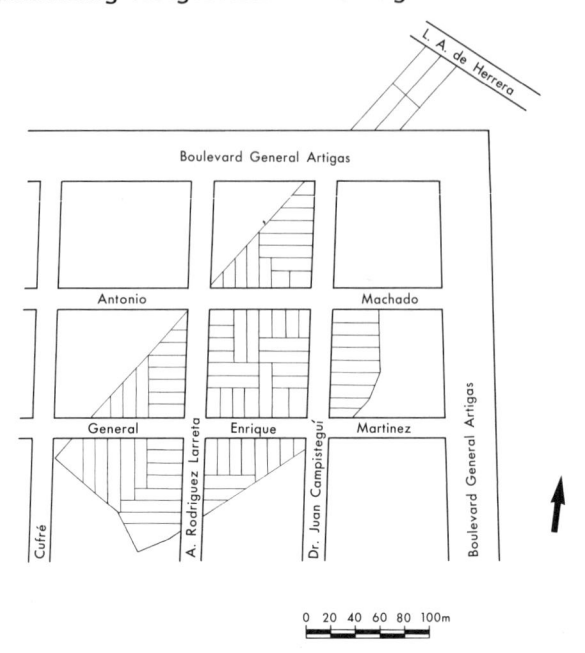

Quelle: ALVAREZ LENZI u.a. 1986: 114

Abbildung 4 b: Regelmäßige Grundstücksparzellierung und -ausrichtung im Stadtrandbereich Montevideos (nach 1877)

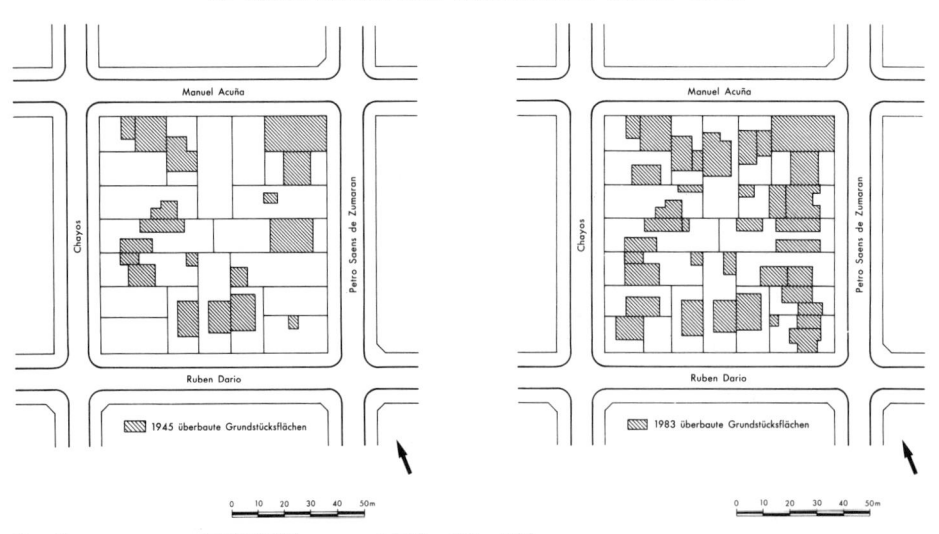

Quelle: BENECH u.a. 1983: 72, 180

Für den Wohnungsbau und damit für die fortschreitende sozialräumliche Differenzierung besonders wichtig war die Verstaatlichung (1912) der 1872 aus der Hypothekenabteilung der Banco Nacional hervorgegangenen Hypothekenbank *(Banco Hipotecario del Uruguay,* BHU, vgl. Kap. 2.2). Sie sollte nicht nur allgemein für Hausbaukredite zuständig sein, sondern vor allem für die Wohnraumversorgung unterer Sozialschichten in ausreichendem Maße Kredite bereitstellen, auch für die infolge der Verstaatlichungserlasse anwachsende Zahl von öffentlichen Bediensteten.

Ein zweiter, fortschrittlicher Maßnahmenkatalog betraf - als erstem Land in Südamerika! - ab 1914 die Sozialgesetzgebung (u.a. Sozial-/Unfallversicherung 1914, Achtstundentag 1915, Altersrente ab 60. Lebensjahr 1919, Arbeitslosenunterstützung 1939), auf die hier nicht eingegangen wird. Jedoch nahmen mit der steigenden Zahl der öffentlichen Bediensteten, dominant in Montevideo konzentriert, die Für-/Vorsorgemaßnahmen des Staates für diese zu. Darunter fielen, bereits in den späten 30er Jahren einsetzend und nach 1945 stark anwachsend, immer mehr solche in der Wohnraumversorgung, die zur Entstehung großer Siedlungskomplexe führten (vgl. Abb. 1; Kap. 2.3).

Auch bei dieser Stadtentwicklungsepoche können zwei Abschnitte unterschieden werden: die ausklingende liberale Phase (1911/12-1928/30) und die der beginnenden Planung (1928/30-1945), fast ausschließlich auf den Straßen- und den sozialen Wohnungsbau beschränkt. Die Gründe für diese Unterteilung sind die Auswirkungen der Weltwirtschaftskrise und das daraus resultierende stärkere staatliche Eingreifen in Wohnungsbaumaßnahmen für untere Sozialschichten.

1.4.1 Die ausklingende liberale Phase (1911/12-1928/30)

Sie ist zunächst gekennzeichnet durch "eine außerordentliche städtebauliche Entwicklung" (CASTELLANOS 1971 a: 260), die ihren Höhepunkt während der zweiten Präsidentschaft von José BATLLE y ORDONEZ (1911-1915) hatte. Prinzipiell können zwei Entwicklungsformen unterschieden werden.

a) Die - bereits bekannte - planmäßige Anlage neuer Wohnsiedlungen/ Stadtviertel unterschiedlicher Größe durch Privatunternehmer auf rein spekulativer Basis *(urbanizaciones especulativas)*, meistens als Erweiterung *(ensanche)* bereits bestehender Viertel oder sich an größere Straßenzüge *(Avenidas, Diagonales)* anlehnend. Dabei dominiert in diesen Bereichen eindeutig das eingeschossige Einfamilienhaus: nur 1% aller Wohnhäuser in Montevideo waren 1908 drei- und mehrgeschossig, hingegen 81% bzw. 18% ein- oder zweigeschossig; bei einem Gesamtbestand 1945 von ca. 600.000 Wohnhäusern wiesen 75% nur ein Geschoß auf, waren Einfamilienhäuser (BENECH u.a. 1983: 40; TIUR 1986: 25).

Bis 1945 wurden so die noch großen Lücken zwischen den dispers gelegenen Siedlungskernen mit ihren frühen Ausbauten/Erweiterungen fast aufgefüllt; darüber hinaus wuchs die Stadt vor allem in nordwestlicher, nördlicher, nordöstlicher und südöstlicher Richtung (vgl. Abb. 1).

b) Der flächenhaften Ausdehnung *(extensión)* der Wohnbebauung steht als neue Form die der städtebaulichen Verdichtung *(densificación)* gegenüber. Darunter versteht man eine z.T. fast völlige Überbauung der Grundstücksfläche, verbunden mit der Errichtung mehrgeschossiger Geschäfts- und/oder Wohnhäuser.

Von Ausnahmen - vor allem entlang der Hauptstraßen - abgesehen, bleibt der verstreute Bau von zwei-, maximal dreigeschossigen Mietshäusern bis 1945 auf den Bereich zwischen der *ejido*-Grenze *(Ciudad Nueva)* und dem *Boulevard General Artigas* beschränkt. Höhergeschossige Geschäfts-/Wohnhäuser finden sich ausschließlich im Zentrum (Alt-, Teile der Neustadt) sowie konzentriert entlang wichtiger innerstädtischer Leitlinien: *Avenida 18 de Julio, Agraciada, Boulevard General Artigas, Boulevard Espana* u.a., für die Bauhöhen bis zu 22 m erlaubt sind (vgl. Abb. 5, Anm. 7; BENECH u.a. 1983: 23/24, 30).

Daß es Ausnahmen gab, beweist der 1923-28 an der *Plaza de la Independencia* erbaute *Palacio Salvo,* der mit seinen zwölf Stockwerken und dem weitere vierzehn Stockwerke zählenden Turm mit dem ebenfalls 26-geschossigen *Martinelli*-Hochhaus in Sao Paulo bis 1938 das höchste Gebäude Südamerikas war und noch länger die Silhouette Montevideos bestimmte.

Weitere Kennzeichen dieser Phase bestehen in der Nachahmung vor allem französischer *("a la manera parisiana";* BARACCHINI 1981: 68) Leitvorstellungen zur (Groß-)Stadtgestaltung, vielfach gefördert vom staatlichen Prestigedenken. Während die 1912 und 1930 erstellten Ordnungs- und Entwicklungspläne *(Planes Reguladores)* keine Bedeutung erlangten, da sie nicht zur Durchführung kamen (ALVAREZ LENZI/MURAS 1977: 3; BARACCHINI 1981: 79; BENECH u.a. 1983: 23; TIUR 1986: 29), zeigten z.T. internationale Wettbewerbe (z.B. 1911) zur Anlage von Durchbruch- *(Diagonales, Avenidas)* bzw. zur besseren Ausstattung bedeutender Geschäftsstraßen und für große öffentliche Demonstrativbauvorhaben erst Jahrzehnte später ihre bis heute dominanten Auswirkungen. Beispiele sind das 1925 eingeweihte Parlamentsgebäude *(Palacio Legislativo)* und das 1932-1941 erbaute Rathaus *(Palacio Municipal),* ebenfalls der 1936 erfolgte, für die Verbindung von der Innenstadt zu den nordöstlichen Stadtteilen wichtige Straßendurchbruch der *Avenida Libertador Brig. Gral. Lavalleja* (früher: *Agraciada).* Die als mehrspurige Prachtstraße geplante Diagonale beginnt an der Hauptgeschäftsstraße *Avenida 18 de Julio* und gewährt von hier einen freien Blick auf das an jener liegende Parlamentsgebäude.

Ferner gehört zu den großen, bis heute stadtbildprägenden bzw. für die sozialräumliche Differenzierung Montevideos wichtigen Prozessen aus jener Phase einmal die bereits 1890 begonnene und bis in die 30er Jahre sich hinziehende Anlage großer innerstädtischer Parks, größtenteils auf geschenkten Flächen (vgl. Abb. 1). Zum anderen ist es der 1900-1935 sukzessiv erfolgte Ausbau der Küstenstraße *(rambla),* der - parallel zur aufkommenden Mode des Wohnens am Strand (17) - den ersten Abschnitt derselben *(Pocitos)* zu dem bevorzugten Wohnsitz der Ober- und oberen Mittelschicht machte, wobei bis 1945 Einfamilienhäuser dominierten. Gleichzeitig verloren die bisherigen Oberschichtviertel *Paso de Molino/Prado* und *Capurro* ihre diesbezügliche Funktion und wurden zunächst zu solchen der Mittelschicht (vgl. Kap. 1.3.1; BENECH u.a. 1983: 25; GARCIA MIRANDA/RUSSI PODESTA o.J.).

Damit zeichnete sich das Grundmuster der heutigen sozialräumlichen Differenzierung Montevideos bereits ab: Wohnviertel der Ober-, oberen Mittel-, z.T. auch der Mittelschicht entlang der Küste im Süden und Südosten, wobei die höherrangigen Viertel mit dem etappenartigen Fortschreiten der Bebauung nach Osten wanderten, demgegenüber die Wohnviertel der unteren Schichten im Nordwesten, Norden und - infolge der weiteren Degradierung der Altstadt - im Westen (vgl. Abb. 1, 6, 7; TIUR 1986: 29).

1.4.2 Phase einsetzender sektoraler Planungsmaßnahmen

In dieser Phase hielt der Konzentrationsprozeß der uruguayischen Bevölkerung in der Metropole weiter an: 1925 = 31%, 1933 = 33%, 1942 = 37%, 1950 = 41%; indirekt z.T. eine Folge der Weltwirtschaftskrise, die ein Absinken der Agrarexporte, damit erhebliche Einkommens- und Arbeitsmarktprobleme in Landwirtschaft und Agroindustrie nach sich zog. Dem begegnete Uruguay durch eine importsubstituierende, auf den (zu kleinen) einheimischen Markt ausgerichtete Industrialisierung. Dementsprechend stieg die Beschäftigtenzahl im hauptsächlich in Montevideo ansässigen Industriesektor an (1930-1960: 77.000-207.000). Von der Industrie und dem privaten Dienstleistungssektor nicht absorbierte Arbeitskräfte wurden z.T. vom Staat durch Erweiterung des Verwaltungsapparates aufgenommen (NOHLEN 1982: 339/340).

Die für die vorhergehenden Phasen skizzierten Prozesse der räumlichen Expansion und der stärkeren städtebaulichen Verdichtung im Innenstadtbereich dauerten an. Die durch das weitere Bevölkerungswachstum auftretenden Probleme machten ein Abrücken vom bisher dominanten *laissez-faire*-Prinzip und erste durchgreifendere staatliche Verordnungen bzw. Maßnahmen notwendig, vor allem in den Bereichen Verkehr (Ausfall- und Verbindungsstraßen), Wohnraumversorgung für untere Sozialschichten und sanitär-hygienische Ausstattung der Wohnungen.

a) Bereits im ersten Straßenausbauplan des Landes (1905, *Plan Vial Carretero*) war - analog den Eisenbahnstrecken - aus wirtschaftlichen Erwägungen (Export!) eine Verstärkung der Zentralisierung des gesamten überregionalen Straßensystems auf die Hauptstadt vorgesehen, von der die entsprechenden Linien strahlenförmig im nördlichen Radienbereich ausgehen. Infolge des zunehmenden Automobilverkehrs erfuhren ab 1928 die wichtigen Ausfallstraßen in und außerhalb Montevideos einen ersten Ausbau (BARACCHINI o.J.: 177-179; BENECH u.a. 1983: 89): *Av. Luis Batlle Berne* NW), *Av. Eugenio Garzon* (N), *Av. General Flores* (NNO), *Av. 8 de Octubre/Camino Maldonado* (NE) und *Av. Italia* (ONO). Ab 1950 dienen sie z.T. als "Aufbauachsen", als Leitlinien für die räumliche Ausdehnung Montevideos, wobei die administrativen Grenzen des Hauptstadt-Departamentos überschritten werden (vgl. Abb. 1, 8).

b) Von bisher kaum bekannter, aber nicht zu unterschätzender Bedeutung war das 1928 erlassene Gesetz über die Wohnungsver- und -entsorgung *(Ley de Higiene de la Vivienda)*, das bei Neubauten nicht nur Küche und Bad für jede Wohnung obligatorisch machte, sondern auch eine ausreichende Besonnung und Belüftung vorschrieb.

Das war das Ende der *conventillo*-Neubauten (Kap. 1.3.2), gleichzeitig setzte jedoch die Substituierung derselben durch die vermehrte zimmerweise Aufteilung und Vermietung von Altstadthäusern *(casa de inquilinato)* ein, womit die Verslumung dort forciert wurde (BENECH u.a. 1983: 44 und den Beitrag von P. GANS). Ferner waren die Auflagen dieses Gesetzes dem bisher zwar kaum betriebenen, aber ausschließlich spekulativ angelegten Mietwohnungsbau für untere Sozialschichten wenig förderlich.

c) Die sich verschärfende Problematik der Wohnraumversorgung, besonders für Industriearbeiter, führte bereits kurz nach 1919 zu verstärkten staatlichen Anstrengungen, über Steuererleichterungen, günstige Kreditkonditionen etc. den privaten Wohnungsbau für Arbeiter zu forcieren bzw. diese selbst zum (Einfamilien-)Hausbau zu mobilisieren, wobei die BHU die entsprechenden Kredite bereitzustellen hatte (bis zu 100% der Grundstücks- und Baukosten). Abgesehen von zwei größeren Siedlungen in den Vororten *Villa del Cerro* (hier: *Barrio Casabó* mit 230 Einfamilienhäusern) und *La Teja,* wodurch deren bereits bestehende Funktion als Industriearbeiter-Vororte weiter verstärkt wurde, erwiesen sich jene Maßnahmen als nicht ausreichend, zumal durch die Weltwirtschaftskrise und die nachfolgende Inflation den Arbeitern ein Hausbau oder -kauf immer unmöglicher wurde (CONTI de QUEIRUGA 1972: 14/15).

Daher setzte sich immer mehr die von den Sozialreformen ausgehende Vorstellung durch, daß der Staat die Pflicht der Wohnraumversorgung für die Arbeiter und seine Angestellten hat. Diese Bewegung kulminierte 1937 in der Gründung des *Instituto Nacional de Viviendas Económicas* (INVE), eine der ersten Institutionen für den sozialen Wohnungsbau in Lateinamerika, die dem Ministerium für öffentliche Arbeiten *(Ministerio de Obras Públicas)* unterstand.

Bis Ende 1942 erbaute das INVE 11 Siedlungen *(Barrios de Viviendas Económicas)* mit zusammen 1.066 Wohneinheiten zuzüglich weiterer 133 verstreut liegenden Häusern, d.h. durchschnittlich 240 Wohneinheiten/Jahr, eine bei der Wohnungsnot nicht ausreichende, aber für den Beginn des sozialen Wohnungsbaus beachtenswerte Leistung. Die Siedlungen, größtenteils aus Einfamilienhäusern mit jeweils einem kleinen Garten bestehend, liegen ca. zur Hälfte in den dominanten Industriearbeiter-Stadtteilen, sonst über die ganze Stadt verstreut (ALVAREZ LENZI/MURAS 1977: 20; CONTI de QUEIRUGA 1972: 37/38). Kleinere Hausgruppen wurden auch von der Stadt Montevideo selbst für ihre unteren Angestelltengruppen vor allem seit 1937 in verschiedenen Stadtteilen erbaut.

1.5 Determinanten, Phasen und Formen der raumstrukturellen Entwicklung Montevideos nach 1945

Bei der siedlungsmäßig-städtebaulichen Entwicklung der *ciudad contemporanea* (oder auch: *ciudad moderna;* TIUR 1986: 27 ff) können deutlich zwei, durch das Wohnungsbaugesetz *(Ley Nacional de Viviendas)* vom 17.12.1968 getrennte Hauptphasen unterschieden werden (18). Auslösende Faktoren für den verstärkten Wohnungsbau und damit für die siedlungsmäßige Entwicklung in Montevideo nach 1945 waren

- die, wenn auch relativ geringe Bevölkerungszunahme, z.T. auf die noch anhaltende Zuwanderung zurückzuführen (vgl. den Beitrag von J. BÄHR);

- das dadurch mitbedingte, nicht näher zu quantifizierende Wohnungsdefizit gerade für untere, aber auch für mittlere Sozialschichten, vor allem jedoch

- die wirtschaftliche Konjunktur infolge der während des 2. Weltkrieges angesammelten Devisen sowie der hohen Agrarexportüberschüsse nach demselben und während des Koreakrieges (1950-1953); - unabdingbare Voraussetzungen für eine verstärkte staatliche wie private Investitionsbereitschaft, wobei letztere zum Hauptmotor der Bauwelle wurde, überwiegend für Ober- und obere Mittelschichtviertel. - Zu den Grundzügen der wirtschaftlichen Entwicklung von Uruguay nach dem 2. Weltkrieg vgl. die entsprechenden Kapitel in den Beiträgen von J. BÄHR und P. GANS.

Mit Beginn dieser Phase setzte sich als übergeordnete raumordnungspolitische Vorstellung durch, daß es aus den verschiedensten Gründen (funktionales Flächennutzungsprinzip, Verkehrsbelastung, Kosten für Infrastrukturausstattung u.a.) unumgänglich war, dem flächenzehrenden und z.T. relativ unkontrollierten "horizontalen" Ausdehnungsprozeß Montevideos entgegenzusteuern durch Verdichtung in den innerstädtischen Bereichen, vor allem aber durch eine verstärkte mehrgeschossige Bauweise, durch eine "vertikale Expansion" (TIUR 1986: 33). Vier, in diesem Zusammenhang erlassene, z.T. aufeinander bezogene bzw. sich ergänzende Gesetze und Verordnungen sind für die dann einsetzende städtebaulich-siedlungsmäßige Entwicklung bestimmend:

- Das Siedlungsgesetz von 1946 *(Ley de Centros Poblados)* brachte in seiner 1947 für das Departamento Montevideo vollzogenen Anwendung einen ganz erheblichen Rückgang der spekulativen privaten Flächenparzellierungen (19) für Hausbauzwecke in den Außenbereichen und damit für die siedlungsmäßige Ausdehnung. Die Folgen waren eine Fortsetzung des Auffüllungs- (= Verdichtungs)prozesses in urbanen und suburbanen Bereichen, vor allem jedoch - bei dem Mangel an preiswerten Wohnungen für Mittelschichtangehörige - eine sprunghafte Zunahme der Flächenaufteilungen in den angrenzenden Departamentos *Canelones* und *San José,* hauptsächlich entlang der Hauptverbindungsachsen nach Norden, Nordwesten und Nordosten (vgl. Abb. 8), da beide Departamentos das Siedlungsgesetz nicht anwandten. Damit griff der Verstädterungsprozeß Montevideos jetzt, z.T. unter Überspringung der eigenen Randbereiche, bandartig über die Departamentogrenze hinaus, wobei als Haustyp das Einfamilienhaus dominiert (ALVAREZ LENZI 1977: 39-42; BENECH u.a. 1983: 80, 84).

- Im Zusammenhang mit dem Siedlungsgesetz zu sehen sind die 1947 für Montevideo erlassenen Dekrete über die maximale Haushöhe (vgl. Kap. 1.3; Anm. 7), die Grundflächenzahl, die Grundstücksmindestgröße, -breite u.a. für die - in sich noch weiter unterteilten - urbanen, suburbanen und ruralen Bereiche (Abb. 5), ferner auch über die Stockwerkhöhe (1949 generell auf 2,60 m, 1974 auf 2,40 m festgesetzt; BENECH u.a. 1983: 131), die insgesamt den Weg in die *"ciudad vertical"* erleichterten bzw. beschleunigten (BENECH u.a. 1983: 86-90).

- Wenngleich zahlreiche Ausnahmen in bestimmten (Oberschicht- und Geschäfts-)Teilen vorkamen, sind nicht nur die Gesetzesinhalte, sondern auch die Überwachung auf Einhaltung derselben weitaus rigoroser bzw. rigider als bei dem praktisch ineffizienten Vorgänger der Flächennutzungs- und Bebauungsrichtlinien von 1933 (TIUR 1986: 37).

- Das Eigentumswohnungs-Gesetz *(Ley de Propiedad Horizontal)* ermöglichte ab Mitte 1946 den mehrgeschossigen Hausbau mit vorhergehendem oder anschließendem Verkauf der Wohnungen (Apartments), wobei An- und Abzahlungsquoten nach Lage (Strandnähe!), Größe, wohninfrastruktureller Ausstattung und Kreditkonditionen variierten (PEES BOZ 1982: 22).

- Das Gesetzespaket wurde komplettiert durch den integrierenden Charakter des *Plan Regulador* von 1956, eine Mischung aus Flächennutzungs-, Bebauungs-, Entwicklungsplan und Baunutzungsverordnung. Eindeutige Einflüsse der *Charta von Athen* (1933, Le Corbusier!) und des London-Planes von 1943 aufweisend (TIUR 1986: 32), versuchte er - in Verbindung mit den 1947 erlassenen Dekreten - über die Festlegung von Zonen unterschiedlicher Einwohnerdichte zu einem baulichen und bevölkerungsmäßigen Kern-Rand-Dichte-Gefälle zu gelangen, wobei diese konzentrischen Halbkreise sektoral durch Grünzüge gegliedert werden sollten. Im ruralen Bereich sind Siedlungsverdichtungen nur in Form von Satellitensiedlungen vorgesehen (vgl. Abb. 1). Vor allem für den Bau von mehrstöckigen Apartmenthäusern und solchen des sozialen Wohnungsbaus im urbanen Bereich, aber auch für Lage und Bau von z.T. großen Wohnhausblöcken *(conjuntos habitacionales)* des sozialen Wohnungsbaus in der ruralen Zone haben die Aussagen des *Plan Regulador* eine "kanonisierende" Wirkung (BENECH u.a. 1983: 80).

In Konsequenz der neuen städtebaulichen Normen treten vor allem drei Gebäudetypen auf und bestimmen in den entsprechenden Stadtteilen dominant die stadtmorphologische Struktur:

- das Apartment(hoch)haus, fast ausschließlich für die Ober- und obere Mittelschicht, in den südlichen und südöstlichen Stadtbereichen (vgl. Abb. 5, 7; Kap. 1.5.1);

- die meist aus mehreren großen, gegeneinander versetzten Wohnhausblöcken bestehenden Siedlungen *(conjuntos habitacionales)* und die Satellitensiedlungen *(nucleos satélites)* des sozialen Wohnungsbaus, vor allem im Übergangsbereich von der suburbanen zur ruralen Zone und innerhalb der letzteren (vgl. Abb. 1);

- das in Selbsthilfe und meistens in mehreren Bauetappen errichtete Einfamilienhaus für untere Sozialschichten *(vivienda popular/económica)*, vor allem in der ruralen Zone (vgl. Kap. 1.5.2).

Einem regelrechten Bauboom bis in die zweite Hälfte der 50er Jahre hinein (20) folgte mit der wirtschaftlichen Stagnation und Rezession ab 1963 die Krise der traditionellen Wohnungsbaupolitik: der private Wohnungsbau war aufgrund der Inflation und der sinkenden Realeinkommen nach Mitte der 60er Jahre zunächst nur schwach, 1974/75 jedoch stark rezessiv (vgl. Tab. 4), wozu die Regierungsübernahme durch die Militärs mit der nachfolgenden starken Emigration, vor allem aus Montevideo, erheblich beigetragen haben mag (TERRA/CAMOU 1983: 54, 114; vgl. zur Auswanderung ab 1973/74 auch den Beitrag von J. BÄHR, zur wirtschaftlichen Entwicklung und den Auswirkungen derselben auf den Wohnungssektor während der Militärregierung das Kap. 3.2.3 im Beitrag von P. GANS).

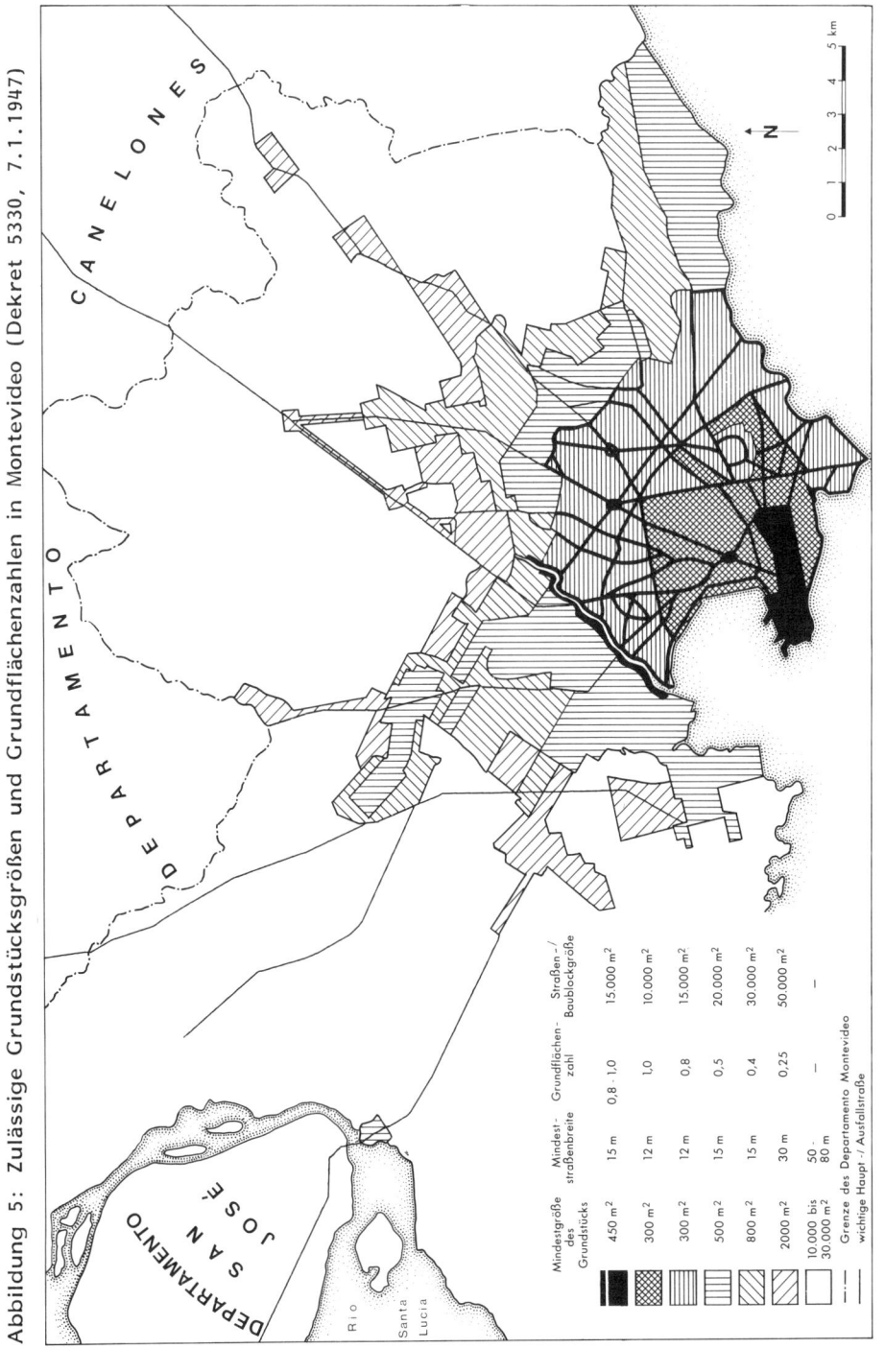

Abbildung 5: Zulässige Grundstücksgrößen und Grundflächenzahlen in Montevideo (Dekret 5330, 7.1.1947)

Mindestgröße des Grundstücks	Mindeststraßenbreite	Grundflächenzahl	Straßen-/ Baublockgröße
450 m²	15 m	0,8 1,0	15.000 m²
300 m²	12 m	1,0	10.000 m²
300 m²	12 m	0,8	15.000 m²
500 m²	15 m	0,5	20.000 m²
800 m²	15 m	0,4	30.000 m²
2000 m²	30 m	0,25	50.000 m²
10.000 bis 30.000 m²	50 – 80 m	–	–

–··– Grenze des Departamento Montevideo
wichtige Haupt-/Ausfallstraße

Quelle: Unterlagen der Intendencia Municipal Montevideo

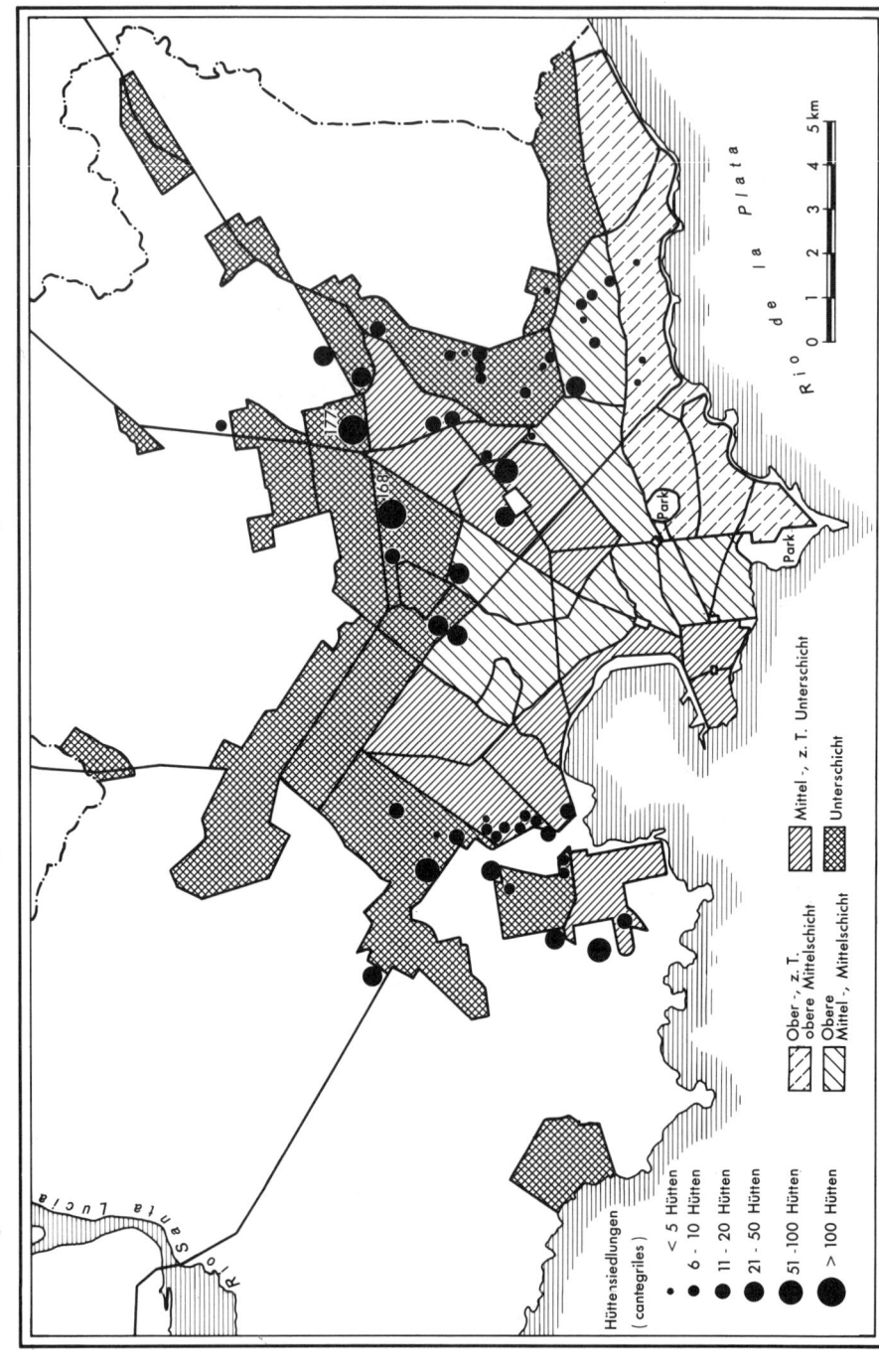

Abbildung 6: Sozialräumliche Gliederung Montevideos 1983 und Lage der Hüttensiedlungen (cantegriles) 1980

Quelle: Unterlagen der Intendencia Municipal Montevideo

Der bereits seit 1947 bestehende Mieterschutz (keine laufende Angleichung der Mieten an die Inflationsrate, was jedoch durch Kündigungen und normale Mieterhöhungen oft unterlaufen wurde) erfuhr durch das 1965 verfügte Einfrieren der Mieten und durch den Kündigungsschutz eine erhebliche Verschärfung. Beides tat ein übriges, die privaten Investitionen in Hausbau und -reparaturen erheblich zu bremsen. Gleichzeitig wurde auch der Staat durch das "Leerlaufen" der Importsubstitutionspolitik (Erreichen der nationalen Wachstumsgrenze; *economies of scale!*) und durch das drastische Sinken der Agrarexporterlöse "manövrierunfähig" im Investitionsbereich (NOHLEN 1982: 339). Dazu trugen - bei jenen Vorzeichen - nicht zuletzt der aufgeblähte Verwaltungsapparat und die Sozialleistungen des Staates bei: 35% der Staatsausgaben entfielen 1962 auf die staatliche Verwaltung; die Zahl der pensionierten staatlichen Angestellten lag um 1/3 höher als die der Beschäftigten im Industriesektor.

Im öffentlichen Wohnungsbausektor kam es durch die Inflation fast zu einem Zusammenbruch des wichtigsten Kreditinstituts für den Wohnungsbau, der *Banco Hipotecario del Uruguay* (TERRA/CAMOU 1983: 68; vgl. Kap. 2.2), und das führte in der zweiten Hälfte der 60er Jahre praktisch zu einer "Paralysierung" dieses Sektors (PEES BOZ 1982: 22).

Die zweite Hauptphase setzte mit dem staatlichen Wohnungsgesetz vom 17.12.1968 und eines damit zusammenhängenden "Paketes" von z.T. erst kurz darauf erlassenen Verordnungen, Dekreten u.a. ein, die alle integrale Bestandteile des nicht eigens fixierten, sogenannten Nationalen Wohnungs-(bau-)plans sind *(Plan Nacional de Viviendas;* BHU 1979). Sie stellen die bislang umfassendste staatliche Einflußnahme auf das Wohnungswesen mit dem gleichzeitigen Versuch einer gezielten Neubauförderung dar, um das erhebliche Wohnungsdefizit und damit zusammenhängende soziale Spannungen abzubauen (21). Das Schwergewicht lag zunächst allerdings durchaus nicht auf dem "sozialen" Wohnungsbau (CCU 1983a: 36/37; TERRA/CAMOU 1983: 153; vgl. Kap. 2.2).

Wirtschaftliche Kriterien und wirtschaftspolitische Überlegungen bestimmten zunächst ganz erheblich die jeweiligen staatlichen Maßnahmen, die sich 1969-1972/73 vor allem auf die Wiederbelebung des vorher fast paralysierten öffentlichen Wohnungsbaus richteten (TERRA/CAMOU 1983: 71/72; vgl. Tab. 4, Kap. 2).

Der de facto-Regierungsübernahme durch das Militär Mitte 1973 folgte in der zweiten Hälfte 1974 der Übergang zu einer neoliberalen Wirtschaftspolitik und damit die Öffnung nach außen (Importe; ausländische Kredite, Beteiligungen). Neoliberale Konzepte hielten im Wohnungsbausektor jedoch erst mit dem nationalen Entwicklungsplan 1978-1982 Einzug, nachdem die im ersten Entwicklungsplan 1973-1977 vorgesehene Zahl an neuen Wohnungen nicht erreicht wurde (Tab. 4), vor allem nicht im öffentlichen Sektor, aber auch der private Wohnungsbau nicht den erwarteten Aufschwung genommen hatte (CCU 1983: 8/9).

Die neue Devise lautete: starke Anreize für den privaten Wohnungsbausektor durch günstige Kreditkonditionen (auch für Modernisierungsmaßnahmen) bei gleichzeitigem Abbau bzw. *laissez-faire*-Verhalten gegenüber bestimmten Auflagen (Grundflächen-, Geschoßzahl etc.), Aufhebung des Mietpreis- und Kündigungsstopps für 1979 (mit immer neuen, später beschlossenen Übergangskonditionen, vgl. Kap. 2.3.1), Einführung eines realen Mietpreises etc. Das brachte 1978/79-1981 zwar den erwünschten privaten Bau"boom", machte dann aber ab 1979/80 auch verstärkte Maßnahmen im öffentlichen Wohnungsbau notwendig, vor allem für die durch die veränderten Mietgesetze verdrängten Haushalte (CCU 1983 a: 17-28; TERRA/CAMOU 1983: 113-115).

In der zweiten Hauptphase traten keine normativen Veränderungen, prinzipiell auch keine neuen siedlungsmäßig-städtebaulichen Elemente auf. Allerdings erfuhren die bereits in der ersten Phase einsetzenden Prozesse eine erhebliche, z.T. überdimensionierte Entwicklung (vgl. Kap. 1.5.1-1.5.4 sowie Kap. 2).

Tabelle 4: Privater und öffentlicher Wohnungsbau in den Städten Uruguays, 1955-1982

	privater Sektor				öffentlicher Sektor			gesamt		
	ge-plant	ge-baut	dav. in Montevideo	Realisierungsquote %	ge-plant	ge-baut	Realisierungsquote %	ge-plant	ge-baut	Realisierungsquote %
1955		20.985	47,6			480			21.465	
1956		22.886	49,2			719			23.605	
1957		22.926	47,7			560			23.486	
1958		22.545	49,2			163			22.708	
1959		23.823	48,8			78			23.901	
1960		22.218	46,7			1.026			23.244	
1961		17.876	40,3			300			18.176	
1962		14.554	38,6			400			14.954	
1963		12.200	35,2			123			13.323	
1964		13.958	46,9			41			13.999	
1965		13.312	43,4			92			13.404	
1966		14.669	38,3			428			15.097	
1967		13.538	34,7			198			13.736	
1968		13.013	37,2			570			13.583	
1969		12.202	32,1			27			12.229	
1970		11.496	30,5			822			12.318	
1971		11.402	28,7			3.076			14.478	
1972		11.657	29,5			3.673			15.330	
1973	11.700	10.202	18,9	87,2	5.500	2.565	46,6	17.200	12.767	74,2
1974	12.200	9.553	28,9	78,3	6.000	3.590	59,8	18.200	13.143	72,2
1975	12.600	7.499	37,5	59,5	6.200	4.113	66,3	18.800	11.612	61,8
1976	13.200	10.662	37,2	80,8	6.700	2.500	37,3	19.900	13.162	68,4
1977	13.600	12.412	35,6	91,3	7.300	1.442	19,8	20.900	13.854	66,3
1978		15.987	37,5			680			16.667	
1979		23.987	41,6			4.000			27.987	
1980		22.475	55,6			7.000			29.475	
1981		14.000	42,9			12.632			26.632	
1982		11.100	22,5			8.000			19.100	

Quellen: ABELLA TRIAS 1983: 21; CCU 1983 a, Tab. 2.2.2; PND 1977 (Bd. 2): 177/180; TERRA/CAMOU 1983: 112.

1.5.1 Der Apartment(hoch)hausbau

Das Eigentumswohnungsgesetz von 1946 stimulierte in besonderem Maße den ausschließlich von privaten Investoren getragenen, stark spekulativen Apartmenthausbau, der durch die 1947 erlassenen Flächen- und Baunutzungsverordnungen zudem (bewußt) in ganz bestimmte Stadtteile gelenkt wurde (Abb. 5), was sich auch sehr deutlich in den Bodenpreisen

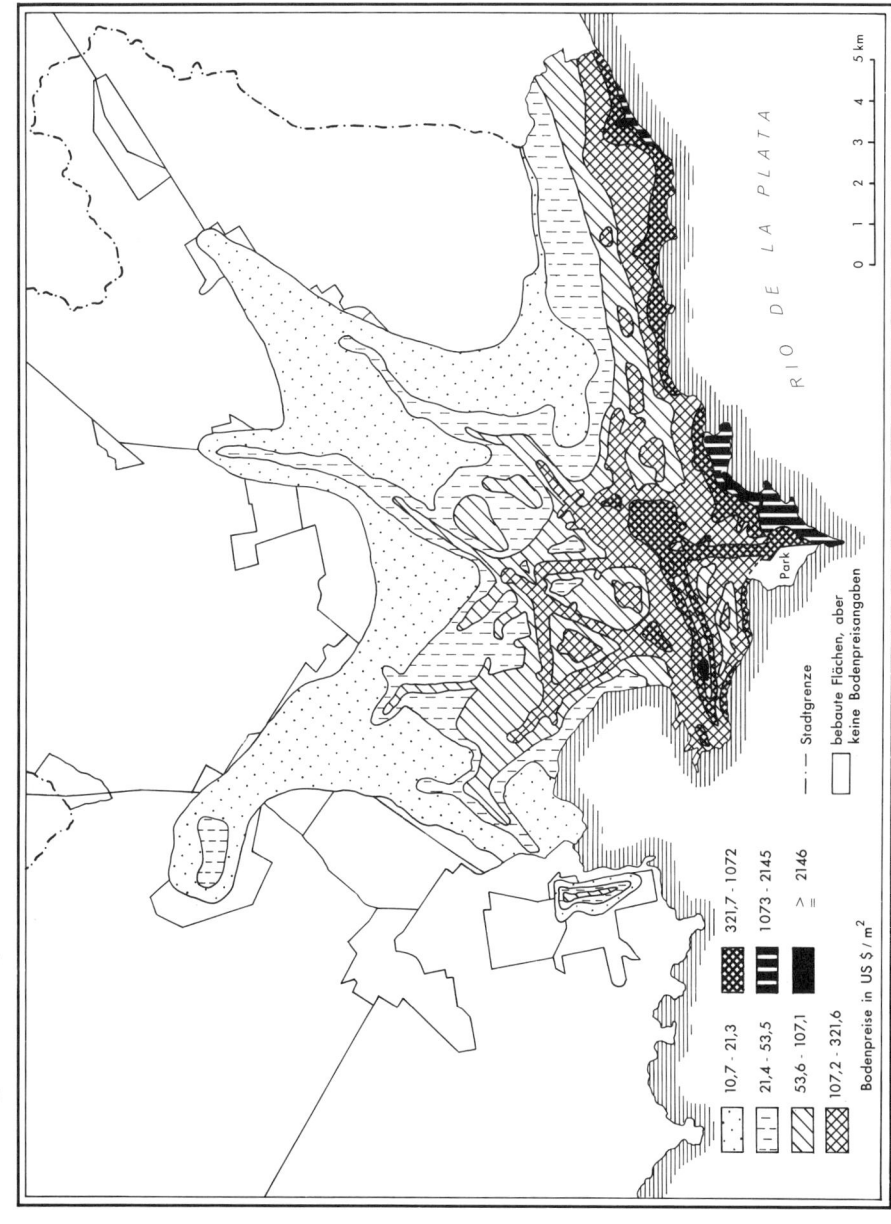

Abbildung 7: Bodenpreis-Isolinien in Montevideo 1980

Quelle: Unterlagen der Intendencia Municipal Montevideo

Abbildung 8: Wachstumsphasen Montevideos nach Norden: Raum-zeitliche Abfolge der Flächenaufteilungen (fraccionamientos) für Wohnsiedlungen (urbanizaciones)

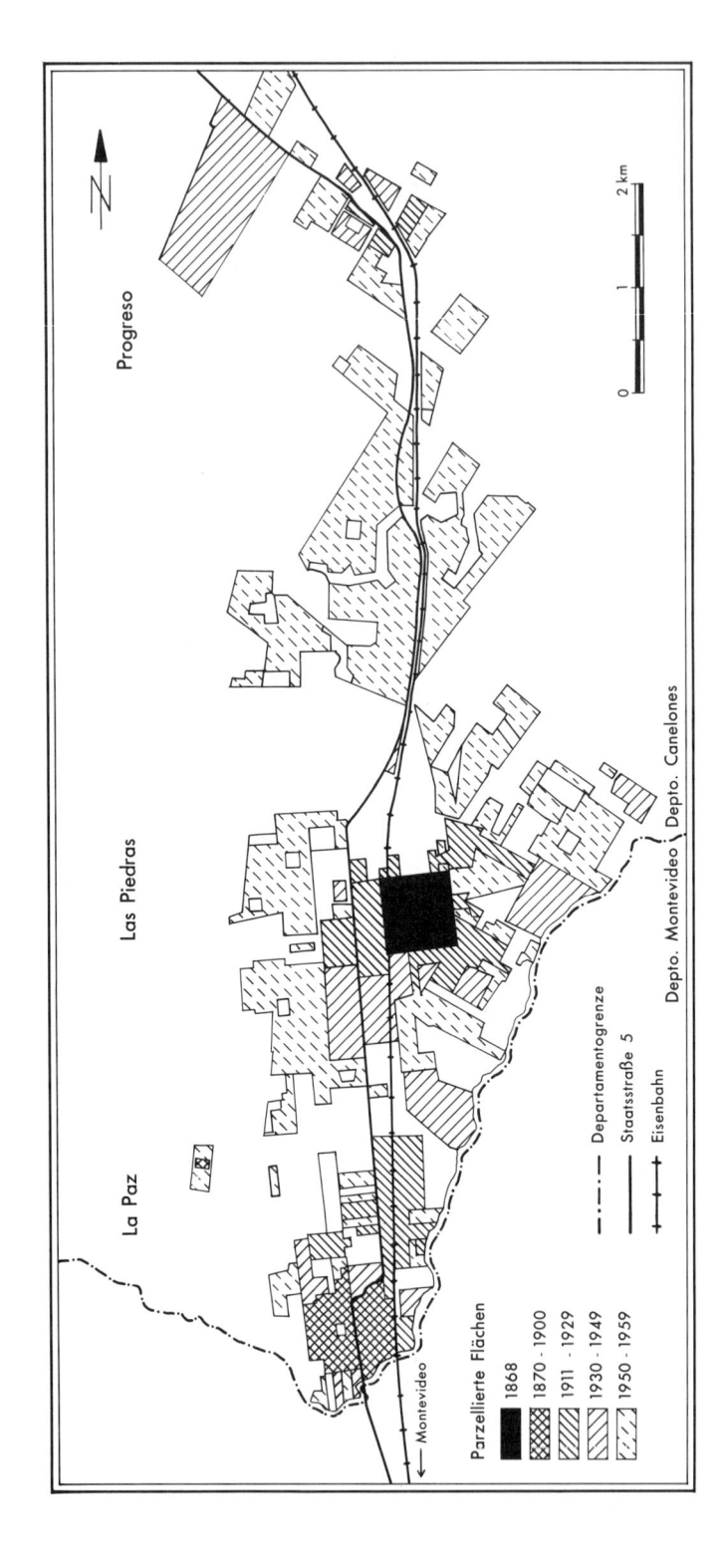

Quelle: BENECH u.a. 1983: 83 (verändert und ergänzt)

und in der sozialräumlichen Differenzierung niederschlägt (Abb. 6, 7). Der erwähnte Bauboom der 50er Jahre (Kap. 1.5) wurde weitgehend vom privaten Apartment(hoch)hausbau getragen.

Hohe Grundflächenzahl und dadurch gegebene hohe Grundstücksausnutzung (Bodenrente) in bevorzugter Lage, möglichst in Strandnähe, relativ sicheres Wohnen bei hohem Komfort und in statusäquivalenter Umgebung sind die Gründe für die Akzeptanz dieses Wohnungstyps durch die Ober- und obere Mittelschicht (BENECH u.a. 1983: 79). Von den insgesamt 1955-1965 erbauten Wohneinheiten waren 60% derartige Komfort- und Luxusapartments (CONTI de QUEIRUGA 1972: 22).

Zunächst wurde fast geschlossen der Strand- und strandnahe Bereich von *Pocitos* und die sich südwestlich anschließende Strandzone mit 8-12 geschossigen Apartmenthäusern bebaut, nachdem die hier gelegenen Einfamilienhäuser bzw. Villen der Ober- und oberen Mittelschicht (Kap.1.4.1) verkauft und abgerissen waren. Erst nach 1968 griff jener Baustil sukzessiv und in unterschiedlicher Intensität auf die östlicheren Strand- und strandnahen Bereiche über, so daß in *Buceo* und *Malvin* diese Zone mittlerweile fast geschlossen mit Hochhäusern bebaut ist, während in *Punta Gorda* ein- und zweigeschossige Wohnhäuser gegenüber einzeln stehenden Hochhäusern dominieren (BENECH u.a. 1983: 81, 146; TIUR 1986: 45). Im noch weiter östlichen und bis zur Stadtgrenze reichenden *Carrasco* durften aufgrund einer besonderen Verordnung bis jetzt keine Hochhäuser gebaut werden; es gilt - mit niedriger Grundflächenzahl und größeren Straßenblöcken bzw. Grundstücken (Abb. 5) - als das derzeit vornehmste Wohnviertel Montevideos (Bungalows, Chalets etc.).

Ab Ende der 70er/Anfang der 80er Jahre verloren durch die noch fortschreitende bauliche Verdichtung die einst statushöheren Bereiche westlich *Pocitos* bis zum *Boulevard General Artigas* an Attraktivität, was sich in Abbildung 6 noch nicht niederschlägt. Heute sind es Wohnviertel der oberen Mittel-, z.T. der Mittelschicht.

Ebenfalls entstanden, verstärkt nach 1968, an den von *Pocitos* stadteinwärts führenden Hauptstraßen derartige Hochhäuser mit gemischter Geschäfts-/Büro-/Wohn-(Apartment)-Nutzung, die an die Stelle älterer, niedriggeschossigerer Bauten traten (BENECH u.a. 1983: 81).

1.5.2 Die Vivienda Económica/Popular

Über die Entwicklung des "wirtschaftlichen" Haustyps und der daraus bestehenden Wohnsiedlungen in Montevideo ist relativ wenig bekannt(22), obwohl dieses Einfach-("Volks"-)haus mittlerweile ca. 50% der Siedlungsfläche einnimmt und gerade für die rurale, aber auch für den Randbereich der suburbanen Zone eine ganz entscheidende Rolle spielt (Abb. 6; TIUR 1986: 41/42). Für die Dominanz dieses Haustyps in jenen Bereichen und damit für die dort relativ niedrige Bevölkerungsdichte (vgl. den Beitrag von J. BÄHR) sind in erster Linie die entsprechenden Gesetze über Grundstücksmindestgröße, Grundflächenzahl etc. verantwortlich und - umgekehrt - die damit bestehenden Verbote einer weiteren Parzellenteilung bzw. einer flächenaufwendigeren und mehrgeschossigen Bauweise (Abb. 5).

Die fast ausschließlich eingeschossigen und in Etappen erbauten Häuser werden als der "Pioniertyp des Eigenbaus" für untere Sozialschichten bezeichnet (BENECH u.a. 1983: 107), als das charakteristische *"habitat popular"* (TIUR 1986: 42), den es prinzipiell immer gegeben hat, der aber verstärkt nach 1946/47 in Montevideo auftrat. Namensgebend, aber nicht damit zusammenhängend, waren die von der Stadtverwaltung Montevideos im Rahmen des *"plan económico"* erstellten kleineren Wohnsiedlungen (Kap. 2.1).

Fast immer wird zunächst, z.T. behelfsmäßig, ein einfaches, kleines Haus errichtet (23), oft im straßenabgewandten Teil der Parzelle, dem regelmäßige An- und Umbauten folgen, während der straßenseitige Bauabschluß mit einer statusspezifisch-repräsentativen Fassade meistens den letzten Bauabschnitt bildet. Die großen Parzellen erlauben Gartennutzung und/oder Kleinviehhaltung.

Dieser Haustyp prägt flächenmäßig dominant die Unterschichtviertel im Norden und Nordwesten des Departamentos Montevideo, die z.T. eine unzureichende Infrastruktur aufweisen (Straßenbau, Abwasserentsorgung, z.T. auch Wasserversorgung). Infolge des zu geringen preisgerechten öffentlichen und privaten Wohnangebots für Unterschichtangehörige erfolgt seit ca. Mitte der 60er Jahre in jenen Bereichen eine bemerkenswerte Verdichtung (TIUR 1986: 42): auf vielen Parzellen wurden bzw. werden - ebenfalls informell - weitere An- und auch Neubauten in entsprechendem Stil errichtet, fast ausschließlich für jüngere, verheiratete Familienangehörige.

1.5.3 Die Ferienhaus-/Dauerwohnsiedlungen in strandnahen Bereichen östlich Montevideos

Eine ganz eigene und in lateinamerikanischen Metropolitanregionen sonst kaum anzutreffende Entwicklung (24) nahmen in den letzten 40 Jahren die zum Departamento *Canelones* gehörenden strandnahen Bereiche (Abb. 9), die unmittelbar östlich an Carrasco, das derzeit vornehmste Oberschichtviertel Montevideos, angrenzen und sich in einem ca. 8,5 km langen und 1,5 - 1,8 km breiten Streifen nach Osten erstrecken. Auslösende Faktoren dieser Entwicklung waren:

- die von Ende des 2. Weltkrieges bis Mitte der 50er Jahre anhaltende wirtschaftliche Wachstumsphase Uruguays;

- das mit der Verlegung der Oberschichtviertel Anfang/Mitte der 30er Jahre einsetzende, zum Statussymbol werdende Komfortwohnen am Strand bzw. in strandnahen Bereichen Montevideos mit guter infrastruktureller Ausstattung und hohem Freizeitwert (Kap. 1.5.1), ein Trend, der - ceteris paribus - von der oberen Mittelschicht und auch von Teilen der Mittelschicht nachgeahmt wurde;

- das Siedlungsgesetz von 1946 *(Ley de Centros Poblados)*, das unter den vier funktionalen Siedlungstypen auch die Tourismus-/Freizeitwohnsiedlung aufführte, die von landwirtschaftlicher Nutzung ausgenommen, mindestens 30 ha groß und eine durchschnittliche Dichte von 80 Ew/ha aufweisen sollte (ALVAREZ LENZI 1977: 40); dieses wurde auf den in Abbildung 9 dargestellten Teil von Canelones angewandt.

Die Kontrolle über die Einhaltung der Normen oblag den Gemeinden, wobei von Anfang an unterschiedliche Bemessungskriterien angewandt wurden. Entscheidend war der Einfluß der Grundstückseigentümer, die die Parzellierungen und Verkäufe spekulativ der Nachfrage anpaßten (GARCIA MIRANDA/RUSSI PODESTA o.J.: 10).

Die Parzellierungsphasen gehen aus Abbildung 9 hervor; die ersten Parzellierungen erfolgten im unmittelbaren Anschluß an die bereits bestehenden Siedlungen. Ein Detailbeispiel für die gegenwärtige Nutzung bietet Abbildung 10.

Die Parzellierungen geschahen weder nach einem einheitlichen Plan noch Grundriß. Die heutige Grundstücksgröße schwankt zwischen 600 und 1000 m^2 und beträgt nur am östlichen Rand, in *El Pinar*, 1.500-2.000 m^2, wo auch die Bodenpreise am höchsten sind. Da die eingeschossigen Häuser selten 120-140 m^2, bei Doppelhäusern 240/250 m^2 Grundfläche überschreiten, die anderen Flächen aus Rasen, mit Bäumen/Sträuchern durchsetzt, bestehen und auch noch nicht bebaute Grundstücke vorhanden sind (Abb. 10), hat der gesamte Bereich den Charakter einer Gartenstadt-Siedlung. Allerdings sind längst nicht alle Straßen asphaltiert, und bestehen noch erhebliche Defizite in der öffentlichen Ver- und Entsorgung.

Die Parzellierungen und Grundstücksver- bzw. -ankäufe geschahen mit dem Ziel, dort Freizeit-/Ferien-/Sommerhäuschen *(casita de veraneo)* in verkehrsgünstiger Lage zu Montevideo zu errichten: 30-45 Autominuten über die *Avenida Italia* oder über die Küstenstraße (Abb. 9). Dabei dominieren als Eigentümer eindeutig Mittelschichtangehörige (Tab. 6), nur *El Pinar,* mit den größeren Grundstücken und den höheren Bodenpreisen, wurde hier zum bevorzugten Viertel der oberen Mittelschicht (GARCI MIRANDA/RUSSI PODESTA o.J.: 43/44). Infolge der wirtschaftlichen Rezession, der sinkenden Reallöhne und der steigenden Lebenshaltungskosten wurde es ab Mitte/Ende der 60er Jahre für die meisten Parzelleneigentümer immer schwieriger, Ferienhäuser zu bauen bzw. - neben ihrem Stadthaus oder ihrer -wohnung - zu unterhalten. Viele Familien entschlossen sich daher zum Verkauf ihres Grundstückes mit oder ohne Haus in *Canelones*. Aufgrund der angenehmen Wohnlage mit hohem Freizeitwert und der schnellen Verbindung nach Montevideo errichteten die neuen Eigentümer dort ihren Dauerwohnsitz. Gleiches traf für viele der Ersteigentümer zu, die dann vielfach ihren Wohnsitz in Montevideo auf- bzw. an ein verheiratetes Kind weitergaben oder diesem auch das Ferien"häuschen" überließen. Auf jeden Fall war die Umwidmung oft mit Um- und/oder Anbauten verbunden.

Dieser Prozeß verstärkte sich (indirekt beeinflußt auch durch die Militärregierung ab 1973?) seit Mitte der 70er Jahre und führte zur fast vollkommenen Umwandlung der Ferienhaus- in Dauerwohn-, in Schlafsiedlungen Montevideos. Dementsprechend stieg die Bevölkerung mit permanentem Wohnsitz dort von 4.316 (1963) über 19.276 (1975) auf 23.010 (1985) an.

Einige Ergebnisse einer in einem Siedlungsabschnitt *(Shangrila;* Abb. 9, 10) durchgeführten Kartierung und Befragung sollen diesen, für Groß-Montevideo interessanten Prozeß dokumentieren und näher erläutern (24).

Die Kartierung (Abb. 10) erfaßte 635 Grundstücke, davon waren 124 (19,5%) unbebaut, 492 (77,5%) mit einem Wohn- und/oder Geschäftshaus bebaut; von diesen waren wiederum 84 (17,1%) nicht permanent be-

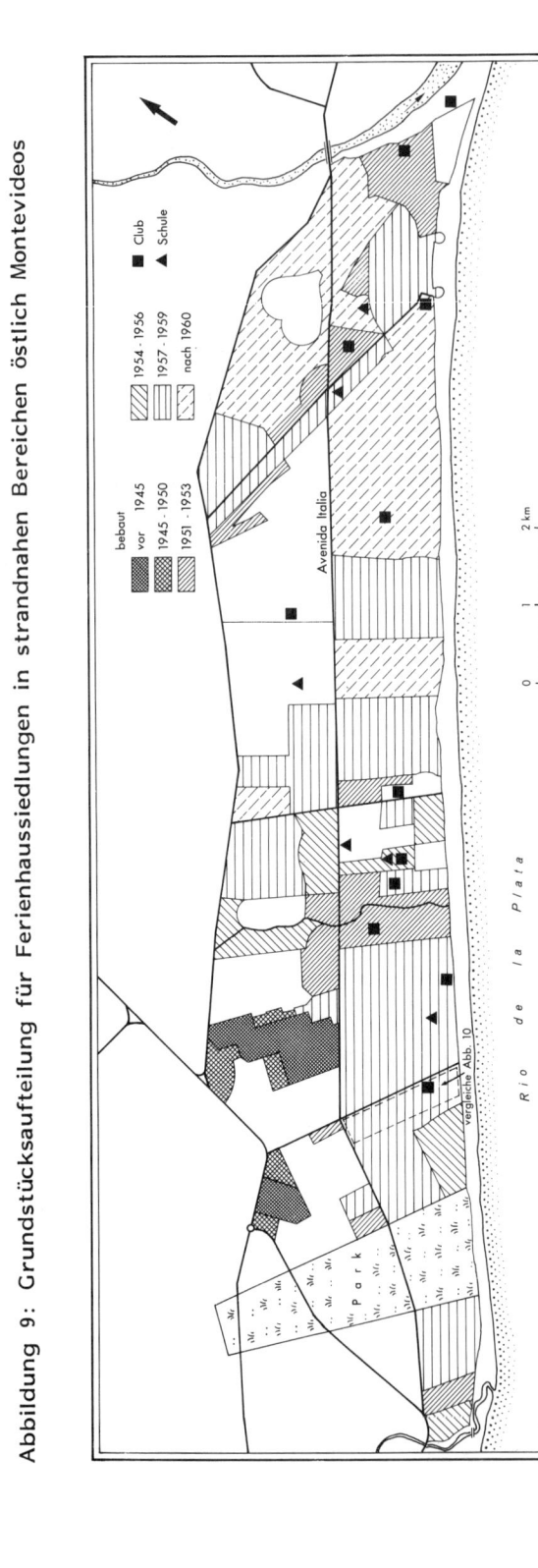

Abbildung 9: Grundstücksaufteilung für Ferienhaussiedlungen in strandnahen Bereichen östlich Montevideos

Quelle: GARCIA MIRANDA / RUSSI PODESTA o.J.

Abbildung 10: Beispiel für Grundstücksnutzung im strandnahen Bereich (Shangrila) östlich Montevideos

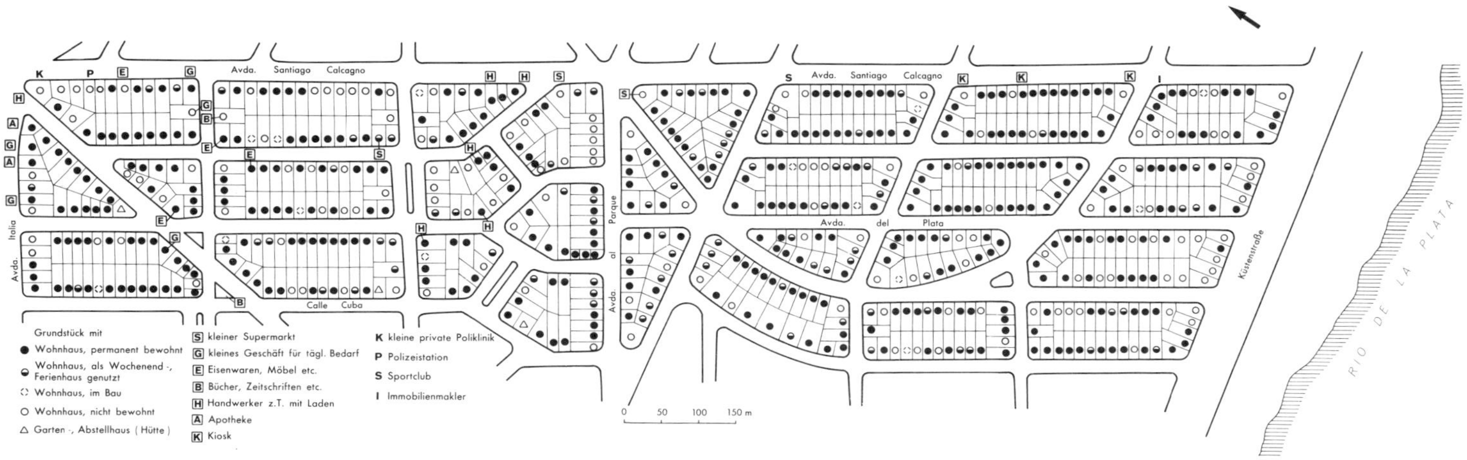

Quelle: Kartierungen und Befragungen (I. DAROZCI, V. CANTON), Juni 1984

wohnt, dienten als Wochenend- und Ferienaufenthalt. Auf 15 Grundstükken war seinerzeit ein Wohnhaus im Bau; auf 4 stand ein Gartenhaus.

Die nach dem Zufallsprinzip durchgeführte Befragung erfaßte 202 Haushalte im kartierten Bereich (41,1% der mit einem Wohn- und/oder Geschäftshaus bebauten Grundstücke), von denen 193 (95,5%) ihren permanenten Wohnsitz dort hatten. Allerdings ergab die Befragung, daß der eigentliche Umwandlungsprozeß zur Wohnsiedlung erst 1974 begann (Tab. 5) und daß auch in dieser Phase (aus wirtschaftlichen und/oder politischen Gründen?; Emigration) fast 2/3 der Grundstücke bzw. Häuser in diesem, bereits 1957-1959 parzellierten Bereich ihren Eigentümer wechselten. Im Zuge des Nutzungswandels zum permanenten Wohnsitz wurden nur an einer relativ geringen Zahl von Häusern (42 = 20,8%) Um- oder Anbauten, meistens von einem Zimmer, vorgenommen bzw. einfache, mehrfach zu nutzende Neubauten errichtet: Garage, Abstellraum, oft mit Schlafmöglichkeit.

Bei der Wohnbevölkerung überwiegen Angehörige der Mittel- und solche der unteren Mittelschicht (Tab. 6). Sie sehen den jetzigen Wohnsitz, vor allem wegen der erwähnten Lagevorteile, als endgültig an, verständlich, zogen doch jeweils ca. 1/4 aus dem Zentrum (der vom *Boulevard General Artigas* umgrenzte Bereich) und den nordwestlich bzw. nordöstlich sich anschließenden Mittelschichtvierteln zu (Abb. 6). Ca. 20% stammten aus *Canelones* selbst, also aus der unmittelbaren Umgebung, und knapp ein weiteres Viertel aus den strandnahen, jetzigen und ehemaligen Oberschichtvierteln von *Pocitos* über *Malvin* bis *Carrasco*. Die Arbeitsplätze der erwerbstätigen Haushaltsmitglieder lagen zu 58% im Zentrum von Montevideo und den angrenzenden Bereichen, zu ca. 15% in *Pocitos* und den östlich anschließenden Oberschichtvierteln. Ein mit ca. 20% recht hoher Anteil arbeitete als Handwerker, Händler etc. im Kartierungsgebiet selbst.

Letztlich wird der bereits 20% betragende Pensionärs- und Rentneranteil (Tab. 6) in den nächsten Jahren weiter ansteigen, machten doch 1984 die 50- bis 64-jährigen ca. 17% aus, so daß - zumindest in diesem Siedlungsabschnitt - tendenziell eine Überalterung und damit auch ein Funktionswandel einsetzen dürfte.

Tabelle 5: Gebäudealter, -erwerb und Beginn der Nutzung als permanenter Wohnsitz im Strandbereich von Shangrila, Depto. Canelones

	Hausbau/-kauf %	Beginn der Nutzung als permanenter Wohnsitz %
1956 und früher	4,5	3,6
1957-1961	6,9	3,6
1962-1968	9,4	6,7
1969-1973	13,4	14,5
1974-1978	27,2	24,9
1979 und jünger	37,1	44,6
keine Antwort	1,5	2,1

Quelle: Befragungen im Mai/Juni 1984 (vgl. Anm. 24); N = 202.

Tabelle 6: Berufliche Tätigkeit des Haushaltsvorstandes in Shangrila-Strandsiedlung, Depto. Canelones

		%
Rechtsanwälte, Architekten usw.	24	11,9
mittl. Angestellte des öffentlichen Dienstes	60	29,8
Handwerker, meist selbständig	18	8,9
Kleinhändler	20	9,9
Arbeiter	15	7,4
Polizei, Militär	10	5,0
andere	10	5,0
arbeitslos	5	2,5
Rentner, Pensionäre	40	19,8
	202	100,0

Quelle: Befragungen im Mai/Juni 1984 (vgl. Anm. 24).

1.5.4 Illegale Hüttensiedlungen

Montevideo gilt als die Metropole Lateinamerikas mit der geringsten Zahl an illegal entstandenen Hüttenvierteln, hier *cantegriles* genannt (PORTES/WALTON 1976: 43; WILHELMY/BORSDORF 1985: 275). Immerhin lebten 1963 ca. 100.000 Personen (8,3% der Bevölkerung) in derartigen Siedlungen, die bis 1982/84 auf ca. 60.000 (5% der Bevölkerung) zurückgegangen sein sollen (25).

Die Lage der Hüttensiedlungen im urbanen und suburbanen Bereich Montevideos für 1986 gibt Abbildung 6 wieder. Danach dürften aber hier nur 8.000-10.000 Personen in derartigen Hüttensiedlungen wohnen, hingegen der überwiegende Teil, ca. 50.000, im ruralen Bereich des Departamentos Montevideo. Darunter befindet sich eine große, nicht näher zu quantifizierende Zahl, die vor Mitte 1973 (Beginn der Militärregierung) auf illegal geteilten Flächen *(fraccionamientos ilegales;* vgl. auch Kap. 1.5, Abb. 5) ohne Erlaubnis (zunächst) eine einfache Behausung/Hütte errichteten, die phänotypisch den *cantegriles* zugerechnet wurden.

Die *cantegriles* in Montevideo-Stadt finden sich fast alle auf öffentlichen Flächen, größtenteils in feuchten, überstauungsgefährdeten Bereichen (Westen) oder an tiefer eingeschnittenen Bachläufen *(canadas),* vor allem im Nord-/Nordwestteil.

Bereits Ende der 40er/Anfang der 50er Jahre förderte die Stadtverwaltung von Montevideo im Rahmen ihres *"vivienda-económica-*Plans" (Kap. 2.1) den Bau von Einfachhäusern für *cantegriles*-Bewohner, ohne allerdings - bei durchaus beachtenswerten Anfangserfolgen - das Problem entscheidend mindern zu können. Die größte seit 1953 geplante *clearing*-Aktion für *cantegriles* fand 1968-1974 im Norden Montevideos mit der Errichtung der *Casavalle*-Siedlung statt: 32 viergeschossige Wohnblocks mit zusammen 512 Wohneinheiten für ca. 4.000 Bewohner aus den *cantegriles*-

Siedlungen dieses Stadtbereichs, die anschließend zerstört wurden (CONTI de QUEIRUGA 1972: 41-44).

Von Mitte 1973 bis Anfang 1985 verhinderte die Militärregierung illegale Landbesetzungen und damit die Entstehung weiterer *cantegriles* (vgl. die Entwicklung in Santiago de Chile nach dem 11.9.1973; BÄHR/MERTINS 1985: 225-227) und förderte deren Totalsanierung, wenn die Flächen für größere Wohnsiedlungen benötigt wurden (z.B. *Malvin Norte*). Viele der so verdrängten *cantegriles*-Bewohner zogen als Mieter/Untermieter in die verslumten Altstadtbereiche oder besetzten z.T. dort leerstehende Häuser (GANS 1987: 508 und dessen Beitrag in diesem Band).

2. DER SOZIALE WOHNUNGSBAU IN MONTEVIDEO

Bereits kurz nach 1945 beginnend, dann seit der Mitte der 50er Jahre durch die wirtschaftliche Stagnation/Rezession entscheidend verstärkt und besonders durch das Wohnungsbaugesetz vom 17.12.1968 forciert, setzte im Wohnungssektor Montevideos ein radikaler, schichtenspezifisch orientierter Wandel ein, der entsprechende siedlungsstrukturelle-räumliche Auswirkungen hatte bzw. hat und der die bereits vorgezeichnete sozialräumliche Gliederung im Sinne einer prägnanteren Segregation formte.

Der private Wohnungsbau konzentrierte sich überwiegend auf die Bedürfnisse der Ober- und oberen Mittelschicht, eindeutig durch das Eigentumswohnungsgesetz von 1946 gefördert (Kap. 1.5, 1.5.1; Abb. 5-7).

An den Mittel- und Unterschichthäusern, gleichgültig ob ausschließlich selbstgenutzt oder ganz bzw. teilweise vermietet, wurden infolge der wirtschaftlichen Situation nach 1955/60 kaum noch Erneuerungs-/Modernisierungsarbeiten, sondern nur noch notwendige Reparaturen durchgeführt. Die Mietpreis- und Kündigungsstopps trugen ebenfalls entscheidend zur Lähmung der Privatinitiative bei. Die bausubstantielle Degradierung weiter Teile der Mittel- und Unterschichtviertel in Montevideo nahm zu.

Die Maßnahmen zur Behebung des Wohnungsdefizits für untere, teilweise auch für mittlere Sozialschichten blieben - im Rahmen der Vorgaben des Siedlungsgesetzes von 1946 und des *Plan Regulador* von 1956 - einmal der Eigeninitiative (Selbsthilfe) der Betroffenen überlassen, prägten vor allem die Randbereiche des Departamentos Montevideo (Kap. 1.5.2; Abb. 1, 5), setzten hier aber Grundstückseigentum voraus.

Alle anderen, d.h. die hauptsächlichen Neubaumaßnahmen für jene Schichten wurden bzw. sind fast ausschließlich Aufgabe des öffentlich geförderten, des sozialen Wohnungsbaus, wobei durch eine seit Ende 1968 schrittweise erfolgte Kompetenzkonzentration die BHU die dominante Schlüsselstellung einnimmt (Kap. 2.2). Damit hat sich die Trägerschaft im Wohnungsbau für untere Sozialschichten von dem spekulationsorientierten privaten (Kap. 1.3.2) endgültig zum öffentlichen oder zumindest zum stark öffentlich geförderten Sektor verschoben. Siedlungsstrukturell bedeutete das bei Neubauten die Ablösung des einzeln errichteten Ein-, auch des Mehrfamilienhauses durch mehrgeschossige, gegeneinander versetzte Wohnblöcke oder durch Großwohnsiedlungen, dominierend in bestimmten Stadtteilen.

2.1 Umfang und Formen des sozialen Wohnungsbaus 1945-1968/69

Vor dem Hintergrund des Wohnraumbedarfs (Neu- und Ersatzbauten) für untere Sozialschichten ist der Umfang des sozialen Wohnungsbaus in jener Phase mit 6.000, maximal 8.000 Wohneinheiten als gering zu bezeichnen. So verwundert es auch nicht, wenn bereits für 1963 das Defizit auf 21.250 Wohneinheiten geschätzt wurde (TERRA/CAMOU 1983: 51), fast ausschließlich untere Einwohnerschichten einbeziehend, das sich bis 1968/69 auf ca. 44.000 Einheiten erhöht haben dürfte (vgl. Anm. 21). Ein wesentlicher Grund für die geringe Leistung im sozialen Wohnungsbau ist in der unzureichenden finanziellen Ausstattung der drei Trägerorganisationen sowie in organisatorischen und Kompetenzschwierigkeiten zu suchen.

Als Bauträger traten in dieser Phase drei Organisationen auf: das für den Bau von Wohnungen für untere Sozialschichten 1937 gegründete INVE (Kap. 1.4.2), die Gemeinde Montevideo *(Intendencia Municipal)* über ihre 1946 gegründete *Sección de Viviendas Populares* und die BHU, deren Hauptaufgabe jedoch in der Bereitstellung von Baukrediten bestand.

Mit einer Ausnahme ist den Siedlungen aller Bauträger gemeinsam: das aus Gründen der Flächen- und Kostenersparnis erfolgte Abrücken von den vor 1945 dominanten Ein-/Zweifamilienhauslösungen mit Gartenland *(conjuntos de viviendas individuales;* Kap. 1.4.2) und die Hinwendung zu viergeschossigen, gegeneinander versetzten Wohnblöcken mit dazwischenliegenden Freiflächen *(conjuntos habitacionales),* die bis zu 500/700 Wohneinheiten umfassen, z.B. *Buceo 1, Malvin Norte* und *Sur, Casavalle;* vgl. Abb. 1).

Damit wird neben dem Apartmenthaus der z.T. recht uniforme Wohnblock, dessen Geschoßbegrenzung aus Kostengründen erfolgte (vorgeschriebener Einbau von Aufzügen mit dem 5. Geschoß), das zweitwichtigste Element der städtebaulichen Transformation. - Insgesamt entspricht dieser konventionelle Typ des Niedrigkosten-Wohnungsbaus für untere Sozialschichten den aus den Industrieländern bekannten Vorbildern (MERTINS 1984: 438).

Die Ausnahme besteht in einem, auf eine städtische Verordnung von 1941 zurückgehenden Haustyp, der sogenannten *vivienda económica,* "eines der besten Beispiele dieser Epoche für den sozialen Wohnungsbau" (ABELLA TRIAS 1983: 1): ein Einfachhaus, für das nach dem *plan económico* von 1946 entsprechende Vorschriften über Größen, Grundriß und Bauausführung bestanden. Kredite wurden für Grundstückserwerb und Materialkauf gewährt, während die Bauarbeiten bei technischer Beratung/ Anleitung überwiegend in Eigenleistung (Selbsthilfe) erfolgten; - in gewisser Weise ein Vorläufer späterer *site and service*-Projekte.

Maximal 1.700 Einfamilienhäuser wurden 1946-1954 so erbaut, unterschiedlich verteilt auf 30 Siedlungen in verschiedenen Stadtteilen (CONTI de QUEIRUGA 1972: 40/41). Mit der wirtschaftlichen Rezession ging auch dieses Programm zurück, um mit dem Aufgehen der INVE in die BHU (1974) völlig zu verschwinden. Allerdings wurde es namensgebend für bestimmte, private oder mit öffentlichen Mitteln errichtete Haus-/Wohnungstypen und richtungsweisend für entsprechende Größen- bzw. Kreditnormen des "sozialen" Wohnungsbaus (Kap. 1.5.2, 2.2; Tab. 9).

2.2 Legislative und organisatorische Rahmenbedingungen des sozialen Wohnungsbaus 1968/69-1984

Nicht nur der soziale, sondern der gesamte Wohnungsbau wurde nun - erstmals in diesem Umfang in Lateinamerika - fundamental bestimmt durch das Eingreifen des Staates über den nationalen Wohnungsplan mit seinem Kernstück, dem Wohnungsgesetz vom 17.12.1968.

Dabei werden unter sozialem Wohnungsbau bzw. unter Sozialbauwohnung *(vivienda de interés social)* alle Maßnahmen bzw. Wohnungen/Häuser verstanden, die den Wohnstandardkategorien *"económica"* (I-II) und *"media"* (III) entsprechen (BHU 1979, Art. 26; vgl. Tab. 7, 8), von denen - das sei bereits vorausgeschickt - die Kategorie III absolut nicht dem sozialen Wohnungsbau i.e.S. (für untere Einkommensschichten) zugeordnet werden kann (vgl. Kap. 2.4).

Das Gesetz geht in Art. 1 von dem jeder Familie zustehenden Recht auf eine angemessene Wohnung aus und daß es Aufgabe des Staates sei, die Voraussetzungen für die Erfüllung dieser Rechte zu schaffen. Deshalb liegt eine Förderung des Wohnungsbaus auch im öffentlichen Interesse (26), auch die Bereitstellung der dafür notwendigen Mittel (Art. 2) und die Schaffung von entsprechenden Anreizen für private Investitionen, für das Bausparen etc. Gleichzeitig soll die Wohnungsbaupolitik als integraler Bestandteil in die nationalen wirtschaftlichen und sozialen Entwicklungspläne aufgenommen werden (BHU 1979, Art. 3).

Den Hintergrund für diesen rigorosen staatlichen Eingriff bildete die infolge der wirtschaftlichen Situation immer deutlicher werdende Krise der traditionellen Wohnungsbaupolitik, die auch in den Anfangsjahren des ersten nationalen Entwicklungsplans 1965/1974 *(Plan de Desarrollo Económico y Social)* nicht behoben werden konnte. Auslösender Faktor für die Beschleunigung der Gesetzgebung war aber letztlich der bevorstehende "Kollaps" der BHU und damit der öffentlichen Wohnungsbaufinanzierung (TERRA/CAMOU 1983: 68/69): deren Kredite waren bis dahin nicht inflationsgesichert, d.h. sie behielten nicht ihren Realwert, was bei den zunehmend hohen Inflationsraten (1956-1985: durchschnittlich 30%/J, 1966-1968: durchschnittlich 83%/J!) zu einer fast völligen Dekapitalisierung der BHU führte.

Die wichtigsten Ziele des Gesetzpaketes waren (vgl. dazu detailliert ABELLA TRIAS 1983, BHU 1979, CCU 1983 a, PEES BOZ 1982, TERRA/CAMOU 1983):

- verstärkte Förderung bzw. Initiierung von privaten und öffentlichen Wohnungsbaumaßnahmen;

- Gründung von Wohnungsbaugenossenschaften und rasche Entwicklung des genossenschaftlichen Wohnungsbaus mit einem hohen Anteil des Eigen-(Selbsthilfe-)baus, "ohne Zweifel der Höhepunkt der in dieser Periode geleisteten Arbeit" (TERRA/CAMOU 1983: 72); mit beiden Maßnahmen sollte auch

- eine nachhaltige Belebung des Bauhaupt- und -nebengewerbes erreicht werden.

Mit dem Ziel der Sicherung von Baukrediten, Bauspareinlagen und staatlichen, bereits im Umlauf befindlichen und noch auszugebenden Hypothekenpfandbriefen *(Obligaciones Hipotecarias Readjustables,* OHR) vor inflationären Geldverlusten wurde mit Art. 38 des Wohnungsgesetzes eine eigene Rechnungseinheit geschaffen *(Unidad Readjustable,* UR). Sie dient oftmals auch zu vergleichend-standardisierenden Angaben, z.B. beim Haushaltseinkommen, Kapitaldienst. Der UR-Anfangswert wurde für den 1.9.1968 mit einem neuen uruguayischen Peso festgesetzt. Die Wertkorrektur fand nach der durchschnittlichen Entwicklung des Lohnindex zunächst jährlich, dann vierteljährlich statt und erfolgt seit Mai 1975 monatlich (BHU 1979, Art. 38; PEES BOZ 1982: 30). Im Frühjahr 1984 entsprach eine UR ungefähr 200 Pesos.

Der Finanzierung des Wohnungsbaus dienen die (verstärkte) Ausgabe staatlicher Hypothekenpfandbriefe, die Schaffung eines Bauspar-/Baukreditsystems (BHU 1979, Art. 96 ff) und die Gründung des nationalen Wohnungsbaufonds, der zunächst durch eine 2%ige Steuer auf Lohn und Gehalt finanziert wurde (hälftig vom Lohn-/Gehaltsempfänger und vom Sozialversicherungsträger zu zahlen: PEES BOZ 1982: 28/29) und der der BHU unterstellt ist (27). Aus dem Wohnungsbaufond wurden ab Mitte 1969 u.a. dem INVE Mittel für die Durchführung von Wohnungsbauprojekten für untere Einkommensschichten (ohne hypothekarische Absicherung!) zur Verfügung gestellt (BHU 1979; TERRA CAMOU 1983: 72/73).

Allerdings erfuhr diese Phase/Politik des sozialen Wohnungsbaus eine substantielle Modifizierung, einen gravierenden Einschnitt, der durch die Regierungsbeschlüsse zum Wohnungsbausektor innerhalb des nationalen Entwicklungsplans 1978-1982 auf dem sogen. *"Conclave de Solis",* Ende 1977 ausgelöst wurde.

Vorausgegangen war die Erkenntnis, daß trotz der durch das Wohnungsbaugesetz von 1968 initiierten Maßnahmen (CCU 1983 a: 10/11; IPRU 1984: 19-25) - bei allerdings ungünstigen, sich ab 1973/74 (Erdölpreissteigerung!) zunächst noch verschlechternden wirtschaftlichen Rahmenbedingungen (vgl. Kap. 1.5)

- die Maßnahmen des sozialen Wohnungsbaus quantitativ völlig unzureichend waren (Tab. 4, 8);

- die günstigen BHU-Kreditkategorien eindeutig die Vorhaben der privaten Wohnungsbaugesellschaften förderten, d.h. innerhalb des "sozialen" Wohnungsbaus den privaten, marktwirtschaftlich orientierten Sektor;

- hier Programme finanziert wurden, bei denen der monatliche Kapitaldienst für die Wohnungseigentümer um 35-100% höher lag als bei den Programmen der Wohnungsbaugenossenschaften und des öffentlichen Wohnungsbaus, d.h. die Programme der privaten Wohnungsbaugesellschaften waren auf die oberen 15-20% der Einkommenshierarchie ausgerichtet;

- insgesamt ca. 50% der Haushalte keinen Zugang zu den BHU-Krediten hatten.

Auf dem *Conclave von Solis* wurden die Hauptziele der staatlichen Wohnungsbaupolitik neu formuliert und innerhalb des nationalen Entwicklungsplans 1978-1982 festgelegt (CCU 1983 a: 17/18; PEES BOZ 1982: 33/34). Bei der von der Militärregierung verfolgten neoliberalen Wirtschaftskonzeption (Kap. 1.5) offenbarte sich in den Zielen ein gewisser Widerspruch zwischen dieser und der notwendiger gewordenen, stärkeren staatlichen Reglementierung des sozialen Wohnungsbaus:

(weitere) Förderung des privaten Sektors im Wohnungsbau;

verstärkte Ausrichtung der öffentlichen Wohnungsbaukredite auf die Nachfrage der unteren Einkommensschichten (vgl. Kap. 2.3 - 2.3.2); dazu auch: eine stärkere Beteiligung der Gemeinden an dem Programmbereich "öffentlicher Wohnungsbau" *(sector público)*;

Berücksichtigung der städtebaulichen Entwicklung bei neueren Wohnungsbaumaßnahmen;

Kostensenkung im Bausektor durch Rationalisierung: Verwendung von vorgefertigten, genormten Bauelementen, Einhaltung der vorgegebenen Wohnstandards; Wohnblöcke und Großwohnsiedlungen statt einzelner Baumaßnahmen.

Von immer größerer Bedeutung für den gesamten Wohnungsbausektor wurde die Kompetenzkonzentration bei der BHU, die mit bestimmten Veränderungen im politischen Bereich in Zusammenhang gebracht werden kann, sicherlich aber Ausdruck der auf dem *Conclave von Solis* geforderten effektiveren Organisation der staatlichen Maßnahmen im sozialen Wohnungsbau ist; zu der neueren hierarchischen Kompetenzverteilung vgl. PEES BOZ 1982: 22-27; TERRA/CAMOU 1983: 100-107).

War die BHU mit der Einführung des Wohnungsbaugesetzes von 1968 zuständig für die Verwaltung des nationalen Wohnungsfonds, für das Bauspar-/kreditwesen und damit zentrales Organ für die öffentliche Wohnbaufinanzierung, so konnte sie ihre Kompetenzen 1977/78 erheblich steigern. Die BHU wurde auch zuständig für Projektentwurf und -auswahl sowie für die Überwachung und Evaluierung aller öffentlich geförderten Wohnmaßnahmen; sie fungierte nun als Bank, Verwaltungszentrale für den sozialen Wohnungsbau, Bauherr, Wohnungsmakler, Planungs-, Ausführungs- und Kontrollinstanz. Ferner übernahm die BHU die Bausparkasse der Postangestellten *(Caja Nacional de Ahorro Postal)* und das bereits 1937 gegründete INVE (Kap. 1.2), das fast ausschließlich öffentlich geförderte Wohneinheiten für untere Einkommensschichten gebaut hatte. Damit wurde die BHU verantwortlich für den gesamten sozialen Wohnungsbau, eine monopolartige Stellung, die ihr einen erheblichen Einfluß sichert.

2.3 Formen und Umfang des sozialen Wohnungsbaus 1968/69-1984

Mit dem Recht auf eine angemessene Wohnung (BHU 1979, Art. 1), wobei "angemessen" in Abhängigkeit von Familiengröße und -zusammensetzung zu sehen ist, wurde in Art. 18 des Wohnungsbaugesetzes von 1968 auch die Mindestgröße einer Wohnung mit 32 m² (Küche, Wohn-, ein Schlafraum, Bad) und die wohninfrastrukturellen Mindeststandards festgelegt (28). Jeder zusätzliche Schlafraum ist mit mindestens 12 m² zu veranschlagen, wobei für zwei, über sechsjährige Personen (Kinder) desselben Geschlechts ein gesetzlicher Anspruch auf ein weiteres Schlafzimmer besteht, sonst aber Geschlechtertrennung vorgesehen ist, d.h. bei einem Sohn und einer

Tochter (jeweils über sechs Jahre) ein Anspruch auf je ein eigenes Schlafzimmer begründet ist (Art. 14).

Zunächst davon ausgehend, daß bis zu 20% des monatlichen Haushaltseinkommens als zumutbare Belastung für Wohnungs-/Hausmiete oder bei Wohnungs-/Hauskauf für den entsprechenden Kapitaldienst anzusehen sind (BHU 1979, Art. 7), wurden vier Einkommensschichten unterschieden und dementsprechend innerhalb der Kreditprogramme jeweils 4-5 Wohntypen, die nach Mindestgröße, infrastruktureller Ausstattung, Kredithöhe und -konditionen differieren (IPRU 1984: 26; TERRA/CAMOU 1983: 66) (29).

Einen Überblick über die wichtigsten Wohnbauprogramme, über die Kosten und den Kapitaldienst bei den jeweiligen Standardkategorien des sozialen Wohnungsbaus (I-III) vermittelt Tabelle 7. Entscheidend für die "soziale" Reichweite derartiger Programme ist einmal der geforderte Eigenkapitalnachweis (über Bausparverträge mit der BHU möglich), d.h. die Differenz zwischen Baukosten und maximalem BHU-Kredit. Allerdings dürften mindestens 40-45% aller Haushalte Montevideos nicht in der Lage sein, eine derartige Kapitalsumme zu sparen (vgl. Kap. 2.4). Wesentlich ist zum anderen die Relation "monatlicher Kapitaldienst" - "durchschnittliches Haushaltseinkommen/Monat", wobei von einem Kapitaldienst bzw. Mietpreis ausgegangen wird, der 25% des Haushaltseinkommens nicht übersteigt (Tab. 2, 11; Abb. 11; CCU 1983 a: 22 ff; TERRA/CAMOU 1983: 150-153). Die Staffelung innerhalb jeder Wohnstandardkategorie erfolgt dann nach der von der Familiengröße bzw. -zusammensetzung abhängigen Anzahl der Schlafräume, dementsprechend erhöht sich auch die mögliche Kreditsumme (BHU 1981³).

Folgende Kreditbestimmungen und damit verbundene Bauformen bzw. Haus-/Siedlungstypen sind - auch bezüglich ihrer räumlichen Verteilung - wichtig, wobei Bausparer bei der BHU günstigere Kreditkonditionen erhalten (BHU 1981³; CCU 1983 a, b; IPRU 1983):

- Kredite für einzelne Familien oder Haushalte zum Bau von Einfamilienhäusern oder zum Kauf von Neubau- bzw. Altbauwohnungen; die Hausbaukredite sind ausschließlich für Baumaterialien, infrastrukturelle Erschließung etc. vorgesehen, setzen ein eigenes Grundstück voraus und die Ausführung wesentlicher Baumaßnahmen in Selbsthilfe (BHU 1981³);

  in Montevideo können derartige Hausbauten, die ein eigenes Grundstück voraussetzen, in größerem Umfang allerdings nur noch am Rand der "suburbanen" und innerhalb der "ruralen" Zone vorgenommen werden (vgl. Abb. 5; TIUR 1986: 44), jedoch war diese Kreditform Anfang 1984 suspendiert (IPRU 1984: 29);

- Kredite an Wohnungsbaugenossenschaften, die auf Selbst-/Nachbarschaftshilfe basieren (vgl. Kap. 2.3.2);

- Kredite für den sogen. öffentlichen Wohnungsbau, d.h. für gemeindliche Wohnbauprogramme (30), für solche von öffentlichen Institutionen/Organisationen (auch der BHU!) und von Privatunternehmen zum Zwecke des in eigener Verantwortlichkeit durchgeführten Wohnungsbaus, bei letzteren ausschließlich für ihre Angestellten und Arbeiter, wobei die Wohnungen dann in das Eigentum derselben übergehen;

Tabelle 7: Wohnbauträger, Wohnstandardkategorien, Wohnungs-/Hauskosten, Kredite, Kapitaldienst und dafür notwendiges Haushaltseinkommen/Monat in Uruguay, 1983/84

Wohnbauträger	Wohnstandardkategorie	Wohnungs-/Hausgröße[1]	Kosten/Wohnung (Haus)[2]	maximale Höhe der BHU-Kredite	Kapitaldienst/Monat		notwendiges durchschnittliches Haushaltseinkommen/Monat[3]
		m²	UR	%	%	UR	UR
Öffentlicher Wohnungsbau[4]	I	44	2.500	80	4,78	12,2	48,8
	IIa	50	2.880	80	6,01	17,3	69,2
	II	55	3.600	70	7,77	28,0	112,0
	III	69	4.500	65	9,01	40,5	162,0
Selbsthilfe-Wohnungsbaugenossenschaften	IIa	50	2.665	85	6,01	16,0	64,0
	II	55	3.310	85	6,46	21,4	85,6
Hausbaugemeinschaften (mit Bauspareinlagen)	IIa[5]	50	3.136	85	4,78	15,0	60,0
	IIa	50	3.136	85	6,01	18,8	75,2
	II	55	3.920	80	8,60[6]	33,7	134,8
	III	69	4.950	80	10,40[6]	51,5	206,0
Private Wohnungsbaugesellschaften	II	55	3.920	70	9,2	36,1	145,4
	III	69	4.950	40	13,6	67,3	269,2

1) Bei 2 Schlafräumen/Wohnung (Haus).
2) Durchschnittliche Kosten (einschl. Baunebenkosten) für eine Wohnung/Haus mit 2 Schlafräumen. Gerade bei den Wohnungsbaumaßnahmen der Hausbaugemeinschaften und der privaten Wohnungsbaugesellschaften liegt der Anteil der Schlafräume/Wohnung oft höher.
3) Es wird von einer 25%igen Belastung des monatlichen Haushaltseinkommens durch Kapitaldienst oder Miete ausgegangen. Bei höheren Einkommen und höheren Wohnbaustandards kann die Belastung auch 30-35% betragen.
4) Durch Gemeinden, öffentliche Institutionen (u.a. die BHU) und - weniger - durch Privatfirmen für ihre Bediensteten.
5) Für (selten gebaute) Sonderprojekte.
6) Durchschnittswerte der nach der Höhe der Bauspareinlagen variierenden Kapitaldienstsätze.

Quellen: BHU 1981[3]; unveröffentlichte Unterlagen der BHU, Montevideo.

- Kredit an Haushalte, denen aufgrund der neuen Mietgesetzgebung gekündigt wurde bzw. die bereits ihre Wohnung aufgeben mußten und in Notunterkünften wohnen *(viviendas de emergencia;* vgl. Kap. 2.3.1);

- Kredite an private, aus den späteren Hauseigentümern bestehenden Hausbaugemeinschaften *(sociedades civiles),* deren Gründung erst seit Mitte 1978 möglich ist (CCU 1983 a: 22/23; vgl. Kap. 2.3.2) für den Bau nur eines (Hoch)Hauses mit Eigentumswohnungen, wobei sich die Baugemeinschaft nach der Übertragung der Wohneinheiten an die Eigentümer auflösen muß und diese direkt zu Schuldnern der BHU werden;

die Baugemeinschaften können mit bzw. ohne vorherigem Bausparen die entsprechenden Anträge an die BHU stellen, wobei dann die Kreditkonditionen unterschiedlich sind;

die meisten der so entstandenen Häuser finden sich im weiteren Innenstadt- und im südöstlichen strandnahen Bereich (Abb. 5).

Der Umfang des sozialen Wohnungsbaus in Uruguay 1969/1983 und in Montevideo 1977/1983 geht, zum Teil nach Wohnstandardkategorien aufgeschlüsselt, aus den Tabellen 8 und 9 hervor, teilweise auch aus Tabelle 4 (31). Fast 70% aller 1977-1983 neu geschaffenen Wohneinheiten in Uruguay entfielen auf Montevideo. Nimmt man die Kredite für den Kauf von Altbauwohnungen hinzu, konzentrierten sich immerhin noch 62% der BHU-Aktivitäten auf die Hauptstadt. Ähnliches dürfte auch für den Zeitraum 1968/69-1976 gelten.

Tabelle 8: Von der BHU finanzierter Wohnungsbau in Uruguay (1969-1983) und Montevideo (1977-1983)

Kreditempfänger	Wohneinheiten in Uruguay						Wohneinheiten in Montevideo		
	1969-1976		1977-1983		1969-1983		1977-1983		
	Anzahl	%	Anzahl	%	Anzahl	%	Anzahl	%	% Uruguay
private Wohnungs-/Hausbaugesellschaften[1]	7.012	27,8	20.072	35,1	27.084	32,9	17.524	44,3	87,3
Träger des öffentlichen Wohnungsbaus[2]	9.147	36,3	20.233	35,3	29.380	35,6	11.788	29,8	58,3
Wohnungsbaugenossenschaften	9.027[3]	35,9	2.398	4,2	11.425	13,9	2.392	6,0	99,7
Hausbaugemeinschaften			3.919	6,8	3.919	4,7	2.891	7,3	73,8
Einzelfamilien/-haushalte			10.645	18,6	10.645	12,9	4.990	12,6	46,9
Gesamt	25.186	100,0	57.267	100,0	82.453	100,0	39.585	100,0	69,1
Einzelfamilien/-haushalte zum Erwerb von Altbauwohnungen	14.882	-	36.421	-	51.303	-	18.958	-	52,1

1) Verkauf und Vermietung ohne Auflagen.
2) Vgl. Tab. 7, Anm. 4.
3) Davon 6.510 von Wohnungsbaugenossenschaften in Selbsthilfe, 2.517 von solchen mit Bauspareinlagen und Hausbau durch Baufirmen.

Quellen: BHU 1984, CCU 1983 a, PEES BOZ 1982; unveröffentlichte Unterlagen der BHU.

Tabelle 9: Von der BHU finanzierter Wohnungsbau in Uruguay und Montevideo (1977-1983) nach Wohnstandardkategorien[1]

Wohnstandards[2] in Uruguay

	Kategorien								
	I		II		III		IV		gesamt
	Anzahl	%	Anzahl	%	Anzahl	%	Anzahl	%	
1977	655	11,0	1.224	20,6	4.069	68,4	-	-	5.948
1978	605	6,2	2.982	30,8	6.031	62,2	79	0,8	9.697
1979	1.086	7,5	5.921	40,7	7.470	51,4	64	0,4	14.541
1980	1.559	7,5	12.124	58,6	6.799	32,8	230	1,1	20.712
1981	1.052	5,3	14.380	73,1	4.035	20,5	214	1,1	19.681
1982	967	6,5	11.187	74,7	2.696	18,0	121	0,8	14.971
1983	741	8,2	7.476	82,6	757	8,4	74	0,8	9.048
	6.665	7,0	55.294	58,5	31.857	33,7	782	0,8	94.598[3]

Wohnstandards[2] in Montevideo

	Kategorien									
	I		II		III		IV		gesamt	% Montevideo/Uruguay
	Anzahl	%	Anzahl	%	Anzahl	%	Anzahl	%		
1977	307	8,2	905	24,2	2.524	67,6	-	-	3.736	62,8
1978	272	4,7	1.588	27,7	3.806	66,3	75	2,3	5.741	59,2
1979	488	5,7	3.039	35,4	5.006	58,2	59	0,7	8.592	59,1
1980	1.000	7,3	7.759	56,5	4.803	35,0	161	1,2	13.723	66,3
1981	464	4,1	8.339	73,7	2.370	21,0	132	1,2	11.305	57,4
1982	247	2,9	6.651	77,6	1.609	18,8	65	0,7	8.572	57,3
1983	145	2,1	6.124	89,1	548	8,0	57	0,8	6.874	76,0
	2.923	5,0	34.405	58,8	20.666	35,3	549	0,9	58.543	61,9

Anteil Wohnstandardkategorien Montevideo/Uruguay
  43,9   62,2   64,9   70,2

1) Die Angaben enthalten auch - nach Wohnstandard klassifiziert - Kredite zum Erwerb von Altbauwohnungen.
2) Wohnstandards (bei 2 Schlafzimmern/Wohneinheit):
   I = unterster Standard, Maximalgröße/Wohneinheit: 44 m²;
   II = unterer Standard, unterteilt in vivienda económica popular (Maximalgröße 50 m²) und vivienda económica (Maximalgröße: 55 m²);
   III = mittlerer Standard, Maximalgröße/Wohneinheit: 85 m²;
   Weitere Unterschiede bestehen bezüglich der Bausubstanz (-materialien, -ausführung) und der infrastrukturellen Ausstattung.
3) Die Differenz zu der entsprechenden Spalte in Tab. 7 kann auf unterschiedliche Datenzusammenstellung in denselben Quellen beruhen.

Quellen: BHU 1981[3], BHU 1984, PEES BOZ 1982, unveröffentlichte Unterlagen der BHU, Montevideo.

Gegenüber 1968/69-1976 ist für 1977-1983 eine erhebliche Steigerung des BHU-finanzierten Wohnungsbaus festzustellen (+227%; Tab. 8), sicherlich eine Auswirkung der Regierungsbeschlüsse von Ende 1977 (Kap. 2.2). Innerhalb des letzten Zeitraums betrug allein der Zuwachs für Uruguay insgesamt 114% und für Montevideo 135% (Tab. 9).

Trotz der Erkenntnis, daß der soziale Wohnungsbau nicht unbedingt auch die oberen Einkommensschichten als Zielgruppen erfassen sollte (Kap. 2.2, Abb. 11), stieg der Anteil der durch private Wohnungsbaugesellschaften erstellten und dann frei, d.h. ohne Preisauflagen verkauften Wohnungen beträchtlich, zunächst vor allem in der mittleren Wohnstandardkategorie (Tab. 10); - was allerdings durchaus mit der neoliberalen Konzeption der Förderung der Privatinitiative (zur Schaffung von Privateigentum) in Einklang stand.

Einige Autoren sprechen von einem neuerlichen Boom im privaten, nicht nur von der BHU finanzierten Wohnungsbau für gehobene Ansprüche zu Ende der 70er Jahre (vgl. Tab. 4, 9, 10; ABELLA TRIAS 1983: 12; CCU 1983 b: 1.15; IPRU 1984: 9). Die hierbei gebauten Apartment-(Hoch-)häuser konzentrieren sich überwiegend in der südöstlichen Strandzone (Abb. 6, 7), wobei die Neubauten seltener auf noch freien Flächen errichtet wurden, sondern an die Stelle älterer, abgerissener Einfamilienhäuser traten: das gilt auch für viele Bauten der nach 1980 von diesen Gesellschaften bevorzugten Wohnstandardkategorie II, was die soziale Sukzession "nach unten" in einst höherwertigen Stadtteilen, vor allem im strandferneren Bereich von *Pocitos* und *Malvín* bzw. westlich *Pocitos* bis zum *Boulevard General Artigas* verstärkte bzw. einleitete (vgl. Abb. 5, 6; Kap. 1.5.1; CCU 1983 a: 31) (32).

Die Aktivitäten der Wohnungsbaugenossenschaften gingen aus politisch-juristischen, noch zu diskutierenden Ursachen bzw. Gründen stark zurück (Kap. 2.3.2). Dafür erreichte die - neuaufgenommene - Förderung des Baus von Einfamilienhäusern gleich einen beachtlichen Anteil (Tab. 8, 10). Auch hier handelt es sich um die Förderung einer Privatinitiative, allerdings auf einer ganz anderen Ebene als bei den privaten Wohnungsbaugesellschaften und zudem unter der normativen Einbeziehung der nicht unbeträchtlichen Selbsthilfe der Kreditempfänger.

Verstärkt wurden auch Kredite für den Kauf von Altbauwohnungen und/oder die Reparatur derselben ausgegeben (Tab. 8, 10). Einmal handelt es sich - bei derselben Wohnung - um die Überführung von Mietern in Eigentümer, andererseits um den Hauskauf und den dann sich anschließenden wohnungsweisen Verkauf an Haushalte, die vor allem in Auswirkung der Mietgesetze bereits ihre Wohnung verloren hatten oder vor dem Auszug standen (vgl. Kap. 2.3.1; CCU 1983 a: 20; IPRU 1984: 9). In Montevideo betrafen diese Maßnahmen überwiegend Häuser in dem vom *Boulevard General Artigas* umgrenzten und den nördlich anschließenden Bereich.

Jedoch ergab sich insgesamt nach 1977 sowohl für Uruguay wie auch für Montevideo eine deutliche Verschiebung bei den geförderten Wohnstandardkategorien (Tab. 9, 10), auffällig besonders zwischen den Kategorien II und III, was auf eine gezielte Einflußnahme der BHU zurückgeht. Allerdings waren auch Anfang der 80er Jahre nicht mehr alle von der BHU geförderten Wohnungen der privaten Wohnungsbaugesellschaften am Markt abzusetzen, standen z.T. leer (ABELLA TRIAS 1983: 16), was zu einem Umdenken beitrug und - im Zusammenhang mit einer Mittelverknappung bei

Tabelle 10: Wohnbauaktivitäten und Althauskauf nach Wohnstandardkategorien und Kreditempfängern in Montevideo, 1977-1983

Kreditempfänger	1977 Kategorie[1]					1978 Kategorie					1979 Kategorie					1980 Kategorie				
	I	IIa	II	III	IV	I	IIa	II	III	IV	I	IIa	II	III	IV	I	IIa	II	III	IV
Private Wohnungs-/Hausbaugesellschaften	-	-	-	22	404	-	-	-	75	1358	75	-	-	291	2557	59	-	-	1870	3306	118
Öffentlicher Wohnungsbau[2]	307	-	110	44	-	272	-	64	35	-	488	-	161	49	-	834	10	3514	94	-
Wohnungsbaugenossenschaften	-	-	228	18	-	-	-	67	134	-	-	-	315	638	-	-	-	110	19	-
Hausbaugemeinschaften	-	-	-	-	-	-	-	-	-	-	-	-	-	-	-	-	-	11	33	-
Einzelfamilien-/-haushalte (Neubau)	-	-	125	377	-	-	-	139	415	-	-	-	180	367	-	14	-	485	414	27
dto. für Erwerb einer Altbauwohnung	-	-	420	1681	-	-	-	1243	1864	-	-	-	2092	1395	-	152	-	1759	937	16
Gesamt	307	-	905	2524	-	272	-	1588	3806	75	488	-	3039	5006	59	1000	10	7749	4803	161

Forts. Tabelle 10

Kreditempfänger	1981 Kategorie					1982 Kategorie					1983 Kategorie					Total nach Kategorien					insgesamt 1977-1983	%
	I	IIa	II	III	IV	I	IIa	II	III	IV	I	IIa	II	III	IV	I	IIa	II	III	IV		
Private Wohnungs-/Hausbaugesellschaften	–	–	3188	1012	72	–	–	2659	456	2	–	–	–	–	–	–	–	8105	9093	326	17524	29,9
öffentlicher Wohnungsbau[2]	405	760	359	62	–	–	22	34	8	–	–	3464	692	284	–	–	2328	4268	4908	284	11788	20,2
Wohnungsbaugenossenschaften	–	–	424	–	–	–	–	163	–	–	–	117	159	–	–	–	117	1466	809	–	2392	4,1
Hausbaugemeinschaften	–	168	338	249	16	–	359	839	292	7	–	87	396	77	19	–	614	1584	651	42	2891	4,9
Einzelfamilien-/-haushalte (Neubau)	21	–	527	347	29	–	153	–	504	311	–	–	275	111	11	–	320	2235	2342	93	4990	8,5
dto. für Erwerb einer Altbauwohnung	38	–	2575	700	15	–	72	–	2085	550	30	–	–	934	360	27	275	11108	7487	88	18958	32,4
Gesamt	464	928	7411	2370	132	247	393	6258	1609	65	145	3668	2546	548	–	2923	4999	29406	20666	549	58543	100,0

1) Vgl. Tabelle 8, Anm. 2; IIa = vivienda económica popular; II = vivienda económica.
2) Vgl. Tabelle 7, Anm. 4.

Quelle: Unveröffentlichte Unterlagen der BHU, Montevideo

der BHU - 1982 zu einer Suspendierung dieser Kredite führte (CCU 1983 a: 34; IPRU 1984: 9-11).

2.3.1 Das Mietgesetz von 1974 und seine Auswirkungen auf den sozialen Wohnungsbau

Mit der neoliberalen Wirtschaftspolitik der Militärregierung im Einklang stand das am 4.7.1974 erlassene *"Ley de Arrendamientos Urbanos"*, das Gesetz über "Mietverträge im städtischen Bereich", mit dem die 1965 aus sozialpolitischen Gründen angeordneten Kündigungs- und Mietpreisstopps (Kap. 1.5; 2) aufgehoben wurden, um Anreize für den privaten Mietwohnungsbau zu schaffen. Der frei - nach Angebot und Nachfrage - auszuhandelnde Mietvertrag, die Festlegung des Mietpreises in Standardrechnungseinheiten (UR) und die jährliche Wertkorrektur derselben sollten erhebliche Vorteile für den Vermieter bringen (TERRA/CAMOU 1983: 83/84).

Das Hauptproblem bildeten die kurz vor dem Ablauf stehenden bzw. die bereits ausgelaufenen Mietverträge, besonders bei Mietern aus den unteren Einkommensschichten. Den voraussehbaren sozial-/innenpolitischen Spannungen (33) beugte man zunächst durch eine bereits im Gesetz enthaltene Verlängerung der Altmietverträge bis Mitte 1976, dann um weitere drei Jahre bis Mitte 1979 vor, für diejenigen Mieter, die bereit waren, 30% ihres Einkommens als Miete zu zahlen, sogar bis Mitte 1980. Auch 1980 wurden bei Akzeptanz eines neuen Mietpreises von mindestens 20 UR/Monat die Verträge automatisch um ein Jahr verlängert, für im RAVE-Register (vgl. unten) eingeschriebene Haushalte sogar um drei Jahre (Gesetz 15056 v. 16.9.80). Schließlich erhielten Mitte 1982 die im RAVE-Register Aufgeführten unbegrenzten Kündigungsschutz, bis sie in eine von der BHU finanzierte Sozialbauwohnung einziehen konnten (CCU 1983 a: 27).

Einerseits erwies sich das Mietgesetz von 1974 alleine nicht als Stimulans für den privaten Mietwohnungsbau, war nach wie vor der Bau von Häusern mit Eigentumswohnungen weitaus lukrativer, zumal dieser auch noch durch staatliche Kredite entsprechend gefördert wurde (vgl. Kap. 2.3; Tab. 9, 10). Zum anderen war die ständige Verlängerung der Altmietverträge und damit des Kündigungsschutzes auch nur bedingt effizient, da sie letztlich nur für die im RAVE-Register eingetragenen Haushalte galt bzw. für solche, die bereit waren, eine gesetzlich festgelegte Mieterhöhung zu akzeptieren. Schließlich wurde 1978/79 die Situation virulent, als die Altmietverträge ausliefen bzw. nur noch unter Bedingungen verlängert werden konnten, die für die meisten Haushalte nicht realisierbar waren (CCU 1983 b: 1.16).

In dieser selbst herbeigeführten, aber unter den gegebenen Rahmenbedingungen vorhersehbaren, unausweichlichen Zwangslage waren schließlich der Staat bzw. öffentliche Institutionen (BHU) und Gemeinden gleichermaßen gefordert, vor allem die Metropole Montevideo. Bereits ein Jahr vor (!) der Veröffentlichung des Mietgesetzes hatte man ein Instrument geschaffen, um die Zahl der betroffenen Familien ungefähr erfassen und um die notwendigen Maßnahmen abschätzen zu können, ohne daß solche danach in nennenswertem Umfang erfolgt wären. Es handelt sich um das zunächst vom INVE, dann von der BHU geführte "Register für Anwärter auf eine Notwohnung" *(Registro de Aspirantes a Viviendas de Emergencia;* RAVE), in das sich die Haushalte mit abgelaufenem oder auslaufendem, aber vor Mitte 1974 abgeschlossenem Mietvertrag eintragen konnten, sofern sie ein Monatseinkommen von unter 50 UR, ab dem 14.8.1979 (Gesetz 14917) von unter 70 UR aufwiesen, womit sie ein begrenztes Bleiberecht in ihren Wohnungen erhielten.

So kam es ab 1978/79 zu einem starken, aber immer noch nicht ausreichenden Engagement des Staates über die BHU im sozialen Wohnungsbau, damit auch zu einer Wende bei der BHU-Kreditvergabe und entsprechend bei den Wohnstandardkategorien (Kap. 2.3; Tab. 8-10). Einmal betraf das die vermehrte Bereitstellung für den Kauf von Altbauwohnungen und deren Reparatur, d.h. überwiegend die Überführung von Mietern in Eigentümer unter Beibehaltung der Wohnung. Dann baute bzw. baut die BHU direkt oder in Zusammenarbeit mit der Stadtverwaltung von Montevideo, finanziert über das Wohnungsbauprogramm für "Gemeinden, öffentliche Institutionen ...", massiv seit 1980 "Volkswohnsiedlungen" (conjuntos habitacionales populares; TIUR 1986: 38), auch entsprechende Großwohnsiedlungen (superconjuntos) mit 1.000-3.000 Wohneinheiten, z.B. Euskal Erria (3.000 Wohneinheiten in der ersten Etappe; das bis dahin größte Vorhaben in Uruguay), Boiso Lanza und Ricardo de Tomasi (3.000 Wohneinheiten), América/Colón (1.170 Wohneinheiten), die im Wohnstandard überwiegend den Kategorien I und II a entsprechen (Tab. 10, Abb. 1). Die infrastrukturell voll erschlossenen und entsprechend ausgestatteten Großwohnsiedlungen prägen vor allem die nordöstlichen und nordwestlichen Stadtteile außerhalb des Boulevard José Batlle y Ordonez.

Jene Maßnahmen der BHU, vor allem der "Volkswohnungsbau", haben zu einer erheblichen Minderung der Wohnungsnachfrage unterer Sozialschichten beigetragen, nicht nur von den im RAVE-Register eingetragenen Haushalten. Im Frühjahr 1984 waren dort noch ca. 18.000 Haushalte registriert, wovon 8-12.000 als ernsthafte (d.h. auch auf diesem Niveau zahlungsfähige) Bewerber für eine BHU-Lösung angesehen wurden (34). Diese erhalten eine Wohnung - gleichgültig ob Neu- oder Altbau - ohne eine Anzahlung bzw. ohne einen Bausparvertrag, müssen allerdings jede, ihnen angebotene Wohnung annehmen. Die Kredite haben eine durchschnittliche Laufzeit von 10-20 Jahren, je nach Höhe des Kapitaldienstes, der 25% des monatlichen Haushaltseinkommens nicht überschreiten soll (BHU 1981³).

Bei aller Anerkennung dieses "kurzfristigen Booms im Volkswohnungsbau" weist ABELLA TRIAS (1986: 4, 17) sehr deutlich darauf hin, daß die "vivienda económica" (ob vom INVE, der Stadtverwaltung von Montevideo oder der BHU gebaut), die die eigentliche Sozialbauwohnung sein sollte, nicht die Wohnungslösung für einen großen Teil der unteren Sozialschichten bedeutete, da diese überhaupt keinen Zugang dazu haben (vgl. Kap. 2.4; Abb. 11).

2.3.2 Die Wohnungsbaugenossenschaften mit gegenseitiger Hilfe

Von drei Vorläufern Mitte der 60er Jahre abgesehen, die aber bereits offiziell die Unterstützung des INVE erlangten und vom Centro Cooperativista Uruguayo (CCU) Beratung in technischer wie sozialer Hinsicht erhielten, bedeutete die erstmals im Wohnungsgesetz von 1968 eröffnete Möglichkeit der Gründung von Wohnungsbaugenossenschaften den Beginn der "Kanalisierung" der Eigen- und Nachbarschaftshilfe zum Zwecke der Schaffung von Wohnraum. Die Vorlage für diesen Gesetzesabschnitt war - auf der Basis der ersten Erfahrungen - von dem CCU erarbeitet worden mit den Zielen der staatlichen Anerkennung der Wohnungsbaugenossenschaften und der Erlangung von BHU-Wohnbaukrediten.

Eigenleistung, Selbsthilfe-Wohnungsbau und gegenseitige Hilfe *(esfuerzo própio, autoconstrucción, ayuada mútua)* wurden damit normative Bestandteile der staatlichen Wohnungsbaupolitik für untere Sozialschichten bzw. des nationalen Wohnungsplans (BHU 1979, Art. 130, 136) (35). Gleichzeitig erkannte aber auch der Staat die gemeinschaftliche/genossenschaftliche Selbsthilfe im Wohnungsbau als Voraussetzung zur Gewährung von Krediten an (anstelle des meistens nicht zu erbringenden Nachweises von Eigenkapital!) sowie die Möglichkeit des gemeinschaftlichen Eigentums an Boden und Häusern/Wohnungen (SCHÜTZ 1987: 263).

Die Genossenschaft, die nach der offiziellen Anerkennung Rechtsperson wird, muß mindestens 10, kann maximal 200 Mitglieder umfassen, von denen jedes mindestens einen Anteil von 2.000 Pesos zeichnen muß (Art. 135). Es wird zwischen Genossenschaften unterschieden, bei denen die Mitglieder Hauseigentümer werden und solchen, bei denen die Häuser im Eigentum der Genossenschaften verbleiben und die Mitglieder einen unbeschränkten Nutzungsvertrag haben. Derartige Genossenschaften können aber in Haus-/Wohnungseigentümer-Genossenschaften überführt werden (Art. 144, 145, 150; BHU 1981[3]). Jedoch bestanden 1984 in Montevideo mit einer Ausnahme - aus prinzipiellen Erwägungen und aus Haftungsgründen - nur Genossenschaften mit gemeinschaftlichem Eigentum an Land und Häusern/Wohnungen bzw. mit Nutzungsrechten der Mitglieder an Haus oder Wohnung *(cooperativas de usuarios)*.

Die Genossenschaften können sowohl Einfamilienhaussiedlungen wie auch Wohnblöcke bzw. Einzelhäuser erstellen, wobei aus Sicherheitsgründen in der Bauphase nur zweigeschossige Häuser zugelassen sind. Dabei erhalten sie rechtliche, administrative, technische, organisatorische und soziale Beratung durch entsprechende Institutionen, z.B. durch das uruguayische Genossenschaftszentrum (CCU). Während der Bauphase soll die Arbeitszeit/Haushalt im Projekt gewöhnlich 21 Wochenstunden betragen (36), davon 16 von männlichen Haushaltsmitgliedern. Ausnahmen sind bei weiblichen Haushaltsvorständen möglich (CCU 1983 b: 2.5). Kredite für Grundstücks-, Materialkauf und Unternehmerkosten (Spezialarbeiten wie z.B. Ver- und Entsorgungsleitungen, Asphaltstraßen) wurden bis zu 90% (Wohnstandard II) bzw. 80% (Wohnstandard III) der kalkulierten Gesamtkosten vergeben. Der andere Teil (oder auch entsprechend mehr) entfiel auf Selbsthilfe, die ebenfalls den hier nicht erforderlichen, sonst vorher nachzuweisenden eigenen Kapitalanteil abgalt (TERRA/CAMOU 1983: 78).

Die Möglichkeit des genossenschaftlichen Wohnungsbaus mit gegenseitiger Hilfe erwies sich in der ersten Phase des nationalen Wohnungsplans (1968/69-1975/76) als die lange vermißte staatliche Unterstützung bzw. Anerkennung des informell schon immer praktizierten Selbsthilfe-Wohnungsbaus unterer Sozialschichten und wurde dementsprechend stark angenommen: 35,8% aller mit BHU-Krediten 1969-1976 in Uruguay (d.h. vornehmlich in Montevideo) erbauten Wohneinheiten wurden von Wohnungsbaugenossenschaften erstellt, davon 72% (= 26% aller von der BHU finanzierten Wohnungsbaumaßnahmen) im Selbsthilfe-Wohnungsbau (Tab. 8). - In Montevideo entstanden in jener Phase verschiedene, z.T. sogar über 200 Wohneinheiten große Siedlungen, vor allem in den Unterschichtvierteln im Norden, Nordwesten und Westen der Stadt (Abb. 6).

So brachte der genossenschaftliche Wohnungsbau mit einer - im Vergleich zu den *site and service*-Projekten in anderen Ländern der Dritten Welt - relativ geringen Beteiligung an gegenseitiger und/oder Selbsthilfe (10-20% an den Gesamtkosten) für die daran partizipierenden Haushalte enorme Vorteile, belastet sie doch jener Betrag finanziell kaum. Zu den direkt-materiellen Vorteilen gesellten sich noch andere, aus dem Selbstverständnis der Genossenschaften resultierende, die auf demokratischer Basis über Bewußtseinsbildung und Partizipation der Mitglieder versuchten, gemeinsam Probleme aus anderen Lebensbereichen zu lösen, z.B. Bau von Kindergärten und Gesundheitsposten, Organisation von Jugend- und Mütterclubs, Aufbau von Konsumgenossenschaften und auch aktive Beteiligung am politischen Leben (CCU 1986: 192/193; SCHÜTZ 1987: 263-264).

Vorteile hatte der genossenschaftliche Wohnungsbau jedoch auch in volkswirtschaftlicher Hinsicht, erwiesen sich dessen Programme als die kostengünstigsten, da sie bei gleichen Wohnstandardkategorien mindestens ca. 10%, jedoch auch bis zu 21% unter denen anderer Bauträger lagen (IPRU 1984: 8; CCU 1983 b: 3.6). Der dann Mitte der 70er Jahre erfolgte abrupte Abbruch dieser positiven Entwicklung ist einzig und allein auf die Machtübernahme der Militärregierung zurückzuführen, der ein nach demokratischen Prinzipien funktionierendes Genossenschaftswesen systemkonträr war.

Bereits Ende 1975, allerdings auch durch die Finanzkrise im nationalen Wohnungsbaufond bedingt, wurden zunächst die Kredite u.a. für Wohnungsbaugenossenschaften gestoppt. Nach dem *Conclave von Solis* erfolgte ab 1977/78 ein rigider Eingriff in den genossenschaftl chen Wohnungsbau (CCU 1983 b: 1.14). Ab Mitte 1976 wurden neue Wohnungsbaugenossenschaften weder auf Selbsthilfe noch auf Bausparbasis genehmigt, womit ein Auslaufen des genossenschaftlichen Wohnungsbaus vorgezeichnet war (37). Ab Mitte 1977, größtenteils erst ab 1979, konnten bereits bestehende Genossenschaften wieder Kredite erhalten (38). Gleichzeitig wurden allerdings die Kreditkonditionen wesentlich verschärft: Kredithöchstgrenze bei 85% der Gesamtkosten, Nachweis eines Eigenkapitals in Höhe von 5% an denselben, Anhebung des Zinssatzes von 2 auf 6%/Jahr (CCU 1986: 194).

Allein letzteres bewirkte einen Anstieg des Kapitaldienstes um fast 50%, den viele Mitglieder - auch vor dem Hintergrund des weiteren Absinkens des Realeinkommens und der zunehmenden Arbeitslosigkeit - nicht mehr leisten konnten. Jetzt erwies es sich als günstig, daß nicht einzelne Familien, sondern die Genossenschaften Schuldner der BHU waren, was möglicherweise massive Vertreibungen verhinderte. Ferner schlossen jene Erhöhungen viele Mitglieder von der Teilnahme an künftigen Wohnungsbaumaßnahmen aus (CCU 1983 a: 22). - Die Folge war ein erheblicher Rückgang des genossenschaftlichen Wohnungsbaus (Tab. 8, 10).

Die Hauptursache für die massive Beschränkung des genossenschaftlichen Wohnungsbaus unter der Militärregierung ist - wie bereits angedeutet - im politisch-ideologischen Kontext zu suchen, dem unterschiedliche wirtschaftliche und organisatorische Auffassungen als Vorwand dienten: natürlich steht eine neoliberale Wirtschaftskonzeption (und zudem noch bei einer Militärregierung!) im starken Gegensatz zu den genossenschaftlichen Prinzipien der demokratischen Beteiligung, Entscheidungsfindung und Selbstverwaltung, des gemeinschaftlichen Eigentums, der Solidarität und der Gemeinnützigkeit.

Aber auch: gerade der genossenschaftliche Selbsthilfe-Wohnungsbau
wurde sehr stark von unterschiedlichen, jedoch den Gedanken der gegenseitigen Hilfe (Solidarität) fördernden Gewerkschaftsorganisationen *(sindicatos de trabajo)* angenommen (IPRU 1984: 9), sahen sie doch in diesem
Instrument für ihre Mitglieder die Möglichkeit der Erlangung von eigenem,
infrastrukturell entsprechend ausgestatteten Wohnraum zu akzeptablen
Konditionen. Es braucht wohl nicht besonders betont zu werden, daß gerade die enge Verzahnung von gewerkschaftlichen und genossenschaftlichen Interessen nicht unbedingt als regimefreundlich angesehen wurde.

Ferner gab es zu Beginn der 70er Jahre eine Reihe von sozialen Bewegungen/Protesten unterer Sozialgruppen, die u.a. sofortige Lösungen
für ihre sehr schlechten, unzumutbaren Habitat-Situationen verlangten.
Im Rahmen dieser Bewegungen kam es auch zu Besetzungen noch nicht bebauter Parzellen bzw. noch nicht bewohnter, aber fast fertiggestellter
Häuserblocks (TUCCI 1984). Für die Hausbesetzer erwies sich dann die
genossenschaftliche Organisationsform als ideal für die Durchsetzung ihrer
Ziele, vor allem wenn sie ihnen aus innen-/sozialpolitischen Gründen noch
zuerkannt wurden.

Insofern sind die rigiden Eingriffe in das Genossenschaftswesen als
Teil der Strategie zur System-/Machterhaltung der Militärregierung zu sehen. Umgekehrt hat die führende Beteiligung der Dachorganisation
(FUCVAM) der Wohnungsbaugenossenschaften an den Protesten gegen die
Militärregierung erheblich zu deren Rücktritt beigetragen. Wie SCHÜTZ
(1987: 267) betont, hat das Wohnbaugenossenschaftswesen in Uruguay vor
allem auch eine "gesellschaftspolitische" Relevanz, ist es "ein Lehrstück
über den Zusammenhang von Politik, Wohnungsnot und Wohnbau".

2.4 Reichweite des sozialen Wohnungsbaus

Davon ausgehend, daß die Maßnahmen des sozialen Wohnungsbaus auf
untere Sozialschichten ausgerichtet sein sollen, muß die abschließende Bewertung derselben von folgenden Kriterien ausgehen (Tab. 7, Abb. 11):

- sozioökonomische Schichtung der Bevölkerung, vor allem nach dem durchschnittlichen monatlichen Haushaltseinkommen;

- monatliche Belastung der Haushalte für Kapitaldienst bzw. Miete bei den einzelnen Wohnbauprogrammen, d.h. hier bei den Wohnstandardkategorien;

- Höhe der mindestens notwendigen Lebenshaltungskosten für einen Haushalt durchschnittlicher Größe (3,4 Personen in Uruguay);

- staatlich festgesetzte Rahmenbedingungen.

In Art. 26 des Wohnungsgesetzes von 1968 werden die Standardkategorien *"económica"* (II) und *"media"* (III) als die des sozialen Wohnungsbaus bezeichnet (Kap. 2.2). Letztere setzen aber beim öffentlichen Wohnungsbau ein Monatseinkommen von mindestens 162 UR voraus, bei den
Hausbaugemeinschaften und den privaten Wohnungsbaugesellschaften noch
weitaus mehr (Tab. 7, Abb. 11), sind also nicht als sozialer Wohnungsbau
zu bezeichnen.

Abbildung 11: Reichweite von Wohnungsbauprogrammen verschiedener Wohnbauträger nach Einkommensgruppen in Uruguay, 1983/84

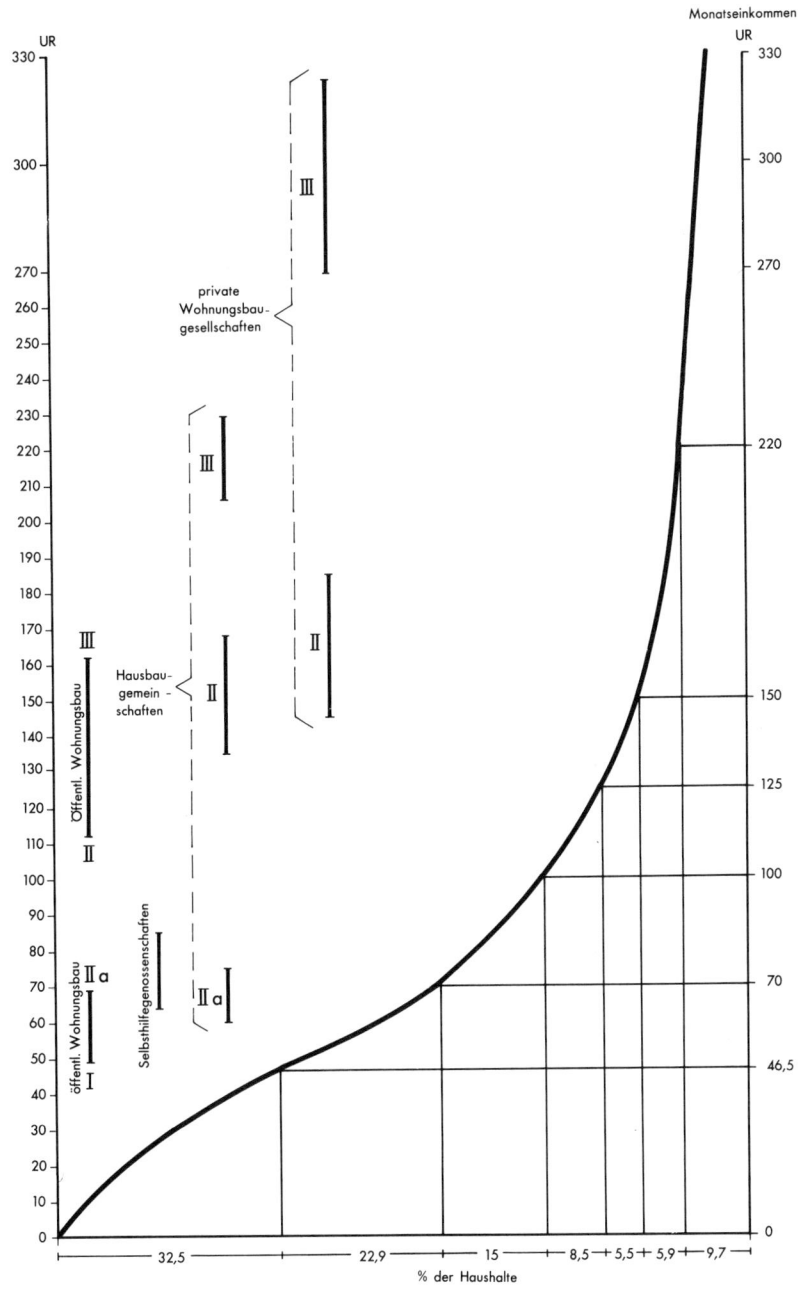

Quellen: BHU 1981[3], TERRA / CAMOU 1983 (vgl. Tab. 7), Unterlagen der BHU, Montevideo

Tabelle 11: Sozioökonomische Bevölkerungsschichtung Montevideos, 1980/81

Schichten	durchschnittliches Haushaltseinkommen/Monat UR	Anteil der Haushalte %	%
unterste Schichten			
a)	0,0 - 23,0	8,9	
b)	23,0 - 46,5	23,6	32,5
untere Schichten			
a)	46,5 - 58,0	12,0	
b)	58,0 - 70,0	10,9	22,9
mittlere Schichten			
a)	70,0 - 100,0	15,0	
b)	100,0 - 125,0	8,5	29,0
c)	125,0 - 150,0	5,5	
obere Schichten			
a)	150,0 - 220,0	5,9	
b)	über 220,0	9,7	15,6

Quellen: JPRU 1984: 20/21; TERRA/CAMOU 1983: 150, 152.

Die ursprünglich mit 20% festgesetzte zumutbare Belastung des Haushaltseinkommens für Kapitaldienst oder Miete/Monat (BHU 1979, Art. 7) wurde per Gesetz Mitte Juli 1970 auf 35% erhöht. Wenngleich das nur auf die in Tabelle 7 (Anm. 3) genannten Wohnbauprogramme angewandt wurde, erhöhte sich doch die Belastungsquote allgemein auf maximal 25% (BHU 1981[3]).

Die sozioökonomische Gliederung der Bevölkerung Montevideos für 1980/81 geht aus Tabelle 11 hervor; an der relativen Verteilung dürfte sich bis Anfang 1984 nichts geändert haben. Vergleicht man das durchschnittliche schichtenspezifische Haushaltseinkommen/Monat mit den in Tabelle 7 angegebenen monatlichen Zahlungen für Kapitaldienst oder Miete bei den entsprechenden Wohnstandardkategorien, so wird deutlich (Abb. 11):

- ca. 1/3 der Haushalte in Montevideo bleibt von den Maßnahmen des sozialen Wohnungsbaus ausgeschlossen, ein aus fast allen Ländern der Dritten Welt bekanntes Phänomen (MERTINS 1986: 35);

- für weitere 12% kommt nur die quantitativ unzureichende Wohnstandkategorie I *(mínima;* Tab. 10) in Betracht, d.h. der Anteil der Haushalte, die keinen Zugang zu BHU-Neubaukrediten haben, erhöht sich auf fast 45% (!);

- die Wohnbauprogramme der Wohnungsbaugenossenschaften (Kategorien II a, II) sowie die nach der Kategorie II a bei den Trägern des öffentlichen Wohnungsbaus und bei den Hausbaugemeinschaften orientieren sich an den Bedürfnissen der oberen Unter-/unteren Mittelschicht, ca. 1/4 der Haushalte Montevideos umfassend;

- der überwiegende Teil der öffentlichen Kredite für den sogen. sozialen Wohnungsbau war 1969-1983 zur Schaffung von Wohneigentum für Haushalte der oberen Schichten bestimmt, d.h. für nur knapp 16% aller Haushalte; unter Einbeziehung der Wohnstandardkategorie II der privaten Wohnungsbaugesellschaften und der Hausbaugemeinschaften kommt man u.U. auf 20-22%;

dem steht aber gegenüber, daß 52% aller 1977-1983 in Montevideo neu erbauten Wohneinheiten auf jene Schichten entfielen (Tab. 7, 10), hier also eine Überversorgung verbunden mit einer Fehlleitung der öffentlichen Kredite stattgefunden hat.

Die Kreditkonditionen für die im RAVE registrierten und/oder aufgrund der neuen Mietgesetze gekündigten Haushalte (vgl. Kap. 2.3.1) unterscheiden zwar zwischen solchen mit mehr und mit weniger als 70 UR-Monatseinkommen, orientieren sich aber für die unterhalb der 70 UR-Grenze rangierenden Haushalte an den Wohnstandardkategorien I-II des öffentlichen Wohnungsbaus, liegen aber zum Teil noch darüber (BHU 1981[3]). Auch hier erfahren also die den unteren 45% der Einkommenshierarchie zugehörigen Haushalte keine öffentliche Förderung.

Zur Bestimmung der Reichweite des sozialen Wohnungsbaus müssen jedoch auch die notwendigen monatlichen Lebenshaltungskosten/Haushalt unbedingt herangezogen werden, um die vorher rechnerisch-vergleichend getroffenen Aussagen überprüfen bzw. relativieren zu können:

- der gesetzliche Mindestlohn betrug im April 1984 3.410 Pesos (= ca. 17 UR);

- die notwendigen durchschnittlichen Lebenshaltungskosten für eine "typische Montevideo-Familie" werden für den gleichen Zeitraum unterschiedlich mit 70-80 UR angegeben, d.h. 4,1 - 4,7 Mindestlöhne/ Monat, die von einer oder von mehreren Personen verdient werden können (39).

Als die vorherigen Aussagen relativierendes Fazit bleibt: da bei einem, die Lebenshaltungskosten deckenden Einkommen von 70 UR die Sparmöglichkeiten äußerst gering sind, kann der Anteil der vom sozialen Wohnungsbau ausgeschlossenen Haushalte über die bereits angegebenen 45% steigen, da praktisch nur die quantitativ unzureichend angebotenen Programme I und II a des öffentlichen Wohnungsbaus und z.T. der Hausbaugemeinschaften von Haushalten mit einem Monatseinkommen von 70 UR nachgefragt werden können.

3. SCHLUSSBEMERKUNG

Im Vergleich zu den anderen Metropolen Lateinamerikas nimmt die siedlungsstrukturelle Entwicklung Montevideos eine Sonderstellung ein, da sie gewissermaßen fast umgekehrt zu dem gewohnten Muster verläuft (BÄHR/ MERTINS 1981).

Die Phase der oft zitierten Bevölkerungsexplosion setzte bereits vor 1870 ein. Schon um die Jahrhundertwende befand sich Uruguay am Ende der demographischen Transformationsphase, die zu Beginn der 20er Jahre als abgeschlossen gelten kann (vgl. den Beitrag von J. BÄHR). Während derselben kam es aber nicht in nennenswertem Umfang zur Ausbildung illegaler und/oder paralegaler Wohnviertel, die in allen anderen Metropolen Lateinamerikas mit dem Einsetzen der Bevölkerungsexplosion, dort jedoch nach 1945/50, Siedlungsstruktur und sozialräumliche Differenzierung dominant prägen. Vielmehr war seinerzeit in Montevideo eine erhebliche Bautätigkeit der Mittelschicht (mit der Vermietung von Wohnraum) zu verzeichnen und, vom staatlichen *laissez-faire*-Verhalten begünstigt, die enorme Bereitstellung von billigen, parzellierten Grundstücken für Unterschichthaushalte, die darauf in Eigenleistung *(autoconstrucción)* ihre sukzessiv verbesserten Häuser errichteten.

Diese, für die siedlungsstrukturell-städtebauliche Entwicklung wichtige Phase hielt bis zur Weltwirtschaftskrise an. Grundvoraussetzungen dafür waren - neben dem weitestgehend liberalen Agieren des Staates im Immobilienbereich - hohe Löhne bzw. Einkommen und im Verhältnis dazu niedrige Lebenshaltungskosten, die bei einem entsprechenden "Wirtschaftsgeist" das Sparen gewisser Summen und deren spätere Investition im Wohnungssektor ermöglichten.

Demgegenüber erreichte trotz der sehr geringen, "nordwesteuropäischen" Bevölkerungswachstumsrate, der niedrigsten in Lateinamerika, ab Anfang der 60er Jahre die Wohnungsnot in Uruguay bisher nicht bekannte Dimensionen, von der auch sehr viele Haushalte der Unter- und unteren Mittelschicht betroffen waren, die letztlich ihre Mieten nicht mehr bezahlen konnten. Wirtschaftliche Schwierigkeiten forcierten den - meistens informell ablaufenden - Verdichtungsprozeß in den Unterschichtvierteln: Untervermietung von Wohnraum, Grundstücksaufteilung mit nachfolgender, zunächst einfacher Bebauung gerade im randstädtischen Bereich. Damit nahm der Verslumungsprozeß in den entsprechenden Innenstadtbereichen zu (vgl. den Beitrag von P. GANS), verfiel aufgrund der aus sozial-/innenpolitischen Erwägungen verfügten Miet- und Kündigungsstopps die Bausubstanz der Miethäuser.

Weiterhin kamen als auslösende Faktoren für den nicht mehr lohnenden Neubau von Mietwohnungen hinzu: hohe Inflationsraten, ständig steigende Baukosten, sinkende Realeinkommen, letztlich die wirtschaftliche Stagnation und Rezession ab Anfang/Mitte der 60er Jahre. So verlagerte sich nach 1950 das Schwergewicht auf den Eigentumswohnungsbau für gehobene Schichten und war in der Notsituation der späten 60er Jahre dann letztlich der Staat gefordert, die Hauptrolle im Wohnungsbau für untere und mittlere Sozialschichten, im sogen. sozialen Wohnungsbau zu übernehmen, dessen Kredite allerdings zu mehr als 50% an den eigentlichen Zielgruppen vorbeigelenkt wurden.

Soll der soziale Wohnungsbau zukünftig auf seine eigentliche, in der Bezeichnung sich widerspiegelnde Aufgabe konzentriert werden, so ist unbedingt zu beachten: das bestehende Defizit in der Wohnraumversorgung unterer und auch großer Teile der mittleren Sozialschichten zu mindern (40), ist nicht nur eine Frage des quantitativen Angebots, sondern vor allem eine solche der Kreditkonditionen und der Rahmenbedingungen insgesamt (u.a. z.B. die mit dem Regierungswechsel 1985 erfolgte Aufhebung der Beschränkungen für den genossenschaftlichen Wohnungsbau), um überhaupt die Zugangsmöglichkeiten zu schaffen. Letztlich sind hier allerdings grundsätzliche wohnungsbaupolitische Entscheidungen gefordert, wobei wirtschaftliche Erwägungen nicht im Vordergrund stehen sollten.

ANMERKUNGEN:

1) Materialsammlung und Erhebungen zu dieser Studie wurden im Frühjahr 1984 abgeschlossen. Danach erschienene, mir zugängliche Literatur fand Berücksichtigung, sofern sie die Zeit vor dem politisch und wirtschaftlich einschneidenden Wechsel von der Militär- zur demokratischen Regierung (1.3.1985) betrifft.
2) Im Falle von Montevideo sind deutlich folgende, der Gemeinde (*comunidad*) gehörende Flächen zu unterscheiden (ALVAREZ LENZI 1972: 30/31; Abb. 2):
   - *ejido:* der unmittelbar an die ursprüngliche Siedlung anschließende, zur Erholung und als Viehweide dienende Bereich, der die erste Reservefläche für zukünftige Stadterweiterungen darstellte (vgl. Kap. 1.2), wobei die in öffentlichem Eigentum befindliche Fläche planmäßig-schachbrettartig aufgeteilt und dann parzellenweise verkauft wurde;
   - *dehesas:* Weideflächen, die von allen Bürgern frei genutzt werden konnten;
   - *tierras de própios:* vom Stadtrat parzellenweise an Bürger verpachtet, die ihre Pachtflächen ackerbau- und/oder weidewirtschaftlich nutzen, aber dort auch Steinbrüche oder Ziegelsteinbrennereien einrichten konnten; jahrelang an dieselben Bürger verpachtete Flächen wurden später, besonders nach 1830, oft wie Eigentum behandelt;
   - *estancia:* eine ursprünglich jedem Bürger zustehende, größenmäßig festgelegte Weidewirtschaftsfläche;
   - *chacra:* eine Fläche für ackerbauliche Nutzung, auf die jeder Bürger Anspruch hatte, ohne daß der Größenanteil festgelegt war.
3) In der Kolonialepoche stets ein Streitobjekt zwischen Portugal und Spanien, erst 1776 von letzterem in das neugegründete Vizekönigreich *Rio de la Plata* eingegliedert, wurde die sogen. *Banda Oriental del Río Uruguay* (d.h. das Gebiet östlich des Río Uruguay bis zum Atlantik) in den Befreiungskrieg zu einem solchen zwischen Argentinien und Brasilien. In dem dann 1828 auf Intervention Großbritanniens zustande gekommenen Frieden von Río de Janeiro erlangte es als Pufferstaat *"República Oriental del Uruguay"* zwischen Argentinien und Brasilien die Unabhängigkeit. Montevideo wurde Hauptstadt des neuen Staates.
4) Auf die weitere Entwicklung, die heutige Struktur und Funktion der Altstadt sowie auf die Sanierungsprogramme für die *Ciudad Vieja* wird in dem Beitrag von P. GANS ausführlich eingegangen.
5) Abweichend von einer früheren Phaseneinteilung (1977; vgl. Kap. 1), setzten ALVAREZ LENZI u.a. (1986) später 1868 als den Beginn der Expansionsphase Montevideos an, d.h. die Zeit der Eröffnung der ersten Pferdeeisenbahnlinien, eine der Voraussetzungen für das ab Ende der 70er/Anfang der 80er Jahre einsetzende beschleunigte Flächenwachstum.
6) "Bis zu den 70er Jahren (des 19. Jh., G.M.) stand das gültige städtebauliche Recht absolut auf dem Papier, da es nicht eingehalten wurde und (auch) der jeweiligen Realität nicht angepaßt war" (ALVAREZ LENZI 1972: 33); die städtebaulichen Normen werden als "sehr vage und generell" bezeichnet (TIUR 1986: 19).
7) Sie lauteten: 17 m an unter 17 m breiten Straßen, 21 m an mehr als 17 m breiten Straßen, 22 m an Boulevards und Plätzen und wurden erst 1952 offiziell abgelöst (BENECH u.a. 1983: 87/88). Gleichwohl waren Ausnahmen möglich, z.B. der *Palacio Salvo*, vgl. Kap. 1.4.1.
8) Das Phänomen der *"Ciudad dispersa"*, der aus verschiedenen Siedlungszellen entstandenen und später zusammengewachsenen Stadt, wird oft als einmalig in der Stadtentwicklungsgeschichte Lateinamerikas hingestellt (u.a. BARACCHINI 1981: 66).
9) Vgl. den Beitrag von J. BÄHR in diesem Band; ferner HARDOY/LANGDON 1978, WILHELMY/ROHMEDER 1963: 145-147 und WILHELMY/BORSDORF 1985: 262/263. Montevideo kann - vielleicht neben Buenos Aires - als die Metropole Lateinamerikas gelten, in der z.T. über ein halbes Jahrhundert früher als in den anderen heutigen Metropolen ein explosionsartiges Bevölkerungs- und Flächenwachstum einsetzte, allerdings von einer geringeren Basis ausgehend und so seinerzeit noch nicht die späteren Dimensionen erreichend. Betont werden sollte, daß in Montevideo - im Gegensatz zu dem später einsetzenden Urbanisierungs-/Metropolisierungsprozeß in den anderen lateinamerikanischen Ländern - die Land-/Kleinstadt-Großstadt-Wanderung seinerzeit nur eine sehr untergeord-

nete Rolle spielte: 1908 waren nur 12,7 seiner Einwohner in anderen Departamentos Uruguays geboren und von dort zugewandert (ALVAREZ LENZI u.a. 1986: 19).
10) Standortbestimmend für die erste Etappe der Oberschichtverlagerung waren in lateinamerikanischen Großstädten oft kleine Sommerhaussiedlungen, wenn sie durch neue Verkehrsmittel besser an die Altstadt/City angeschlossen wurden (vgl. BÄHR/MERTINS 1981: 7).
11) Dabei konnten Größe und Straßenfrontanteil der einzelnen Parzellen innerhalb einer solchen, zwischen *ejido* und *Boulevard Artigas* planmäßig angelegten Siedlung z.T. aus historischen Gründen durchaus noch differieren (Abb. 4 a); jenseits des *Boulevard Artigas* waren die Abmessungen innerhalb einer *urbanización* katastermäßig einheitlich festgesetzt (Abb. 4 b; BENECH u.a. 1983: 36); - Unterschiede von wichtigem stadtmorphologisch-historischen Erkenntnisgehalt.
12) Die Anlage neuer Wohnviertel unterschiedlicher Größe *(urbanizaciones)* durch Privatunternehmen *(urbanizadores)* in lateinamerikanischen Städten geschieht nach einem behördlich genehmigten Plan, bei dem - je nach Wohn- (und Sozial-schicht-)standard differierend - bestimmte Normen oder Vorgaben einzuhalten sind (Straßen-, Bürgersteigbreite, Telefonanschluß etc.). Erschließungs- und ggf. Hausbauarbeiten werden von den *urbanizadores* durchgeführt, die Grundstücke bzw. Einfamilienhäuser oder Wohnungen (Apartments) dann von jenen verkauft.
13) Nach dem bei TIUR (1986: 18) veröffentlichten Katasterplan von J.A. CAPURRO von 1868 bestanden bereits in diesem Jahr zahlreiche *conventillos* in der *Ciudad Nueva*, vor allem nördlich der *Avenida 18 de Julio* hingegen nur recht wenige in der Altstadt.
14) In anderen lateinamerikanischen Großstädten ist dafür der Begriff der *"casa subdividida"* oder allgemeiner *"casa de inquilinato"* gebräuchlich (vgl. BÄHR/MERTINS 1981: 8, 21). - Zu der Hausaufteilung vorhergehenden Abwanderung der Oberschicht vgl. Kap. 1.3.1.
Bereits für die 70er Jahre des 19. Jahrhunderts werden Kriterien angeführt (ALVAREZ LENZI u.a. 1986: 31; zu den Kriterien: MERTINS 1984: 437), die eindeutig für einen beginnenden Verslumungsprozeß in der *Ciudad Vieja* sprechen, ein im Vergleich zu anderen lateinamerikanischen Großstädten recht früher Zeitpunkt; vgl. jedoch die Aussagen von THOMAE (1987) über das *Maciel/Pelourinho*-Viertel in der Altstadt von Salvador/Bahia, wo dieser Prozeß ungefähr zeitgleich einsetzte.
15) Diese Siedlungen tragen die z.T. bis heute als Stadtviertelbezeichnungen erhaltenen Namen *Vittorio Emanuele II* (1879), *Mazzini, Garibaldi, Garibaldino, Nueva Roma* (1879), *Nueva Genova* (1879), *Nueva Nápoli* (1881), *Bella Italia* (1890), *Umberto 1* (1890), *de los Espanoles* (1881), *Rivadavia* (1891), *Nueva Espana* etc. und erinnern so recht eindeutig an die Heimatländer der ersten Bewohner.
16) Dieser, durch die Kriterien Parzellierung, Grundstücksverkauf, erste Hausbauetappe und spätere Erweiterungen bzw. Konsolidierungen gekennzeichnete Prozeß der rapiden Ausdehnung der Unterschichtviertel weist - bis auf den allerdings wesentlichen juristischen Aspekt (legal-semi/paralegal) - große Parallelen zu dem entsprechenden, aber z.T. 50-70 Jahre später einsetzenden Vorgang der Entstehung informeller, semilegaler Wohnviertel für untere Sozialschichten in anderen lateinamerikanischen Metropolen auf (vgl. BÄHR/MERTINS 1981, MERTINS 1984).
17) Vgl. den beginnenden Ausbau von *Flamenco, Copacabana, Ipanema* und *Leblón* in Río de Janeiro, wo zunächst ebenfalls Villen der Ober- und/oder Einfamilienhäuser der Mittelschicht dominierten (WILHELMY/BORSDORF 1985: 332/333, 338).
18) Aus Gründen der kontinuierlich-zusammenfassenden Darstellung der jüngeren Entwicklungsphasen erfolgt keine chronologisch-kapitelmäßige Untergliederung. Aufgrund seiner Bedeutung, vor allem ab 1969, ist jedoch dem sozialen Wohnungsbau ein eigenes Kapitel gewidmet.
19) Bis 1946 wurden im Departamento Montevideo durchschnittlich 283 ha/J zu Siedlungszwecken aufgeteilt, danach durchschnittlich 15 ha/J (TIUR 1986: 35).
20) Die 1949-1962 in Montevideo gebauten 111.224 Wohneinheiten machten 41,2% des damaligen Wohnungsbestandes aus (BENECH u.a. 1983: 80), wobei 1960-1962 die Bauaktivität bereits um 1/3 gegenüber den vorhergehenden Jahren gesun-

ken war. Daß 1963 die Apartments in mehr als viergeschossigen Häusern durchschnittlich 11 Jahre und die zwei- bis viergeschossigen Häuser durchschnittlich 15,3 Jahre alt waren, alle anderen Wohngebäude im Durchschnitt z.T. weit über 20 Jahre bestanden, spricht für die Dominanz des privaten Apartment-Wohnhausbaus in jener städtebaulichen Transformationsphase (TERRA/CAMOU 1983: 41-43).

21) Die Angaben über das jeweilige Wohnungsdefizit weichen aufgrund unterschiedlicher Erhebungskriterien bei den Wohnungszensi 1963 und 1975 sowie infolge differierender Kriterien bei einzelnen Autoren z.T. stark voneinander ab und sind so kaum vergleichbar (CCU 1983a: 7; TERRA/CAMOU 1983: 51).
Das 1963 auf ca. 85.000 Einheiten (wahrscheinlich realistisch) geschätzte Wohnungsdefizit in Uruguay wuchs in den folgenden Jahren aufgrund des rezessiven Wohnungsbaus und der größenmäßig ab-, aber dadurch zahlenmäßig zunehmenden (Klein-)Haushalte (TERRA/CAMOU 1983: 15-17) bis 1968 auf ca. 133.000 (CCU 1983a: 8), wurde für 1972/73 mit ca. 117.000 angegeben, davon ca. 50% (!) in Montevideo (IPRU 1984: 12; PND 1977[2]: 173) und für 1983 mit ca. 117.000 (ABELLA TRIAS 1983: 18). Diese Ziffern umfaßten die Ersatzgestellung für infrahumane Wohnungen in Slums und Hüttenvierteln *(cantegriles)* sowie Neubauten für wohnungslose junge Haushalte. Andere Autoren bezifferten den Fehlbestand Mitte der 70er Jahre auf 120/130.000 Wohneinheiten (CCU 1983a: 8).

22) BENECH u.a. (1983: 104) beklagen die "spärliche/unzureichende Information" über die Entstehung dieses Haustyps bzw. derartiger Wohnsiedlungen in Montevideo.
Damit ist nicht die, unter den Wohnbaumaßnahmen der Stadtverwaltung von Montevideo seit 1941 auftretende *"vivienda de carácter económica"* gemeint (Kap. 2.1; CONTI de QUEIRUGA 1972: 40), auch nicht die in Art. 22 des Wohnungsgesetzes von 1968 und in späteren Verordnungen (u.a. Nr. 186 v. 12.3.1974) definierte und nach Haushaltsgröße bzw. entsprechende Haus-/Wohnungsgröße klassifizierte *"vivienda económica"*.

23) Hausbaukredite dürften nur in den frühen 50er Jahren vermehrt beansprucht worden sein und beinhalteten (zunächst) auch die Einhaltung von festgelegten, nach Haushaltsgröße gestaffelten Mindestgrößen für diese Häuser.
Der Wohnungsplan von 1968 sieht zwar Kredite für private Neubaumaßnahmen vor, und nach PEES BOZ (1982: 50) sind auch 1977-1982 11% aller von der BHU finanzierten Wohneinheiten derartige private Einzelmaßnahmen. Jedoch liegen für ca. 50% der Bevölkerung Uruguays die Kreditkonditionen der BHU, auch für die *"vivienda económica"*, zu hoch (CCU 1983a: 11; LOMBARDI 1983: 6-8), d.h. in jenen Stadtvierteln Montevideos dominiert eindeutig das in Eigenleistung und meistens informell errichtete Haus.

24) Die Befragung wurde von Studierenden des *Depto. de Geografía* der *Universidad de la República*, Montevideo, unter der Leitung von Lic. Isabel DAROZI H. und Lic. Victor CANTON O. im Mai/Juni 1984 durchgeführt, wofür ich auch an dieser Stelle ausdrücklich danke.

25) Nach übereinstimmenden Auskünften im Planungsamt der Stadt Montevideo und von verschiedenen, sich u.a. mit diesem Problem beschäftigenden Wissenschaftlern.
Mit Einsetzen der wirtschaftlichen Rezession, dem Rückgang der Reallöhne und der Zunahme der Arbeitslosigkeit entstanden ab ca. Mitte der 50er Jahre neue *cantegriles* und nahm die Bewohnerzahl in bestehenden Hüttensiedlungen zu, vor allem durch Haushalte, die aufgrund von Mietrückständen ihre Wohnung verloren hatten (ABELLA TRIAS 1983: 18).

26) Folgerichtig liegt auch die Beseitigung marginaler Wohnformen, vor allem der sogenannten *cantegriles* im öffentlichen Interesse (Dekret 545 vom 30.10.1970), die Anfang der 70er Jahre durchaus mit verschiedenen, überwiegend vom INVE ausgeführten Einfachwohnungsbau-Projekten Erfolge aufweisen konnte (vgl. Kap. 1.5.4; IPRU 1984: 7/8; TERRA/CAMOU 1983: 74/75).

27) Diese Besteuerung wurde am 30.1.1980 aufgehoben und am selben Tag durch eine entsprechende Anhebung des Mehrwertsteuersatzes auf 18% ersetzt (CCU 1983a: 31/32). Für die BHU hat das den Nachteil, daß die stetige und kalkulierbare Finanzierung des Fonds abgelöst wurde durch eine von der (schwankenden) Kaufkraftentwicklung abhängigen Steuer.

28) Das trifft auch für überwiegend in Selbsthilfe erstellte Häuser zu, wobei sich die Höhe des zinsgünstigen Kredits an der jeweiligen Familiengröße und -zusammensetzung orientiert.

29) Diese "genormten" (Größe, Ausführung!) Wohn-/Haustypen mit jeweils entsprechenden Kreditbedingungen trafen auch für die bisher in Uruguay nicht existenten Organisationsformen der Wohnungsbaugenossenschaften zu (vgl. Tab. 7; Kap. 2.3.2).
30) Gerade die Gemeinde Montevideo, die seit 1946 über ihre *"Sección de Viviendas Populares/Económicas"* (vgl. Kap. 2.1) Häuser für untere Einkommensschichten erstellt hatte, machte von dieser Möglichkeit Gebrauch und baute einige große, aus mehrgeschossigen Häusern bestehende Wohnsiedlungen, u.a. den *Barrio Sur* mit 1.200 Wohneinheiten (Abb. 1; ABELLA TRIAS 1983: 5).
31) Die Angaben in Tabellen 4 und 8 sind nicht direkt kompatibel, da in Tabelle 4 die Bezeichnungen öffentlicher und privater Sektor sich auf die Bauträger beziehen und nichts über die Herkunft der Finanzierungsmittel aussagen.
32) Beispiele bieten u.a. die beiden Großwohnsiedlungen *Millán* und *Parque Posadas* mit 1.200 bzw. 2.051 Wohneinheiten in vier- bzw. fünfzehngeschossigen, gegeneinander versetzten Häusern, wobei die letztere aufgrund der Infrastruktur- (Schule, Kindergarten, Einkaufszentrum, Kino, kleine Poliklinik etc.) und Wohnumfeldausstattung (Grün-, Sportanlagen) einen eigenen Stadtteil darstellt (ABELLA TRIAS 1983: 8/9).
33) Bei Wirksamwerden der Kündigung und evtl. Zwangsräumung: kein in Anzahl und Preis vergleichbares Wohnungsangebot. Als - unerwünschte - Alternativen bleiben nur der Zuzug in die *cantegriles* oder das Wohnen als Mieter/Untermieter in ohnehin schon stark verdichteten innerstädtischen Slums.
34) Nach Auskünften von E.S. PEES BOZ (BHU). Diese Nachfrage hätte - den Realisierungsgrad von 1983 vorausgesetzt (Tab. 10), der aber bereits 1984 erheblich zurückging - nach drei, spätestens nach vier Jahren erfüllt werden können.
35) Von den Wohnungsbaugenossenschaften mit gegenseitiger Hilfe sind diejenigen, ebenfalls vom Gesetz vorgesehenen Wohnungsbaugenossenschaften zu unterscheiden, die als Voraussetzung für den BHU-Kredit eine gewisse (Bau)Sparsumme vorweisen müssen *(ahorro previo)* und die für die Durchführung der Bauarbeiten entsprechende Firmen kontraktieren.
36) Sie lag bis 1975 mit freiwillig geleisteten 20-25 Wochenstunden/Haushalt z.T. wesentlich höher (CCU 1983 b: 3.21).
37) Gewissermaßen als Ersatz dafür wurde Mitte 1978 (Gesetz 14804) die Gründung von Gesellschaften bürgerlichen Rechts *(sociedades civiles)* für Hausbauzwecke (Apartmenthaus, *propiedad horizontal)* zugelassen, sogenannte Hausbaugemeinschaften (Tab. 7, 8, 10; Kap. 2.3), die nur ein Gebäude bauen und sich danach auflösen müssen.
38) Allerdings warteten im März 1984 allein in Montevideo noch 20 Wohnungsbaugenossenschaften auf die Kreditzusage der BHU (Informationen des CCU).
39) Die Haushalte mit weniger als 70 UR, vor allem mit weniger als 46 UR-Monatseinkommen müssen über weitere, täglich schwankende, aus dem informellen Bereich stammende Einnahmen verfügen, um ihren Lebensunterhalt notdürftig bestreiten zu können. Ferner gehören dazu z.T. erhebliche Einschränkungen beim Wohnstandard (überbelegte, infrastrukturell schlecht ausgestattete Miet-/Untermietwohnungen/-zimmer), bei der Kleidung, der medizinischen Versorgung etc.
40) Nach TERRA/CAMOU (1983: 156-158) bestand in den 80er Jahren in Uruguay ein jährlicher Bedarf von 17.000 neuen Wohneinheiten, davon 55% (9.350) für unterste und untere Einkommensschichten (Tab. 11), von denen die ersteren bislang überhaupt nicht berücksichtigt wurden. Dazu müßte aber auch die Obergrenze der monatlichen Belastung durch den Kapitaldienst auf 9,5 UR festgesetzt werden, um den unteren Schichten die Teilnahme an den Programmen zu ermöglichen (vgl. Tab. 7).
Einen noch höheren Bedarf konstatierte IPRU (1984: 52-54) mit jährlich 13.500 Wohneinheiten in den nächsten 10 Jahren allein für die untersten und unteren Schichten (5.000 bzw. 8.500 Wohneinheiten/Jahr), wobei auch hier die monatliche Belastung der Haushalte durch den Kapitaldienst 10 bzw. 16% nicht übersteigen sollte.

LITERATUR

ABELLA TRIAS, J. (1983): La Ley Nacional de Vivienda y la política habitacional. Montevideo (mimeo; = Materiales del II Congreso Nacional de Arquitectos).

ALVAREZ LENZI, R. (1972): Fundación de poblados en el Uruguay. Montevideo (= Univ. de la República, Fac. de Arquitectura: Historia de los problemas de la arquitectura nacional, 1.8.1).

— MURAS, O. (1977): Area metropolitana de Montevideo y un núcleo dentro de ella: La Paz, Las Piedras. Antecedentes históricos. Montevideo (= Univ. de la República, Inst. de Historia de la Arquitectura, Documento No. 5).

— ARANA, M. / BOCCHIARDO, L. (1986): El Montevideo de la expansión (1868-1915). Montevideo.

BÄHR, J. (1978): Santiago de Chile. Eine faktorenanalytische Untersuchung zur inneren Differenzierung einer lateinamerikanischen Millionenstadt. Mannheim (= Mannheimer Geographische Arbeiten, Heft 4).

— MERTINS, G. (1981): Idealschema der sozialräumlichen Differenzierung lateinamerikanischer Großstädte. Geographische Zeitschrift 69, Wiesbaden, S. 1-33.

— MERTINS, G. (1985): Bevölkerungsentwicklung in Groß-Santiago zwischen 1970 und 1982. Erdkunde 39, Bonn, S. 218-238.

BANCO HIPOTECARIO DEL URUGUAY (BHU; Ed.) (1979): Plan Nacional de Viviendas. Montevideo.

— (1981[3]): Lineas de crédito. Montevideo.

— (1984): Memoria 1983. Montevideo.

BARACCHINI, H. (1981): Evolución urbanística de Montevideo.- DARAGNES RODERO, E. (Ed.): 250 anos de Montevideo (Ciclo conmemorativo). Montevideo, S. 65-78.

BENECH, E. / SPRECHMANN, Th. / VILLAAMIL, A. / BASTARRICA, J. (1983): Montevideo - aspectos morfológicos y tipología de sus estructuras residenciales 1945-1983 (Bases analíticas para una política de transformacion urbana). Montevideo (mimeo).

CASTELLANOS, A.R. (1971 a): Historia del desarrollo edicilio y urbanístico de Montevideo (1829-1914). Montevideo.

— (1971 b): Montevideo en el siglo XIX. Montevideo.

CENTRO COOPERATIVISTA URUGUAYO (CCU) (1983 a): 5 anos de política neoliberal de vivienda. Montevideo (mimeo; = Materiales del II Congreso de Arquitectos).

— (1983 b): Descripción sintética y elementos para una evaluación de la experiencia del cooperativismo de vivienda por ayuda mútua y de otras formas asociativas en el Uruguay 1965-1982. Montevideo (mimeo; = Materiales del II Congreso Nacional de Arquitectos).

— (1986): El cooperativismo de ayuda mútua en el Uruguay.- Conferencia Latinoamericana y del Caribe "Vivienda: Desarrollo económico y social". Bogotá, S. 191-195.

CONTI de QUEIRUGA, N. (1972): La vivienda de interés social en el Uruguay. Montevideo (= Univ. de la República, Fac. de Arquitectura: Historia de los problemas de la arquitectura nacional, 1.8.2).

GANS, P. (1987): Informelle Aktivitäten in der Altstadt Montevideos. Tagungsbericht u. wiss. Abhandlungen des 45. Dtsch. Geographentages Berlin 1985. Stuttgart, S. 508-513.

GARCIA MIRANDA, R. / RUSSI PODESTA, M. (o.J.): Estructura y evolución del afincamiento habitacional en los balnearios del este próximos a Montevideo. Montevideo (mimeo).

GRUPO DE ESTUDIOS URBANOS (GEU) (1983): La Ciudad Vieja de Montevideo. Montevideo.

HARDOY, J.E. /LANGDON, M.E. (1978): Análisis estadístico preliminar de la urbanización de América Latina entre 1850 y 1930. Revista Paraguaya de Sociología 15. Asunción, S. 115-173.

INSTITUTO DE PROMOCION ECONOMICA-SOCIAL DEL URUGUAY (IPRU) (1984): La vivienda de interés social en el Uruguay (1968-1983). Montevideo.

LOMBARDI, M. (1978): El proceso de urbanización en el Uruguay en los siglos XVIII y XIX: la estructuración del espacio de una economía de "producto principal". Revista Paraguaya de Sociología 15. Asunción, S. 9-45.

MERTINS, G. (1984): Marginalsiedlungen in Großstädten der Dritten Welt. Ein Überblick. Geographische Rundschau 36. Braunschweig, S. 435-442.

— (1986): Die Habitat-Misere in Großstädten der Dritten Welt. Fragen zum Defizit und zur Effizienz bisheriger Wohnungsbauprogramme für untere Sozialschichten.- AUGEL, J. / HILLEN, P. / RAMALHO, L. (Eds): Die verplante Wohnmisere. Urbane Entwicklung und "armutsorientierter" Wohnungsbau in Afrika und Lateinamerika. Saarbrücken - Fort Lauderdale, S. 25-42 (= ASA-Studien, Bd. 7).

NOHLEN, D. (1982[2]): Uruguay.- NOHLEN, D. / NUSCHELER, F. (Eds.): Handbuch der Dritten Welt, Bd. 2 Südamerika: Unterdrückung und Entwicklung. Hamburg, S. 334-357.

PEES BOZ, E.S. (1982): Organización del sector vivienda y construcción; modalidades creditícias y su financiamiento. El caso de la República Oriental del Uruguay. Montevideo.

REPUBLICA ORIENTAL DEL URUGUAY, Presidencia de la República (Ed.) (1977[2]): Plan Nacional de Desarrollo 1973-1977, 2 Bde. Montevideo (PND).

RIAL ROADE, J. (1982): Situación de la vivienda de los secotres populares de Montevideo 1889-1930. Montevideo.

— COCCHI, A.M. / KLACZKO, J. (1978): Proceso de asentamientos urbanos en el Uruguay: siglos XVIII y XIX. Revista Paraguaya de Sociología 15. Asunción, S. 91-114.

SANDNER, G. (1969). Die Hauptstädte Zentralamerikas. Wachstumsprobleme, Gestaltwandel, Sozialgefüge. Heidelberg.

SCHÜTZ, E.J. (1987): Städte in Lateinamerika. Barrio-Entwicklung und Wohnbau. Aachen (= Misereor-Dialog, Nr. 5).

SPRECHMANN, Th. (1982): Las estructuras arquitectónicas y urbanas de Montevideo a traves de su historia. Primera parte: Montevideo bajo la dominación colonial. Trazo 10. Montevideo, S. 26-48.

TALLER DE INVESTIGACIONES URBANAS Y REGIONALES (TIUR) (1986): Propuestas a la Ciudad de Montevideo, 1986. Montevideo.

TERRA, J.P. / CAMOU, J.E. (1983): El proceso de la vivienda de 1963 a 1980. Montevideo (Centro Latinoamericano de Economía Humana, Serie Investigaciones, No. 33).

THOMAE, B. (1987): Programme und Problematik der Altstadtsanierung in Salvador/Bahia, diskutiert am Beispiel des Maciel-Pelourinho-Viertels. Marburg (Unveröffentl. Staatsexamensarbeit).

TUCCI, A. (1984): Descripción de la experiencia de una cooperativa de ayuda mútua. Montevideo (mimeo).

WILHELMY, H. /BORSDORF, A. (1985): Die Städte Südamerikas. Teil 2: Die urbanen Zentren und ihre Regionen. Berlin - Stuttgart (Urbanisierung der Erde, Bd. 3/2).

— ROHMEDER, W. (1963): Die La Plata-Länder. Argentinien - Paraguay - Uruguay. Braunschweig.

DIE ALTSTADT MONTEVIDEOS

Bauliche und soziale Veränderungen im kolonialen Kern
der uruguayischen Metropole

Paul Gans

1. EINFÜHRUNG UND ZIELE DES BEITRAGES

In Lateinamerika vollzieht sich in diesem Jahrhundert ein enormes städtisches Wachstum. 1987 wohnen 67% der Bevölkerung in Städten. Dieser Anteil liegt deutlich über den entsprechenden Werten Asiens (32%) oder Afrikas (30%) und erreicht fast den Verstädterungsgrad in Europa (73%) oder Nordamerika (74%). Er ist in den Ländern des außertropischen Südamerikas Argentinien, Chile und Uruguay, in denen der Zustrom in die städtischen Siedlungen bereits vor dem Zweiten Weltkrieg einsetzte, mit 84% höher als in den Industriestaaten insgesamt (World Population Data Sheet 1987).

Im Unterschied zu den europäischen Ländern konzentriert sich das Wachstum meist auf die hauptstädtische Agglomeration: So verzeichnen Mexiko-City, Lima oder Santiago de Chile nach 1945 jährliche Wachstumsraten bis zu 7%, die in einzelnen Zeitabschnitten mehr als doppelt so hoch sind wie die nationalen Durchschnittswerte (MERTINS 1984: 436). Dieser explosionsartige Anstieg der Einwohnerzahlen in den großen Metropolen, der - wenn auch zeitlich verzögert - ebenfalls in den nachfolgenden Städten einsetzte, geht zu einem großen Teil auf die Zuwanderung der Bevölkerung aus agrarisch strukturierten Bereichen zurück. Diesen Zustrom - so erhöhte sich die Zahl der Bewohner in den Ballungsräumen seit 1950 um das Vier- bis Fünffache - konnte der vorhandene Wohnungsbestand trotz Vermietungsformen, die hohe Bevölkerungsdichten bewirken, nicht auffangen, so daß es seit den 50er Jahren auch zu illegalen Siedlungsgründungen an der städtischen Peripherie kam. Im Jahre 1980 lebten in diesen marginalen Vierteln zwischen 27% (Santiago) und 58% (Guayaquil) der Bevölkerung in der jeweiligen Agglomeration (MERTINS 1984: 436).

Dieses enorme städtische Wachstum hinsichtlich Einwohnerzahl sowie Fläche lenkte das wissenschaftliche Interesse stadtgeographischer Untersuchungen auf den randstädtischen Bereich mit den Themen bauliche Erweiterung und Erschließung, die Rolle des Staates bei der Versorgung ärmerer Bevölkerungsgruppen mit Wohnraum, die schrittweise Verbesserung der Wohnsituation durch Selbsthilfe, die Eingliederung der aus dem ländlichen Raum stammenden Einwohner und die mit der Expansion einhergehenden Veränderungen der sozialen Differenzierung (vgl. WILHELMY / BORSDORF 1984: 5/6).

Von wenigen Ausnahmen abgesehen (MITTENDORFF 1984), blieben die zum Teil tiefgreifenden Modifikationen in den Innenstädten weitgehend unberücksichtigt. Die zentral gelegenen Bereiche erfuhren mit den intensiver werdenden weltwirtschaftlichen Verflechtungen Lateinamerikas sowie mit den zunehmenden Investitionen ausländischer Unternehmen eine ungeheuere Dynamik sowohl bezüglich ihrer Expansion als auch bezüglich ihrer inneren Umstrukturierung (Nutzungsänderungen, Umgestaltung der Gebäude, aber auch fortschreitender baulicher Verfall und sozialer Niedergang). Nach WILHELMY/BORSDORF (1984: 142) drückt die Ausbreitung des Hochhauses - wenn auch nicht auf den Stadtkern beschränkt - diese Wandlungen physiognomisch am besten aus. Sie spiegelt auch die inflationsbedingte und von der Einstellung zum Bodenbesitz geleitete umfangreiche Grundstücksspekulation mit ihren Auswirkungen auf den Boden- und Wohnungsmarkt wider.

Die Änderungen wurden im außertropischen Südamerika in den 70er Jahren durch den Monetarismus noch verstärkt. Er löste die bis dahin maßgebende interventionistische Wirtschaftspolitik ab, und seine Liberalisierung der Handels- und Kapitalströme hatte zum Teil eine einschneidende Wirkung auf die Innenstädte. Die Bodenpreise gingen in den Zentren der Hauptstädte sprunghaft in die Höhe, da hier private und öffentliche Einrichtungen von höchster nationaler Bedeutung den Kapitalzufluß begünstigen.

Neben diesen Änderungen, die vorwiegend aus dem politisch-finanziellen Umkreis resultierten, verschärften sich vor allem nach dem zweiten Ölpreisschock im Jahre 1979 die wirtschaftlichen Probleme in Südamerika. Sinkende Reallöhne, steigende Arbeitslosigkeit und - begünstigt durch die ökonomische Liberalisierung - anziehende Wohnungsmieten erhöhen die Attraktivität der Innenstädte als Wohnstandort vor allem für Haushalte der unteren Einkommensgruppen, da sie hier nicht nur vom absoluten Betrag her gesehen billigen Wohnraum antreffen können, sondern auch die täglichen Fahrtkosten zur Arbeitsstätte einsparen und außerdem im Zentrum zahlreiche Möglichkeiten zusätzlicher Einnahmequellen (Straßenverkauf, Gelegenheitsarbeiten in den zahlreichen Dienstleistungen und handwerklich ausgerichteten Betrieben oder Beschäftigung als Hausbedienstete) leichter zugänglich sind.

Dem Beitrag über die Altstadt Montevideos liegen folgende inhaltliche Schwerpunkte zugrunde:

- Änderungen der Bausubstanz seit etwa 1955 in Abhängigkeit stadtplanerischer Maßnahmen sowie wirtschaftspolitischer und finanzieller Rahmenbedingungen,
- räumliche Differenzierung unterschiedlicher Nutzungen mit ihren Auswirkungen auf die Gebäudesubstanz,
- Einkommens- und Wohnsituation der in der Altstadt lebenden Haushalte als Ausdruck der wirtschaftlichen und sozialen Entwicklung Uruguays in den 70er Jahren sowie
- Beschäftigungsmöglichkeiten im informellen Sektor.

Die Altstadt Montevideos bietet sich aus folgenden Gründen als Untersuchungsgebiet an:

- Sie bildet den kolonialen Kern der uruguayischen Hauptstadt mit zahlreichen historisch und städtebaulich wertvollen Gebäuden.
- In ihr befinden sich das nationale Finanzzentrum sowie weitere zahlreiche Dienststellen und Verwaltungen von nationaler und internationaler Bedeutung.
- Die wirtschaftspolitische Entwicklung nach der Machtübernahme der Militärs im Jahre 1973 und die 1974 angekündigte Freigabe der Mieten begünstigten die Bodenspekulation.

- Die Kürzung der Sozialausgaben durch die Regierung vergrößerte die Armut und führte zu Hausbesetzungen in der Altstadt.

Zum besseren Verständnis der heutigen sozialen und wirtschaftlichen Situation der Haushalte in der Altstadt, der jüngsten Änderungen in der Nutzungsdifferenzierung sowie der zum Teil schwerwiegenden Eingriffe in die städtebaulich wertvolle Bausubstanz wird vor der Analyse der aktuellen Probleme die historische Entwicklung der Altstadt ausführlich beschrieben.

2. DATENGRUNDLAGE

Die bisher publizierten vorläufigen Ergebnisse der letzten Volkszählung in Uruguay aus dem Jahre 1985 sind nur für relativ große räumliche Einheiten aufgeschlüsselt (vgl. Beitrag BÄHR). Dieser Mangel gilt auch für den Zensus von 1975, so daß eine kleinräumige Analyse nicht durchgeführt werden kann. Fehlende aktuelle Unterlagen über die demographische und soziale Situation der in der Altstadt lebenden Menschen sowie über die räumliche Differenzierung verschiedener Nutzungen in diesem städtischen Teilgebiet erfordern daher, Datenmaterial von öffentlichen und auch privaten Institutionen zu verwenden.

Eine umfangreiche Informationsquelle, die im Rathaus von Montevideo (*Intendencia Municipal de Montevideo,* IMM) vorliegt, erfaßt jedes Gebäude der Altstadt nach den folgenden für die Untersuchung wichtigen Merkmalen: Alter, Geschoßzahl, Zustand, städtebaulicher Wert, aktuelle und ursprüngliche Nutzung, differenziert nach Erdgeschoß sowie übrigen Stockwerken. Die Erhebung dieser Unterlagen im Jahre 1983 geht auf ein Dekret der Stadtverwaltung vom 28. Juli 1982 zurück, das zur Erhaltung und Aufwertung der kulturell sowie architektonisch wertvollen Bausubstanz in der Altstadt eine ständige Kommission (*Comisión Especial Permanente*) schuf. Ihre Aufgaben und Zuständigkeiten bestehen darin, die Bautätigkeiten in der Altstadt zu überwachen sowie Renovierungsmaßnahmen zu fördern und zu beraten. Um diesem Gremium die Bewertung von Bauvorhaben der unterschiedlichsten Art hinsichtlich ihrer architektonischen Integrität zu ermöglichen, initiierte die IMM in Zusammenarbeit mit der Gesellschaft Uruguayischer Architekten (*Sociedad de Arquitectos del Uruguay*) die oben erwähnte Erhebung. Sie wurde von mehreren Architektengruppen durchgeführt, die - um eine gewisse Vereinheitlichung zu erreichen - von Prof. Arq. Paulo de Azevedo (Brasilien) in die Thematik (Baustile, Gebäudealter, Bewertung des Zustandes) eingewiesen wurden. Diese Bestandsaufnahme dient der Arbeitsgruppe in der IMM (*Grupo Técnico de Trabajo*), die der ständigen Kommission zur Seite gestellt wurde, als Grundlage für eine angemessene Beurteilung aller in der Stadtverwaltung eingehenden Bauanträge (detaillierte Darstellung der Aufgabenbereiche, Ziele und rechtlichen Grundlage in Kap. 4.3).

Die Unterlagen berücksichtigen den Gebäudebestand Anfang 1983, während Veränderungen der Bausubstanz und frühere Nutzungen zwar erfaßt, aber zeitlich nicht eindeutig fixiert sind. Um hier zumindest Teilaspekte der Entwicklung, z.B. Abrißtätigkeiten oder Neubauten, einzubeziehen, konnten mit Unterstützung der *Grupo Técnico de Trabajo* Luftbilder der Altstadt aus den Jahren 1954, 1962, 1975 sowie 1983 vom *Instituto Geográfico Militar* besorgt und im Geographischen Institut der

Universität Kiel trotz z.T. mangelhafter Bildqualität ausgewertet werden.

Eine umfassende Befragung von 97 in der Altstadt Montevideos lebenden Haushalten, die im März 1984 durchgeführt wurde, ergänzt die Unterlagen der Stadtverwaltung. Die Interviewergebnisse, die die Architektengruppe *Grupo de Estudios Urbanos* zur Verfügung stellte und die sie in Zusammenarbeit mit dem *International Development Research Center* (Ottawa, Kanada) erhoben hatte, geben einen Überblick über die Bevölkerungsstruktur, Einkommenshöhe und Verdienstquellen, Beschäftigung, Ausbildung, Wohnsituation der Haushalte sowie über den zeitlichen Ablauf des Alltags der Haushaltsmitglieder.

Außerdem stellte die Architektengruppe eine Befragung der Familien, die im Juni 1984 in besetzten Häusern der Altstadt wohnten, Erhebungen über den informellen Sektor sowie schwer zugängliche Literatur zur Verfügung. Ein Mitglied unterstützte den Verfasser bei Interviews von Straßenverkäufern in der Altstadt mit dem Ziel, einen Überblick über ihre täglichen Einnahmemöglichkeiten zu gewinnen.

3. VERÄNDERUNGEN IN DER ALTSTADT MONTEVIDEOS UNTER BERÜCKSICHTIGUNG DER NATIONALEN ENTWICKLUNG URUGUAYS

Die spanische Krone begann im Jahre 1724, den kolonialen Kern der uruguayischen Hauptstadt, die heutige *Ciudad Vieja*, anzulegen. Die Gründung von *San Felipe y Santiago de Montevideo* erfolgte gut 200 Jahre nach der Entdeckung Südamerikas und somit erst gegen Ende der Kolonisation des Kontinents. Die späte Erschließung dieses Raumes für das spanische Kolonialreich hatte mehrere Ursachen: die Lage der *Banda Oriental del Uruguay* weit abseits der bis 1778 von der Krone monopolistisch gesteuerten Handelswege über die Karibik, das Fehlen wertvoller Metalle oder anderer wichtiger Rohstoffe, die kriegerischen autochthonen Völker (*Charrúas*) sowie der Widerstand von Buenos Aires gegenüber der Konkurrenz einer neu gegründeten Siedlung am Rio de la Plata.

Die Entwicklung der Altstadt Montevideos, die im folgenden ausführlich beschrieben wird, gliedert sich in einen Abschnitt vor und nach dem Jahre 1829, als Uruguay endgültig seine Unabhängigkeit errungen hatte. Die weitere Unterteilung der beiden Phasen orientiert sich jeweils an Zeitpunkten, die für die Stadtentwicklung wegen geänderter wirtschaftlicher und/oder politischer Rahmenbedingungen eine Zäsur bilden. Die Ausführungen werden jeweils durch Darstellungen über den Städtebau sowie über Stadtplanungsmaßnahmen ergänzt und stützen sich auf die Bearbeitung mehrerer in Montevideo aufgefundener Literaturquellen: ALVAREZ LENZI/ ARRANA/BOCCHIARDO (1986), BENECH/SPRECHMANN/VILLAAMIL/BASTARRICA (1983), CARMONA (1984), CHEBATAROFF (1984a/b/c), GARCIA MIRANDA/RUSSI (1984), GRUPO DE ESTUDIOS URBANOS (1983), SERE (1984), SANGUINETTI (1976) und SPRECHMANN (1982).

3.1 Die koloniale Stadt (1726-1829)

In diesem Zeitraum lassen sich drei Phasen unterscheiden: Im Jahre 1741 war die Anlage Montevideos mit einem feststehenden städtebaulichen

Entwurf abgeschlossen. Es rückte dann mit dem Bau der Umwallung und der Zitadelle das militärisch-strategische Motiv seiner Gründung in den Vordergrund. Anschließend gewann der Handel eine wachsende Bedeutung für die Entfaltung der Stadt. Mit der Unabhängigkeit im Jahre 1829 und dem sofortigen Entschluß der neuen Regierung, alle Befestigungsanlagen zu schleifen, setzte die Expansion zum heutigen Montevideo ein.

3.1.1 Die Gründungsphase (1724/26-1741)

Montevideo wurde - wie die meisten uruguayischen Städte - aus militärischen Erwägungen angelegt. Ende des 17. Jahrhunderts drangen immer wieder Portugiesen von Brasilien aus in die Banda Oriental ein (Gründung von Colonia del Sacramento im Jahre 1680) und gefährdeten somit den spanischen Einfluß im Bereich des Rio de la Plata. Um diese Einfälle abzuwehren, bauten die Spanier entlang des Paraná eine Abwehrfront auf, und außerdem sollte Montevideo aufgrund seiner geographischen Lage als befestigte Stadt sowohl der Schiffahrt im südlichen Atlantik Schutz bieten als auch den Eingang zur Trichtermündung des Rio de la Plata sichern (vgl. Abb. 1). Hinzu kam, daß die Bourbonen, die im Jahre 1714 endgültig den spanischen Thron bestiegen hatten, ein größeres wirtschaftliches Interesse an den überseeischen Gebieten als ihre habsburgischen Vorgänger aufwiesen. Ausschlaggebend für die ökonomischen Motive waren die fruchtbaren Naturweiden der Banda Oriental, die eine erfolgversprechende Viehwirtschaft ohne umfangreiche Investitionen erlaubten.

Eine erste königliche Anordnung im Jahre 1717 an den spanischen Gouverneur Zabala in Buenos Aires, die Siedlung Montevideo y Maldonado anzulegen und zu befestigen, wurde nicht befolgt, da sich Buenos Aires keine rioplatensische Konkurrenz schaffen wollte. Erst die wiederholten Aufforderungen des Königs in den Jahren 1718 und 1723 sowie die Absicht, den portugiesischen Schmuggel zu unterbinden, führte im Frühjahr 1724 zu der Anlage eines Militärstützpunktes und des Siedlungskerns von Montevideo, Ende 1726 dann durch Zabala zur offiziellen Stadtgründung. Die Anlage der Stadt auf der Halbinsel, die die Bucht vom offenen Meer trennt, läßt die militärische Aufgabe Montevideos leicht erkennen (vgl. Abb. 1). Die Abordnung aus Buenos Aires begann sofort mit dem Bau eines Forts auf der heutigen *Plaza Zabala* und steckte unter Berücksichtigung der *Leyes de Indias* die ersten sechs Quadrate (im folgenden auch mit *Cuadras* oder *Manzanas* bezeichnet) nach einem Plan von Petrarca ab. Sie lagen im Gebiet zwischen den heutigen Straßen *Piedras/Cerrito* sowie *Bartolomé Mitre/Solís* und somit an der zur Bucht hingewandten Seite der Halbinsel (vgl. Abb. 1, 2, 4). Dort befand sich zur damaligen Zeit ein kleiner Naturhafen - heute noch an der Einbuchtung der Bebauung in Höhe der Straße Treinta y Tres zu erkennen -, der den Schiffen ausreichend Schutz bot und der über genügend Tiefgang verfügte, so daß die Versorgung der zukünftigen Bevölkerung sowie der Militärgarnison gesichert war.

Im Gegensatz zu den übrigen südamerikanischen Städten hatten die ersten sechs *Cuadras* nur eine Breite von jeweils 100 *varas* (= 83,5 m). Diese Länge übertrug im Jahre 1726 Pedro Millán auf weitere 26 *Manzanas* und bestimmte gleichzeitig die höchste Stelle der Halbinsel für die *Plaza Mayor (Plaza Matriz* oder *Plaza Constitución)*, an der sich auch heute noch Kathedrale und *Cabildo* (jetzt Museum) gegenüberstehen (vgl. Abb. 2). Millán unterteilte bereits einige Quadrate für die ersten ansässigen Bürger. Die Besiedlung war jedoch kein kontinuierlich verlaufender Vorgang,

Abbildung 1: Lage Montevideos im Raum des Río de la Plata

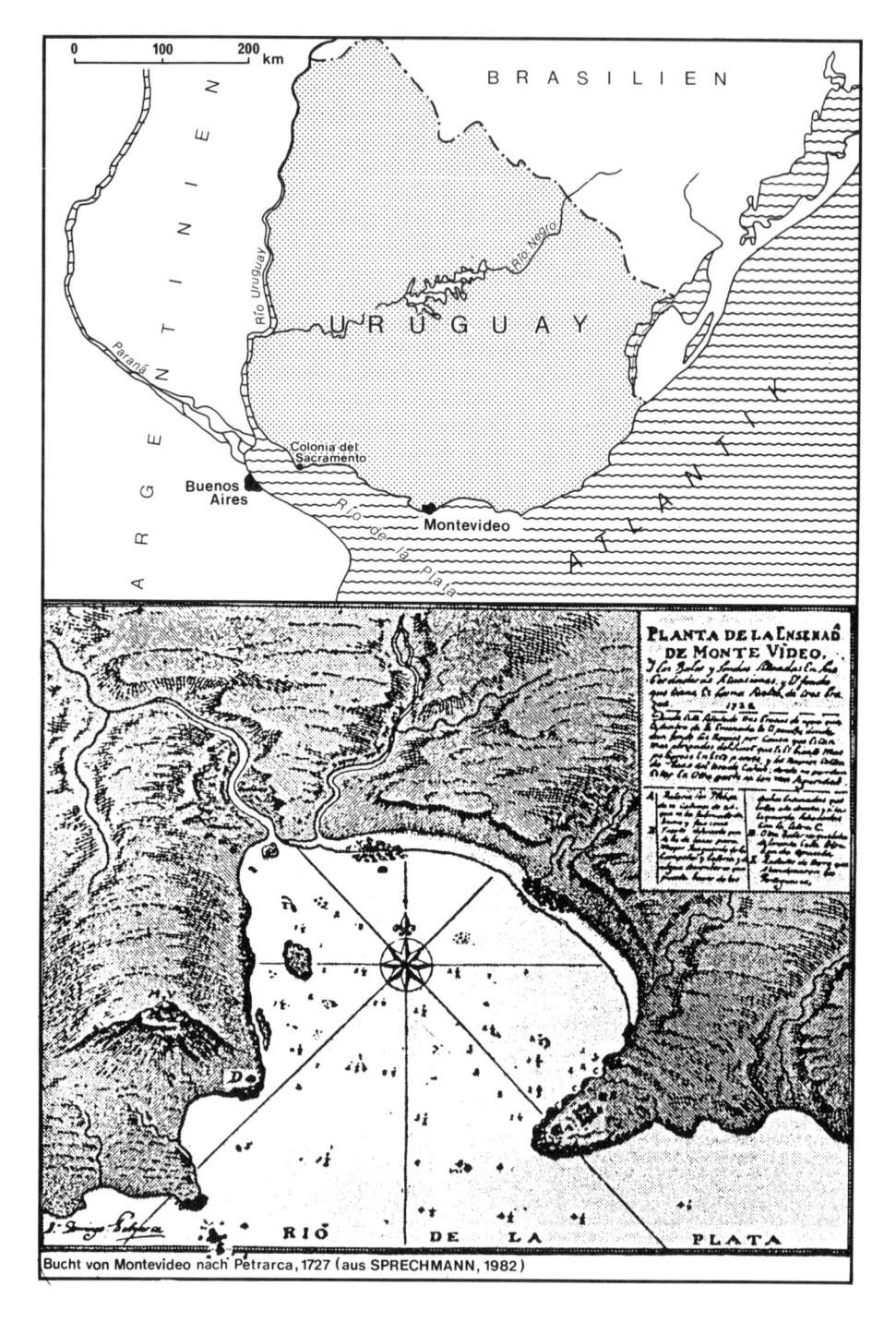

Bucht von Montevideo nach Petrarca, 1727 (aus SPRECHMANN, 1982)

Abbildung 2: Städtebaulich wertvolle Gebäude

Quelle: eigene Auswertung der Unterlagen der IMM

sondern erfolgte in drei Etappen. Den 40 Einwohnern, die bereits mit Zabala aus Buenos Aires nach Montevideo kamen, folgten zwei Jahre später 96 Personen von den kanarischen Inseln. Von dort stammten auch die Ankömmlinge aus den Jahren 1727-1729 und ebenfalls 20 Familien im Jahre 1730. Zu diesem Zeitpunkt hatte Montevideo etwa 400 Einwohner. Die nach dem Plan von Millán angelegten *Manzanas* waren weitgehend besiedelt, und die den einzelnen Familien zugewiesenen Grundstücke umfaßten in der Regel ein "Viertel des Quadrats" (*cuarto de cuadra*). Diese Größe blieb bis 1741 bestimmend, da der weitere Bevölkerungsanstieg der Stadt durch das Hinzufügen neuer Quadrate in östlicher Richtung aufgefangen werden konnte. Die Erschließung rückte auch in die Nähe des Forts, das man weiterhin unterhielt, obwohl es seine defensiven Aufgaben nicht mehr erfüllte (vgl. Abb. 1).

Montevideo war am Ende seiner Gründungsphase noch eine armselige Siedlung. Im Gegensatz zu den Festungsanlagen oder religiösen Zwecken dienenden Gebäuden waren nur drei oder vier der einzelstehenden Häuser aus Stein oder Holz gebaut. Als Baumaterialien überwogen luftgetrocknete Ziegel und Häute, da die von Buenos Aires abhängige Militärverwaltung die Verwendung dauerhafter Stoffe verboten hatte.

Mit dem Beschluß der spanischen Krone aus dem Jahre 1739, Montevideo wegen absehbarer kriegerischer Auseinandersetzungen mit England und Portugal vollständig mit einem Befestigungswall zu versehen und zudem die Stadt durch eine Zitadelle zur Landseite hin zu sichern, endete die Phase ihrer offenen und ungehinderten Ausdehnung.

3.1.2 Die befestigte Stadt (1741-1780)

Im Jahre 1741 begann man mit den Arbeiten zum Bau der Zitadelle. Im Gegensatz zu einem Plan Petrarcas von 1730 verlegte man die Befestigung nach Westen zur Halbinsel hin, so daß die Festungsanlagen in bereits erschlossenen und besiedelten Manzanas errichtet werden sollten. Gegen diese Absicht erhob die Stadtverwaltung Montevideos sofort beim Gouverneur in Buenos Aires mit der Begründung Einspruch, daß mit der Verwirklichung dieses Vorhabens die Wasserquellen zur Versorgung der Stadt außerhalb der Mauern lägen und auch außerdem durch die Eingrenzung keine ausreichenden Flächen zur Verfügung ständen, die wachsende Einwohnerzahl unterzubringen. Trotz dieser schwerwiegenden Einwände wurde das Anliegen Montevideos abgelehnt. Hierin offenbart sich eindeutig, daß die militärischen Interessen - repräsentiert von Buenos Aires - vor denen der Bürger Montevideos - vertreten durch den *Cabildo* - standen.

Die Arbeiten an der östlichen Abgrenzung sowie an der Zitadelle waren 1750 weitgehend abgeschlossen, und im Laufe der nächsten 50 Jahre wurden die Umwallung mit dem Fort an der Nordwestecke der Halbinsel, dem *Cubo del Sur*, einer Brüstung in Richtung offenes Meer sowie 34 Kasematten (*Las Bóvedas*, 1798-1804) entlang des Hafens, die als Munitionslager dienten, fertiggestellt.

Die Befestigungen wirkten sich in mehrfacher Weise auf die weitere Stadtentwicklung aus:

1. Sie verstärkten die soziale Segregation, da sich von Beginn an die indianische Bevölkerung trotz eines Siedlungsverbots außerhalb der Stadtmauern in erbärmlichen Behausungen niederließ.

2. Die räumliche Trennung sowohl hinsichtlich des sozialen Status als auch verschiedener Nutzungen nahm auch innerhalb der Stadt zu, da die Festungsanlage die Verkehrswege mit dem Umland auf eine nördlich und südlich der Zitadelle gelegenen Pforte einschränkte, durch die die Versorgung der Einwohner mit Wasser, Baumaterialien und Nahrungsmitteln erfolgte. Entlang der nördlichen Verbindung, der heutigen *Calle 25 de Mayo* (vgl. Abb. 13), lag das damals bevorzugte Wohngebiet. Hier - in der Nähe des Hafens - befanden sich nicht nur zahlreiche Geschäfte und Handelsniederlassungen, sondern wohnten auch viele Gutsbesitzer aus der näheren Umgebung. Zudem ist der Norden der Halbinsel windgeschützter gegen den kalten Pampero, der im südlichen Teil ungehindert auf das Festland trifft. Dieser Bereich war relativ dünn besiedelt, und es überwogen einfachste Hütten. Aus diesen Gründen hatte die südliche Pforte immer nur eine geringe Bedeutung. Weitere Kristallisationskerne der Siedlung waren seit 1751 die *Casa de Gobernación* im ehemaligen Fort (politisch-militärischer Mittelpunkt) und die *Plaza Matriz* mit Kathedrale und *Cabildo* (religiöser und städtischer Mittelpunkt).

3. Die Unterteilungen der *Manzanas* sowie eine beginnende Grundstücksmobilität verstärkten sich, da die flächenmäßige Expansion der Siedlung unterbunden war. Im Jahre 1755 waren von den Häusern auf den 192 steuerlich erfaßten Grundstücken 122 teilweise oder vollständig vermietet und in 70 wohnten nur die Eigentümer mit ihren Familien. Gleichzeitig begann die Bebauung der Parzellen direkt an der Straße. Den Gebäuden schloß sich im Innern der *Manzanas* meistens ein Garten an, der die Möglichkeit einer baulichen Erweiterung zuließ.

Aufteilung und besitzrechtliche Änderungen der Grundstücke wurden zudem durch die wirtschaftliche Entwicklung begünstigt. Im Jahre 1751 schuf die spanische Krone die *Gobernación de Montevideo*. Zwar war der Gouverneur auch weiterhin in das *Capitanat de las Provincias Unidas* mit der Hauptstadt Buenos Aires eingebunden, militärisch aber direkt dem König unterstellt. Wichtiger für die folgenden Jahre war die mit der Einrichtung des Gouvernements verbundene Unabhängigkeit Montevideos in Wirtschaft und Handel. Die Stadt konnte nun ohne irgendwelche Einschränkungen die landwirtschaftlichen Produkte seines Hinterlandes - vornehmlich Häute, Fette sowie Schmalz und mit dem Aufkommen der Salzindustrie auch Fleisch - in andere südamerikanische Städte und nach Europa ausführen. Die ehemals einseitige militärische Bedeutung der Stadt wurde durch eine anwachsende Dynamik des Hafens ersetzt. Sie dokumentiert sich am besten darin, daß im Jahre 1771 ein Konvoi von 25 Schiffen 432.000 Rinderhäute exportierte.

Die positive wirtschaftliche Entwicklung drückte sich sowohl im Anstieg der Einwohnerzahl auf 4.270 im Jahre 1778 aus als auch in der zunehmenden Verwendung fester Baustoffe wie Stein, Holz oder gebrannter Ziegelstein aus den Öfen auf der Gemeindeweide vor der Stadt. Außerdem gewannen importierte Materialien wie Fenstergitter an Bedeutung. Daneben gab es vor allem im Süden der Halbinsel immer noch einfachste Behausungen aus luftgetrockneten Ziegeln und Häuten.

In den 70er Jahren des 18. Jahrhunderts legten zwei politische Ereignisse den Grundstein für die erste Blütezeit Montevideos im folgenden Zeitraum. 1777 eroberte der Vizekönig der vereinigten Provinzen Colonia del Sacramento und beseitigte somit die portugiesische Konkurrenz im südlichen

Atlantik. Im gleichen Jahr errichtete man in Montevideo Zolleinrichtungen (*Aduana Vieja* in der *Calle Zabala,* vgl. Abb. 4), die 1778 ihre Arbeit aufnahmen. Zu diesem Zeitpunkt liberalisierte der spanische König im *Reglamento de Libre Comercio* nicht nur die wirtschaftlichen Beziehungen mit dem Mutterland, sondern bestimmte Montevideo auch als einen von 13 Haupthäfen in Übersee *(Puerto Mayor de Indias),* die berechtigt waren, mit dem Mutterland direkt Handel zu betreiben. Zudem wurde erklärt, daß Montevideo als einzige Stadt des rioplatensischen Vizekönigreiches wegen seiner Hafen- und Zolleinrichtungen von Buenos Aires unabhängig war.

3.1.3 Die koloniale Blütezeit (1780-1829)

Die Beseitigung der Handelsbeschränkungen sowie Lockerungen der Steuerpolitik durch die spanische Krone zogen viele Kaufleute nach Montevideo, das das wirtschaftliche Erbe Colonias übernahm. Bereits 1781 erbaute man eine einfache Kaimauer, die allerdings nach kurzer Zeit nicht mehr ausreichte, die umfangreichen Anforderungen der Hafenaktivitäten zu erfüllen. Diese erhielten im Jahre 1791, als Montevideo das Importmonopol für den Sklavenhandel in den südamerikanischen Kolonien zugesprochen bekam, einen weiteren bedeutenden Impuls. Mit dem Aufschwung des Handels erfolgten bald die ersten Gründungen in der Salzindustrie sowie Investitionen, die die günstigen Voraussetzungen der Viehwirtschaft ausnutzten. Diese blühende Entwicklung verursachte binnen kurzer Zeit eine deutliche Bevölkerungszunahme. Im Jahre 1808 hatte sich die Einwohnerzahl auf 9.400 Personen verdoppelt, und Montevideo war für Buenos Aires eine ernstzunehmende wirtschaftliche Konkurrenz, deren Gründungsziel, defensive Aufgaben gegenüber Portugal/Brasilien im rioplatensischen Raum zu übernehmen, kaum noch eine Rolle spielte. Buenos Aires versuchte, die rasche Entfaltung Montevideos zu behindern. So bewilligte das Handelskonsulat keine finanziellen Zuschüsse zum Ausbau der Hafenanlagen. Trotzdem konnte die Stadt eigene Mittel aufbringen, die Verladeeinrichtungen zu verbessern, und als wichtigstes Vorhaben, einen Leuchtturm (1802) auf dem *Cerro* gegenüber der Halbinsel zu errichten (vgl. Abb. 1).

Die Auswirkungen der europäischen Auseinandersetzungen zwischen England und Frankreich, an dessen Seite Spanien 1804 in den Krieg eintrat, unterbrachen die wirtschaftliche Aufwärtsentwicklung. In den Jahren 1806 und 1807 scheiterte der englische Versuch, Buenos Aires von Montevideo aus zu erobern. Dieser Erfolg stärkte das politische Selbstbewußtsein der Bürger im Vizekönigreich, so daß nach den politischen Vorgängen in Spanien (Absetzung des Königs durch Napoleon, Ablehnung des Nachfolgers durch die Kolonien) am 25. Mai 1810 in Buenos Aires der spanische Vizekönig abgesetzt und eine eigene Regierungsjunta ausgerufen wurde.

In den folgenden Jahren kam die *Banda Oriental* nicht mehr zur Ruhe. Die ständigen Kriege zwischen den einzelnen Interessensgruppen spanischer Vizekönig, Brasilien, Buenos Aires und Artigas, der die Unabhängigkeitsbestrebungen Uruguays verkörperte, verwüsteten das Land. Die Bevölkerung verarmte, und erst die Besetzung Montevideos im Jahre 1817 durch Brasilien, das sich Uruguay als Cisplatinische Provinz einverleibte, bewirkte eine politische Beruhigung. Doch schon einige Jahre später landeten von Buenos Aires kommend die *33 Orientales* am Rio del Uruguay und organisierten gegen die brasilianischen Besatzer einen Aufstand, der schließlich zur Selbständigkeit Uruguays im Jahre 1829 führte. Die damalige Einwohnerzahl von 9.000 Personen verdeutlicht die negativen Auswirkungen dieser Periode politischer Wirren.

Mit Beginn der wirtschaftlichen Blütezeit seit 1780 fanden in der Altstadt Montevideos einschneidende bauliche Änderungen statt. Die fehlende Ausdehnungsmöglichkeit infolge der Befestigungsanlage sowie die anwachsende Einwohnerzahl verursachten ein rasches Fortschreiten der Parzellierungen in den *Cuadras* und eine zunehmende vollständige Bebauung der einzelnen Grundstücke, so daß Gärten und nicht genutzte Flächen im Laufe der Zeit verschwanden.

Die überwiegende Zahl der Häuser wurde jetzt aus festen Materialien wie Stein oder Holz, das man wegen seiner Festigkeit aus Paraguay importierte, gebaut. Außerdem änderte sich der Baustil grundlegend: Das einzelstehende Haus ersetzte man durch das Patiohaus (vgl. Abb. 3), das mit seinem Flachdach und den daraufstehenden Aussichtstürmchen (*miradores*) in den folgenden Jahrzehnten zum Leitbild der Wohnvorstellungen aller Bevölkerungsschichten wurde und noch heute das städtebauliche Bild in der Altstadt prägt. Die Ursachen für diese Stabilität der Bau- und Wohnvorstellungen liegt im Zusammenwirken mehrerer Faktoren (SPRECHMANN 1982: 88; WILHELMY/BORSDORF 1984: 86 ff):

- Der Haustyp stammt aus dem mediterranen Kulturkreis, und Uruguay wurde lange Zeit von Spanien und Portugal beherrscht.

- Die periphere Lage des Landes sowie die politischen Unruhen im 19. Jahrhundert behinderten die Durchsetzung neuer Bauformen.

- Die sozial hochstehenden Bevölkerungsschichten identifizierten sich mit diesem Haustyp.

Abbildung 3: Grundriß eines Patiohauses

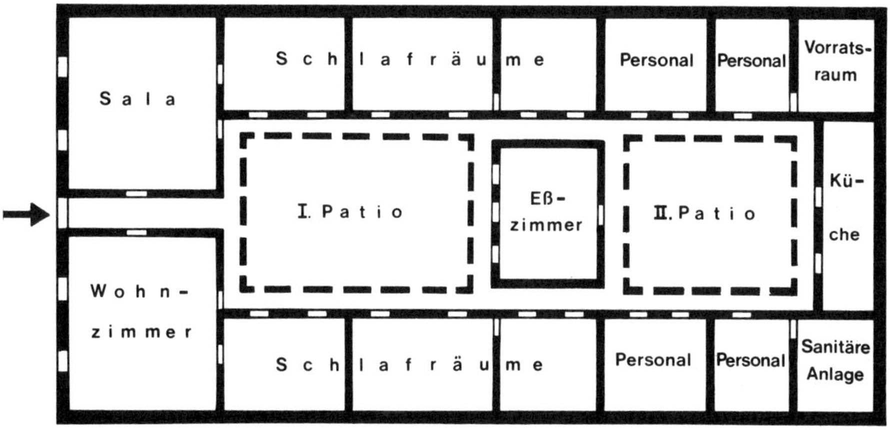

Quelle: GARCIA MIRANDA/RUSSI (1984: 20) u. WILHELMY/BORSDORF (1984: 87)

Hinzuzufügen ist noch die hohe Flexibilität des Patiohauses hinsichtlich notwendiger Erweiterungen oder Aufteilungen. Diese Anpassungsfähigkeit kann zudem mit einfachen Mitteln erreicht werden.

Das spanische Kolonialhaus ist nach innen zu einem zentral gelegenen Patio hin ausgerichtet, in dem die wichtigsten Aktivitäten der Familien stattfinden (ausführliche Beschreibung in WILHELMY/BORSDORF 1984: 86 ff). Um diesen von der Allgemeinheit genutzten Innenhof ordnen sich die Räume mit den verschiedenen Funktionen an: Sala, Wohn-, Schlaf- und Fremdenzimmer. Küche, Abstellraum und weitere Räume für das Personal gruppieren sich um einen zweiten sich anschließenden Patio. Der Innenhof ist das entscheidende bauliche Element für die funktionale und soziale Aufteilung des Hauses. In ihm laufen die Wege aller Haushaltsmitglieder zusammen, und seine Bepflanzung wirkt im Sommer temperaturausgleichend, im Winter ermöglicht der Patio eine angenehme Besonnung und Erwärmung des Hauses. Es kann abends, weil alle Räume zu ihm hin geöffnet sind, leicht von zentraler Stelle aus beheizt werden.

Das Leben im Patiohaus ist nach innen orientiert, denn der Zugang zu und von der Straße ist nur durch einen schmalen Flur möglich (Abb. 3). Die wenigen Fenster und die Errichtung der Häuser direkt an der Grundstücksgrenze zur Straße hin ergaben mit der Zeit eine kompakte Bebauung der *Cuadra,* deren Wirkung sich durch die Homogenität der Architektur sowie durch das Aufkommen zweistöckiger Patiohäuser seit 1808 noch verstärkte.

Die schönsten Gebäude dieser Zeit befanden sich in den Straßen nahe des Hafens wie z.B. die noch heute erhaltenen Häuser *Casa de los Ximénez* oder *Casa de Tomás Toribio* (vgl. Abb. 2). Städtebaulich gewann auch die *Plaza Mayor* mit der Neugestaltung des *Cabildo* (1804) und der Kathedrale (1790) an Bedeutung. Sie wurden zum absoluten Mittelpunkt der Stadt. Weitere bedeutende Bauwerke dieser Zeit sind: *Casa del Gobernador* (1790, Ende des 19. Jahrhunderts abgetragen, heute *Plaza Zabala), Hospital Maciel* (1825) und der *Aduana Vieja* (1776). Im Süden der Halbinsel überwogen immer noch einfache Lehmhütten, in denen zahlreiche Indios und Arbeiter wohnten.

Am Ende dieses Zeitabschnittes hatte sich auch die Stadtverwaltung durch mehrere Verordnungen etabliert, die vor allem sanitäre und hygienische Probleme (Abfallbeseitigung, Wasserversorgung, Lagerung der zu exportierenden Häute) betrafen. Hinzu kamen Vorschriften über die Höhe der Gebäude, die Gestaltung der Fassaden und die Bepflasterung der Straßen.

Als nach dem Frieden von Rio de Janeiro Uruguay seine Unabhängigkeit erhielt und im Jahre 1829 die erste selbständige Regierung in Montevideo gebildet wurde, verfügte sie mit dem Dekret vom 25. August 1829 den sofortigen Abriß aller Befestigungsanlagen Montevideos. Damit begann eine neue Phase der Stadtentwicklung, deren Expansionsmöglichkeit flächenmäßig nicht mehr begrenzt war.

3.2 Die Altstadt als Finanz- und Verwaltungsstandort Montevideos (1829-1984)

Auch in diesem Zeitraum lassen sich drei Phasen unterscheiden: Nach den kriegerischen Auseinandersetzungen, die der Unabhängigkeit folgten, konsolidierten sich seit 1875 die politischen und wirtschaftlichen Verhältnisse in Uruguay. Der Beginn des Hafenausbaus im Jahre 1901 festigte die ökonomische Bedeutung der Altstadt im Rahmen der städtischen und nationalen Entwicklung. Kurze Zeit später leitete Präsident Batlle y Ordóñez (Regierungszeiten 1903-1907 und 1911-1915) den politischen Weg Uruguays zum modernen Wohlfahrtsstaat ein, dessen positives Image als "Schweiz Lateinamerikas" sich mit den seit 1955 anwachsenden ökonomischen Problemen und inneren Unruhen in den 60er Jahren nicht mehr vereinen ließ. Dieses Bild wurde dann durch die Machtübernahme der Militärs im Jahre 1973, die die politischen und wirtschaftlichen Ziele durchgreifend änderten, endgültig zerstört.

3.2.1 Die ersten Erweiterungen (1829-1901)

Mit der Unabhängigkeit wurde Montevideo Verwaltungs- sowie Wirtschaftszentrum des neuen Staates, und somit legte man den Grundstein für die Entwicklung zur heutigen uruguayischen Metropole (vgl. Beitrag BÄHR). Es setzte eine erste Immigrantenwelle aus Frankreich, Italien, Spanien und England ein, die um 1840 einen Höhepunkt erreichte. Zu dieser Zeit kamen etwa 28.000 Einwanderer in Uruguay an, und die Bevölkerungszahl der Hauptstadt erhöhte sich kräftig (1852: 34.000 Ew.). Die Immigranten waren zum größten Teil Fachkräfte, die z.B. dem Städtebau große Impulse gaben.

Zunächst beschränkte sich das bebaute Gebiet Montevideos noch auf die Altstadt. Doch schuf die Beseitigung der Befestigungsanlagen, die sich über mehrere Jahre hinzog, die Voraussetzung für eine erste städtische Expansion. Um 1830 beauftragte man José Maria Reyes mit den Planungen für die beabsichtigte Stadterweiterung, die das Gebiet zwischen ehemaliger Stadtmauer und der heutigen *Calle Ejido* einnahm (vgl. Beitrag MERTINS). Der Entwurf sah eine einfache Fortschreibung des bereits in der Altstadt bestehenden Grundrisses vor. Die zentrale Achse der neu zu erschließenden Fläche war die heutige *Avenida 18 de Julio*, die die *Calle Sarandí* verlängerte und sich an der Scheitellinie der Halbinsel orientierte. Die Schwierigkeiten bei der Realisierung des Plans lagen im Verbindungsstück zwischen Alt- und Neustadt, da die jeweiligen Straßen unterschiedlich breit waren und die sich entsprechenden Verlängerungen nicht parallel zueinander verliefen. Dies rief im 20. Jahrhundert schwerwiegende Verkehrsprobleme hervor, die vor allem die Anbindung des Hafengebietes mit dem übrigen Stadtgebiet betrafen (vgl. Kap. 3.2.2 und 3.2.3).

Eine rasche Bebauung der Neustadt erfolgte jedoch nicht. Maßgebende Faktoren waren die anhaltenden inneren politischen Machtkämpfe zwischen den beiden nach der Unabhängigkeit entstehenden und noch heute einflußreichsten Parteien, den *Blancos* als Interessengruppe der Großgrundbesitzer und somit des Landesinneren *(Interior)* einerseits sowie den *Colorados*, die liberale Ideen vertraten und die städtische Bevölkerung vor allem in Montevideo repräsentierten, andererseits. Zwischen diesen beiden Gruppierungen kam es 1839 zum Großen Krieg *(Guerra Grande)* der mit internationaler Beteiligung (argentinische Oppositionelle/Brasilien, europäische Liberale unterstützen die *Colorados* in Montevideo, die Regierung Argentiniens die *Blancos*) bis 1851 andauerte und in dessen Verlauf Montevideo seit 1843 eingeschlossen war. Die Belagerung rief eine zumindest vorübergehende Dezentralisierung hervor, da die *Blancos* eine eigene Infrastruktur für Verwaltung und Nachschub einrichten mußten (vgl. Auswirkungen auf die Stadtentwicklung im Beitrag MERTINS).

Nur der Hafen sicherte das Durchhaltevermögen der Eingeschlossenen. Seit etwa 1840 bestand allerdings das Problem, daß die Schiffe mit größer werdendem Tiefgang nicht mehr an der 1824 erneuerten Mole anlegen konnten. Sie mußten daher in der Bucht ankern und wurden dort ent- sowie beladen. Hierzu baute man Karren mit sehr hohen Rädern, die zu den Schiffen fuhren und dann die Ladung zum Zoll in der *Calle Zabala* transportierten (vgl. Abb. 1). Dieses System funktionierte bis zum Beginn des 20. Jahrhunderts, als man den Hafen Montevideos den modernen Erfordernissen anpaßte (vgl. Kap. 3.2.2). Trotz dieser Schwierigkeiten konnte er aber sein Monopol für den nationalen Im- und Export beibehalten. Seine Bedeutung für die Wirtschaft des Landes war entscheidend dafür, daß sich das nationale Verkehrsnetz schon damals vollkommen auf Montevideo ausrichtete (vgl. GRIFFIN 1974).

Nach Beendigung des Großen Krieges wollte man zwar alle Kräfte vereinen, um die ökonomischen und finanziellen Probleme des Landes zu überwinden, doch brach der Streit zwischen *Blancos* und *Colorados* immer wieder aus. Trotz dieser politischen Instabilität verzeichnete Uruguay eine positive wirtschaftliche Entwicklung, da um 1860 eine zweite Immigrantenwelle einsetzte und man zahlreiche notwendige Arbeiten zur Verbesserung der Infrastruktur ausführte: Ausbau einer neuen Mole für Schiffe mit mittlerem Tiefgang, Pflasterung der Straßen, Installation einer mit Gas betriebenen Beleuchtung, die bis 1886 durch Elektrizität ersetzt wurde, Versorgung mit fließendem Wasser, Verbesserung der Wohnverhältnisse z.B. durch die Kanalisation in der Altstadt. Diese blieb zunächst noch das Wohngebiet der sozial hochstehenden Bevölkerungsgruppen, die dort in städtebaulich wertvollen Palästen wohnten. Ein bedeutender Impuls, aus der Altstadt wegzuziehen, ging vom 1857 ausgebrochenen Gelbfieber aus. Einkommensstärkere Haushalte verließen daraufhin die Altstadt mit ihren immer noch prekären sanitären Verhältnissen vor allem im südlich gelegenen Teil und bauten sich entlang der *Avenida 18 de Julio* großzügig gestaltete Häuser. Aufgrund dieser Neubewertung der Wohnstandorte gewann die *Calle Sarandí* gegenüber der *Calle 25 de Mayo* eine zunehmende Bedeutung für die Niederlassung von Geschäften. Die sich vollziehende Änderung in der Hierarchie der Straßen dokumentiert sich auch darin, daß die elektrische Straßenbeleuchtung zuerst entlang der Wachstumsachse *Sarandi-18 de Julio* von *Plaza Matriz*, über *Plaza Independencia* zur *Plaza Cagancha* verlegt wurde (vgl. Beitrag MERTINS). Auch das seit 1869 ausgebaute Straßenbahnnetz verlief durch die beiden Straßen *Rincón* und *Sarandí*. Der Endpunkt der Linien in der Altstadt weist darauf hin, daß dieses Viertel bei der Wohnbevölkerung zwar schrittweise eine soziale Abstufung erfuhr, daß es aber das wirtschaftliche Zentrum der Stadt und sogar des Staates blieb. Die Konzentration der Finanz- und Dienstleistungseinrichtungen verstärkte sich sogar noch. Sie siedelten sich vorwiegend in Hafennähe an. Als Beispiele können *Aduana* (1852/54), *Banco Comercial* (1857), *Bolsa de Comercio* (1867), *Administración de Correos* (1867), *Mercado del Puerto* (1868), genannt werden und als kulturelle Einrichtungen *Teatro Solís* (1856), *Hospital Maciel* (Erweiterung 1859), *Club Uruguay* (1885), *Gran Hotel Nacional* (1888, vgl. Abb. 2).

Nach 1860 beschleunigte sich dieser Konzentrationsvorgang, da Uruguay aufgrund seiner günstigen natürlichen Voraussetzungen für die Agrarproduktion, seines geschützten Hafens in Montevideo und - im Vergleich zu Neuseeland oder Australien - seiner Nähe zu den europäischen Abnehmern in die damaligen weltwirtschaftlichen Verflechtungen einbezogen wurde. Die wichtigsten Exportgüter waren wie zur Kolonialzeit Fleisch, Häute und Wolle. Die von den Großgrundbesitzern betriebene extensive Viehzucht erlebte einen enormen Aufschwung, so daß der Tierbestand von 3,6 Mio. Rindern im Jahre 1860 auf 8,2 Mio. im Jahre 1908 anstieg. Mehrere Faktoren begünstigten diese wirtschaftliche Entwicklung:

- Nach Jahren der Bürgerkriege stabilisierte sich die politische Situation mit der Machtübernahme von General Latorre im Jahre 1876.

- Die Einzäunung der Weiden, die von der 1871 gegründeten uruguayischen Landwirtschaftskammer vorangetrieben wurde, konsolidierte die Besitzverhältnisse und verringerte die Zahl der benötigten Arbeitskräfte und somit die Betriebskosten.

- Die Förderung wirtschaftlicher Initiativen sowie die Vergabe von Konzessionen an Privatpersonen oder Unternehmen zur Errichtung von Dienstleistungen stimulierten ausländische Investitionen, vor allem aus Großbritannien, z.B. in den Ausbau des Eisenbahnnetzes oder die Ansiedlung von Gefrierfleischfabriken, die wiederum die Nachfrage nach Fleisch erhöhten und somit wichtige Impulse für die Ausweitung der landwirtschaftlichen Nutzfläche gaben.

Die etwa 1860 beginnende wirtschaftliche Aufwärtsentwicklung sowie die Verringerung des Arbeitskräftebedarfs in der Landwirtschaft verursachten einen enormen Bevölkerungszustrom aus Europa und aus dem Landesinnern nach Montevideo. Hatte die Hauptstadt im Jahre 1860 eine Einwohnerzahl von knapp 58.000, so erreichte sie 1889 bereits 215.000 und 1908 sogar 310.000. Dieser Anstieg von gut 400% innerhalb eines halben Jahrhunderts erhöhte die Nachfrage nach Wohnungen und förderte in dem liberal orientierten Staat die Bodenspekulation. Sie erfolgte einerseits bei der Erschließung neuer Wohngebiete vornehmlich an der städtischen Peripherie bzw. in der Nähe von Industrieanlagen und andererseits durch die zunehmende Bedeutung des Mietwohnungsbaus im zentral gelegenen Bereich.

Erste Ansätze hierzu finden sich in der Altstadt bereits im Jahre 1825. Die *Vivienda de los Vazques*, Ecke *Piedras/Ituzaingó* (vgl. Abb. 2), diente vom Grundriß her eindeutig der Vermietung von Wohnraum an mehrere Familien, und die damaligen *casas de inquilinato* waren umgestaltete Patrizierhäuser, in denen Wohnungen oder auch einzelne Zimmer an verschiedene Familien vermietet wurden.

Seit 1860 erhöhte sich der Anteil der Gebäude, die von ihrer Anlage her Mietzwecken dienten, deutlich. Von den Bautypen ist der *conventillo* besonders hervorzuheben, da in ihm aus spekulativen Gründen versucht wurde, möglichst viele Familien der ärmeren Bevölkerungsschichten (befreite Negersklaven, Einwanderer, Zuwanderer aus dem Landesinnern) auf engem Raum unterzubringen (vgl. Kap. 1.3.2 und Abb. 3 des Beitrages MERTINS). Der *conventillo* wurde vor allem in der Neustadt und in den südlichen *Manzanas* der Altstadt gebaut. Zwar wurden dort zur Neugestaltung der *Rambla Sur* (vgl. Kap. 3.2.2) alle *conventillos* abgerissen, jedoch sind gewisse Eigenschaften des Vermietungssystems heute noch in den bestehenden *pensiones/inquilinatos* anzutreffen (vgl. Kap. 5.3). Die baulichen Lösungen bei den *conventillos* reichten von einer einfachen Zimmerreihe bis hin zu mehrstöckigen Gebäuden. Die Bauausführungen gliederten sich in die bestehende Bausubstanz der Altstadt ein, so daß es nicht zu einem städtebaulichen Bruch kam.

In dieser Phase verlor die Altstadt ihre Bedeutung als alleiniger Wohnstandort Montevideos. Es erfolgte eine erste soziale Degradierung und gleichzeitig eine zunehmende Konzentration wirtschaftlicher Aktivitäten, die im folgenden Zeitabschnitt durch den gesteigerten Export und durch den Ausbau des Hafens noch bedeutender wird.

3.2.2 Zunehmende Verdrängung der Wohnnutzung (1901-1973)

Zwei Ereignisse gleich zu Beginn dieses Zeitraumes waren von einschneidender Bedeutung für die weiteren Veränderungen in der Altstadt:

1. Am 18. Juli 1901 wurde für den Ausbau des neuen Hafens der Grundstein gelegt.

2. Im Jahre 1903 trat Batlle y Ordóñez seine erste Präsidentschaft an und begründete mit seiner interventionistischen Wirtschaftspolitik die Entwicklung Uruguays zum sozialen Wohlfahrtsstaat.

Dem Baubeginn des Hafens gingen Jahrzehnte der Planungen voraus, deren Realisierungen immer wieder an den finanziellen Problemen, vor allem an der hohen Verschuldung des Landes infolge der jahrelangen bürgerkriegsähnlichen Auseinandersetzungen, scheiterten. Bereits 1856 legte ein Gesetz die Ausdehnung des neuen Hafens fest (vgl. Abb. 4), und zwischen 1873 und 1875 unterbreitete eine britische Firma die ersten Vorschläge zu seinem Ausbau. Die Notwendigkeit, in der Bucht von Montevideo eine große Hafenanlage zu errichten, die den ansteigenden nationalen Im- und Export aufnehmen sowie die Erfordernisse der neuen Schiffe im Transatlantikverkehr erfüllen konnte, wurde von staatlicher Seite erkannt, und so schrieb man im Jahre 1889 einen internationalen Wettbewerb zur Neugestaltung des Hafens aus. 1896 akzeptierte man die Vorschläge einer deutschen Firma aus Braunschweig, 1901 begann ein französisches Unternehmen mit den umfangreichen Bauausführungen (vgl. Abb. 4): zwei Wellenbrecher mit einer Länge von 940 bzw. 1300 m, ein Damm zum Schutz der Hafenanlage, eine Mole von 2,5 km sowie Aufschüttungen für das Hafengelände von insgesamt 60 ha und die Ausbaggerungen für den Zugang vom Fluß, den Vorhafen sowie die zwei Hafenbecken mit einer Tiefe von 7,5 m.

Bereits 1904 nutzte man Teile des neuen Hafens, und fünf Jahre später wurde er offiziell eröffnet. In der Finanzierung waren weder nationales noch ausländisches Privatkapital beteiligt, der Staat trug vollständig die Kosten des Projektes. Damit ging auch die Verwaltung in staatliche Hände über, und 1916 gründete man nach mehreren Vorläufern die *Administración Nacional del Puerto de Montevideo*. Man baute anschließend noch weitere Molen, jedoch entsprachen die damaligen Ausführungen im wesentlichen noch den heutigen Anlagen (vgl. Abb. 4). Der Ausbau weiterer Häfen mit nationaler Bedeutung seit 1928 in Salto, Paysandú und Fray Bentos konnte die überragende Stellung Montevideos nicht durchbrechen, da Uruguays ökonomische Basis einzig und allein auf die Viehwirtschaft und auf den Hafen der Hauptstadt ausgerichtet war. Seine zentrale Stellung verdeutlicht sich am besten darin, daß seit 1933 die Verwaltung aller uruguayischer Häfen *(Administración Nacional de Puertos,* ANP) ihren Sitz in Montevideo hat.

Der Hafen bildete den wirtschaftlichen Mittelpunkt der Hauptstadt, die zu Beginn des 20. Jahrhunderts weiter expandierte (vgl. Beitrag

Abbildung 4: Alte und neue Hafenanlagen (vor und nach 1901)

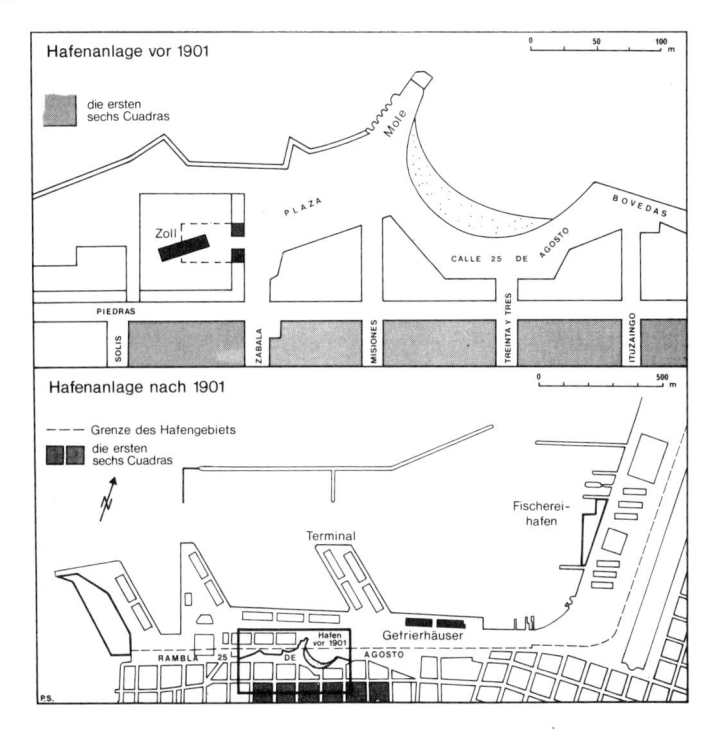

Quelle: CARMONA (1984), eigene Auswertung

MERTINS). Zu seinem unmittelbaren Einflußbereich gehörte auch die Altstadt, in der sich die vielfältigen hafenbezogenen Dienstleistungen niederließen. Entlang der *Avenida 18 de Julio* dagegen siedelte sich vor allem der Einzelhandel an, so daß sie zur Hauptgeschäftsstraße Montevideos wurde (vgl. Kap. 4.1). Wirtschaftliche und staatliche Funktionen mit nationaler Bedeutung konzentrierten sich auch weiterhin in Montevideo. Dieser Vorgang wurde durch die günstige ökonomische Entwicklung noch verstärkt, da sich die "terms of trade" des Agrarexporteurs außerordentlich gut gestalteten. Die europäischen Nationen konnten ihren Fleischbedarf aus eigener Produktion nicht decken und suchten gleichzeitig nach Absatzmärkten für ihre Industriegüter. Zu Beginn des Jahrhunderts stieg zudem die Zahl der Immigranten erneut an, die gemeinsam mit der zunehmenden Abwanderung der Einheimischen aus ländlichen Regionen die Nachfrage nach Arbeitsplätzen in den Städten erhöhten (vgl. Beitrag BÄHR). Zur Versorgung der Bevölkerung mit einfachen Konsumgütern erfolgten die ersten Industriegründungen, die von Präsident Batlle gefördert und seit 1911 durch Importzölle vor der ausländischen Konkurrenz geschützt wurden. Infolge seiner interventionistischen Wirtschaftspolitik engagierte sich der Staat zunehmend in allen Lebensbereichen, in denen öffentliche Interessen im weitesten Sinne berührt wurden. Zu den sozialen Errungenschaften des Präsidenten zählten der 8-Stunden-Tag mit maximal 48 Stunden in der Woche, eine kostenlose Schulbildung, die Gesundheitsfürsorge sowie die Einführung eines modernen Rentensystems. Batlle finanzierte diese Reformen durch Abschöpfung eines Teils der Überschüsse aus den Agrarexporten. Diese Politik des Kapitalentzugs aus der Landwirtschaft zugunsten der städtischen Bevölkerung vermied allerdings, die Interessen der Großgrundbesitzer zu beeinträchtigen (vgl. ASTORI 1981, FAROPPA 1984, KLEINPENNING 1981). Sie hatten stets einen Vertreter in der Regierung. So wurde in Uruguay nie eine aktive Einwanderungspolitik wie z.B. in Argentinien nach dem Motto *gobernar es poblar* ("Regieren heißt Bevölkern") betrieben. Nur im Süden des Landes entlang des Küstensaumes entstanden einzelne Kolonien.

Die Weltwirtschaftskrise beschleunigte die von Batlle begonnene Entwicklung. Die Viehzüchter sahen sich aufgrund der Absatzschwierigkeiten ihrer Produkte nach neuen Investitionsmöglichkeiten um und förderten gemeinsam mit dem Staat eine verstärkte Industrialisierung des Landes durch Importsubstitution. Die Zahl der Unternehmen verdreifachte sich zwischen 1930 und 1955 von 7.000 auf 21.000, und die Zahl der in der Industrie Beschäftigten erhöhte sich von 78.000 auf 160.000 Personen. Die Zielsetzung der Wirtschaftspolitik änderte sich von *hacia afuera* zu *hacia adentro*, von außen- zu binnenmarktorientiert (vgl. SANDNER 1971). Die durch Importzölle stark geschützte Industrie stellt überwiegend Konsumgüter für den heimischen Markt her, dessen Begrenztheit unter Beibehaltung der wirtschaftlichen Zielvorstellungen nach einer gewissen Expansionsphase keine weitere Attraktivität für neue Investitionen nationaler oder gar internationaler Herkunft aufweisen konnte. So ist im Jahre 1950 Uruguay nahezu Selbstversorger bei einfachen Konsumgütern und Nahrungsmitteln, und die Exporte werden zu 90-95% von landwirtschaftlichen Produkten bestritten.

Mit der wirtschaftlichen Prosperität des Landes verringerte sich in der Altstadt die Bedeutung der Wohnfunktion, die vor allem durch Finanzeinrichtungen (z.B. *Banco de la República,* vgl. Abb. 2), durch Dienstleistungen und durch Aktivitäten, die im weitesten Sinne mit dem Hafen verbunden waren, ersetzt wurde: Wechselstuben, Zollabfertigungen, Im- und Exportgesellschaften. Die Nähe zum Hafen war zunächst der ausschlaggebende Standortfaktor, der im Laufe der Zeit durch die Agglomerationsvorteile ergänzt wurde. Die mit dem Rückgang der Wohnfunktion verbundenen städtebaulichen Auswirkungen waren gravierend: Die um sich greifende Bodenspekulation führte zu einer baulichen Degradierung der Wohngebäude und zur Verringerung der Wohnungszahl, da der vorhandene Baubestand durch Nutzungen mit höheren Renditen ersetzt wurde und sich außerdem die Neubautätigkeit mit Ausnahme im Süden der Halbinsel weitgehend auf den Bau von Büros beschränkte. Die intensivere Nutzung der zur Verfügung stehenden Flächen drückt sich auch in immer größer werdenden Gebäudehöhen aus, die durch Bauvorschriften aus dem Jahre 1907 noch gefördert wurden. Entlang der *Calle Sarandí* sowie an der *Plaza Independencia, Matriz* und *Zabala* legte man minimale sowie maximale Höhen fest. Als hohe Gebäude entstanden z.B. die neue Börse 1940, das *Hotel Victoria Plaza* 1950 sowie das *Edificio Tupí* 1963 (vgl. Abb. 2 und 5). Diese Gebäude zerstörten das bis dahin existierende städtebauliche Bild mit der alles überragenden Kathedrale auf dem höchsten Punkt der Halbinsel.

Abbildung 5 und Tabelle 1 verdeutlichen, daß im Jahre 1954 die Zahl der Gebäude mit maximal zwei Stockwerken den höchsten Wert erreicht. Höhere Bauwerke befinden sich nur im Gebiet zwischen der *Banco de la República* sowie der *Plaza Independencia* und weisen auf das hier liegende Finanzzentrum Uruguays hin. Weiterhin fällt auf, daß unbebaute Parzellen, die eventuell noch als Parkplatz genutzt werden, innerhalb der *Manzanas* weitgehend fehlen. Im Süden der Altstadt ist zu erkennen, daß im Bereich der

Abbildung 5: Gebäudehöhe im Jahre 1954

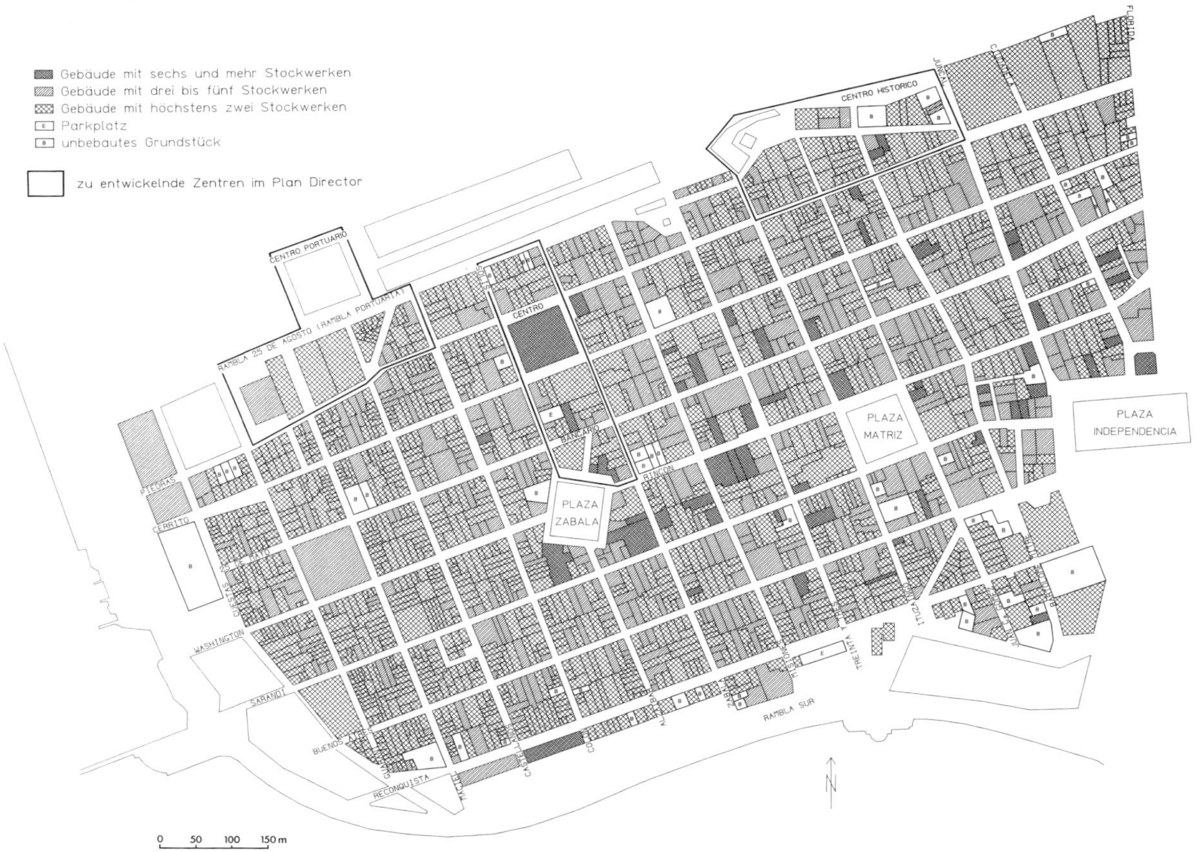

■ Gebäude mit sechs und mehr Stockwerken
▨ Gebäude mit drei bis fünf Stockwerken
▦ Gebäude mit höchstens zwei Stockwerken
▫ Parkplatz
□ unbebautes Grundstück
▢ zu entwickelnde Zentren im Plan Director

Quelle: Luftbild 1954, eigene Auswertung

Tabelle 1: Gebäudehöhe und Nutzung unbebauter Grundstücke in der Altstadt Montevideos zwischen 1954 und 1983

Stockwerk-zahl	Anzahl der Parzellen							
	1954 abs.	%	1963 abs.	%	1975 abs.	%	1983 abs.	%
≤2	1.344	69,5	1.262	66,4	1.165	62,3	1.027	56,5
3-5	475	24,6	490	25,8	494	26,4	465	25,6
6 u.m.	58	3,0	79	4,2	98	5,2	127	7,0
unbebaute Parzellen								
ohne Nutzung	55	2,8	60	3,2	95	5,1	137	7,5
Parkplatz	2	0,1	9	0,5	19	1,0	61	3,4
Summe	1.934	100,0	1.900	100,0	1.871	100,0	1.817	100,0

Quelle: Luftbilder 1954, 1963, 1975 und 1983, eigene Auswertung

neugestalteten *Rambla Sur* die ehemalige *Calle Teresa* bereits verschwunden ist und ein erster Mietblock errichtet wurde. Die Expansion der Stadt erhöhte die Bodenspekulation sowohl am Stadtrand wegen Neuerschließungen für Wohngebiete als auch im Zentrum wegen der Konkurrenz verschiedener Nutzungen. Der beträchtliche Anstieg der Bodenwerte führte im Zentrum gemeinsam mit sozialen und technischen Veränderungen (Kleinfamilie, neue Baustile, Bautechnik) zu einem Anstieg der Nachfrage nach Apartments. Dieser Trend wurde noch von staatlicher Seite aus unterstützt, da die Regierung seit den 30er Jahren die Eigentumsbildung förderte *(Ley de Propiedad Horizontal* 1946), die jedoch letztendlich auf Haushalte der oberen Mittel- und der Oberschicht ausgerichtet war. Um die zur Verfügung stehenden Flächen intensiver auszunutzen, entstanden Hochhäuser mit Eigentumswohnungen, und die Erlaubnis, benachbarte Parzellen mit Gebäuden unterschiedlicher Höhe zu bebauen, zerstörte in der Altstadt langsam den städtebaulichen Wert des kolonialen Kerns.

Die Verdrängung der Wohnfunktion wirkte sich in sinkenden Einwohnerzahlen aus, die in der Altstadt 1975 nur noch 18.900 Personen erreichte (1963: 22.200). Mit dieser Abnahme erfolgte gleichzeitig eine soziale Umschichtung. Vor allem die Bevölkerung mit mittlerem und höherem Einkommen und mit ihnen führende Geschäfte des Einzelhandels aus der *Calle Sarandí* verließen die Altstadt in Richtung *Avenida 18 de Julio*, während Haushalte mit geringen Einnahmen in zum Teil prekären Wohnverhältnissen in *Pensiones* und *Inquilinatos* (vgl. Kap. 3.2.3 und 5.3) oder in den nach 1945 errichteten Mietsblöcken entlang der *Calle Reconquista* wohnen blieben.

Zwei Beispiele sollen zeigen, wie die Wohnfunktion der Gebäude durch andere Nutzungen ersetzt wurde. Zwischen 1908 und 1910 baute der Geschäftsmann Félix Ortiz de Taranco den heute unter Denkmalschutz stehenden *Palacio Taranco* an der *Plaza Zabala*. Die Baukosten betrugen die damals unvorstellbare Summe von 321.000 Pesos. Das Gebäude, in dem 1925 der spätere englische König während eines Besuches in Uruguay untergebracht war, diente ausschließlich Wohnzwecken. 1943 kaufte der Staat den

Palast für das Kulturministerium auf und richtete dort im Jahre 1972 ein Museum ein. In unmittelbarer Nachbarschaft, ebenfalls an der *Plaza Zabala,* wurde 1924 ein luxuriöses Hotel erbaut, das im Jahre 1952 ein uruguayischer Expräsident als Alterssitz erwarb. Nach seinem Tode im Jahre 1956 ging es in den Besitz der *Discount Latin American Bank* über, die es bis heute als Zentralverwaltung in Uruguay nutzt.

Mit der fortschreitenden Verdrängung der Wohnfunktion durch private und öffentliche Einrichtungen von nationaler Bedeutung setzte sich die Citybildung weiter fort, nahm die Differenz zwischen Tag- und Nachtbevölkerung weiter zu. Zu den in der Altstadt Beschäftigten kommen noch die Personen, die hier zentrale Dienstleistungen wie z.B. im *Hospital Maciel*, in Gerichten, in Ministerien oder in Banken aufsuchen. Mit dieser Entwicklung erhöhte sich zunächst der Busverkehr und dann in verstärktem Maße auch der private Pkw-Verkehr. Die engen Straßen der Altstadt waren nicht dazu geeignet, den anwachsenden fließenden sowie ruhenden Verkehr aufzunehmen, so daß die damit verbundenen Probleme im Verlauf der wirtschaftlichen Prosperität seit Beginn des Jahrhunderts außerordentlich anstiegen. Vor allem die Anbindung des Hafens stellte eine große Schwierigkeit dar, die mit der Neugestaltung der *Rambla Portuaria* im Zuge des Hafenausbaus nicht endgültig gelöst werden konnte (vgl. Abb. 4).

Die ökonomische Aufwärtsentwicklung, die im 20. Jahrhundert in Uruguay herrschte, konnte nur so lange andauern, wie die Landwirtschaft ausreichende Handelsbilanzüberschüsse erzielte, um den negativen Saldo des industriellen Sektors zumindest auszugleichen. Denn die Industrie, die von Anfang an durch Zölle geschützt war und daher wegen mangelnder Konkurrenzfähigkeit ihre Waren nur auf dem heimischen Markt absetzen konnte, war stets auf den Import von Gütern zur Aufrechterhaltung ihrer Produktion angewiesen. Strukturelle Änderungen in der Wirtschaftspolitik mußten spätestens dann vollzogen werden, wenn auf dem Weltmarkt ein Preisverfall für landwirtschaftliche Produkte einsetzte.

Diese Entwicklung begann nach dem Koreakrieg etwa im Jahre 1955. Abschläge gab es bei Wolle und Leder wegen der Einführung von Kunstfasern, bei Fleisch wegen zunehmender europäischer Selbstversorgung. Auf dem Weltmarkt verschärfte sich mit Neuseeland und Australien die Konkurrenz, deren Exporte nach England, dem Hauptabnehmer uruguayischer Produkte, durch Commonwealthvereinbarungen begünstigt wurden. Eine Reaktion auf die geänderten Bedingungen unterblieb. Möglichkeiten wären neben der Intensivierung der Landwirtschaft, die Diversifizierung ihres Angebotes, die Weiterverarbeitung agrarer Produkte und stärkere Exportorientierung der Industrie gewesen. Dies hätte erfordert, den Kapitalentzug aus der Landwirtschaft, z.B. durch Verringerung fiskalischer Abgaben oder durch die Abschaffung fester Höchstpreise, zu mindern und sowohl im primären als auch im sekundären Bereich steuerliche Begünstigungen für Produktivitätssteigerungen einzuführen. Diese Maßnahmen hätten eine finanzielle Belastung der staatlichen Haushalte zur Folge gehabt, die durch eine effektivere Steuererhebung und somit höhere Einnahmen der öffentlichen Verwaltungen zu verhindern gewesen wäre.

Die politischen Rahmenbedingungen, um diese Änderungen zu beginnen, waren jedoch in den 50er Jahren nicht gegeben, da die bedeutendste Kraft innerhalb der regierenden *Colorados,* der *Batllismo,* versuchte, die Reallöhne ohne einen Wechsel wirtschaftspolitischer Zielvorstellungen zu erhalten. Auch die Partei der *Blancos,* die im Jahre 1959 erstmals im 20. Jahrhundert an die Macht kam, führte zwar gewisse handelspolitische Liberalisierungen ein, änderte aber nichts Grundlegendes an dem seit Batlle verfolgten Interventionismus.

Die Gewinnerwartungen in der Landwirtschaft verringerten sich, da fallende Preise auf Binnen- und Weltmarkt ansteigenden Lohnkosten gegenüberstanden. So erhöhten sich zwischen 1948 und 1954 die Einkommen um 110%, während sich die Lebenshaltung nur um 58% verteuerte. Die Folge war seit 1955 eine wirtschaftliche Stagnation, da mit der geringeren Rentabilität im agraren Sektor die Nachfrage nach industriellen Produkten zurückging. Im Industriebereich schränkten die Lohnkosten die Wettbewerbsfähigkeit weiter ein, so daß man die Unternehmen nur durch eine Erhöhung der Importzölle vor dem Konkurs bewahren konnte. Diese Maßnahmen verhinderten aber eine den Löhnen angemessene Produktivitätssteigerung, da die Einführung neuer Technologien zu teuer wurde. Die Folge war ein zwischen 1955 und 1973 nahezu gleichbleibendes Bruttoinlandsprodukt, und somit standen unveränderten Einnahmen der öffentlichen Haushalte ansteigende Ausgaben gegenüber. Die Regierungen behalfen sich mit der Ausweitung der Geldmenge, und die Inflation wurde in den 60er Jahren ein strukturelles Merkmal der uruguayischen Wirtschaft. Es begann eine Kapitalflucht, so daß Gelder für notwendige Investitionen fehlten. Im Jahre 1955 waren etwa 10%, 1965 bereits 27% und Ende der 70er Jahre 42% der Ersparnisse privater Haushalte in ausländischen Währungen, vor allem dem US-Dollar, angelegt.

Die 1955 einsetzende rückläufige Entwicklung wirkte sich auch in der Altstadt aus. Aufgrund der miserablen ökonomischen Perspektiven unterblieben Neuinvestitionen, so daß sich im Zentrum Montevideos bauliche Veränderungen deutlich verringerten. Die Abnahme der Parzellenzusammenlegungen pro Jahr sowie der geringe Anteil der Gebäude, die zwischen 1964 und 1975 errichtet wurden, verdeutlichen die Zurückhaltung größerer Kapitalanleger (vgl. Tab. 2 und 3). Der Staat begünstigte noch die mangelhafte Investitionsbereitschaft durch rechtliche Neuerungen. Der im Jahre 1947 eingeführte restriktive Mieterschutz unterband, daß die Eigentümer die Mieten der Inflationsrate anpassen konnten. Ihr folglich geringes Interesse, neue Wohnungen zu bauen, und die geringen Einnahmen aus bestehendem Wohnraum verhinderten Instandsetzungen und beschleunigten durch Aufteilung und Untervermietung den baulichen Verfall. Diesem schlechten ökonomischen Klima entsprechend liegen Grundstücke, die zwischen 1954 und 1975 von baulichen Änderungen oder von Zusammenlegungen betroffen waren, in ihrer Mehrzahl entlang der *Rambla Sur* und in dem vom *Plan Director* festgelegten *Centro Bancario* (vgl. Kap. 4.2). Dessen Neugestaltung unterblieb, die Arbeiten beschränkten sich auf den Gebäudeabriß (vgl. auch die Zunahme unbebauter Grundstücke und Parkplätze in Tab. 1). Außerhalb dieser beiden Bereiche kamen nur vereinzelte Umformungen vor, so daß man aus Abbildung 6 schließen kann, daß die getätigten Investitionen fast ausschließlich von öffentlicher Seite getragen wurden.

Die wirtschaftliche Stagnation verschärfte die inneren sozialen und politischen Auseinandersetzungen. So konnten die seit 1967 gewählten Regierungen nur noch durch Ausnahmeregelungen regieren, und der Machtzuwachs der *Tupamaros*, die das demokratische System gefährdeten, stärkte den Einfluß der Militärs, die im Juni 1973 an die Macht kamen.

Tabelle 2: Bauliche Veränderungen und neue Parzellierungen zwischen 1954 und 1983

Zeitraum	Anzahl der Parzellen	stattgefundene Veränderungen Bausubstanz			Parzellierung		
		abs.	%	p.a.	abs.	%	p.a.
1954-1963	1934	149	7,7	14,9	44	2,3	4,4
1964-1975	1900	167	8,8	13,9	48	2,5	4,0
1976-1983	1871	260	13,9	32,5	93	5,0	11,6

Quelle: Luftbilder 1954, 1963, 1975 und 1983, eigene Auswertung

Tabelle 3: Baujahr der Gebäude in der Altstadt (1983)

Zeitraum	Anzahl der Gebäude		
	abs.	%	p.a.
-1875	204	11,3	-
1876-1930	866	47,9	16,0
1931-1954	276	15,3	11,5
1955-1963	111	6,1	12,3
1964-1975	61	3,4	5,1
1976-1983	72	4,0	9,0
keine Angabe	218	12,1	-

Quelle: eigene Auswertung der Unterlagen der IMM

3.2.3 Beschleunigter Niedergang und baulicher Verfall (1973-1984)

Die Militärs verwirklichten in der Folgezeit einschneidende Änderungen in der Wirtschaftspolitik mit dem Fernziel, in Uruguay ein international bedeutendes Finanzzentrum entstehen zu lassen. Hierzu liberalisierten sie schrittweise alle Handels- sowie Kapitalaktivitäten und verdrängten somit den seit Batlle verfolgten Staatsinterventionismus. Es begann ein wirtschaftliches Wachstum, das eine jährliche Zuwachsrate von durchschnittlich 4,1% erreichte und das mit Schwankungen (+1,2%-+8,6%) bis 1981 anhielt. Mit einer gewissen zeitlichen Verzögerung setzte in der Altstadt eine enorme Nachfrage nach Büroräumen ein, so daß sich dort nach 1975 zum Teil gravierende bauliche Veränderungen vollzogen (Tab. 2, 3). Gleichzeitig verschlechterte sich durch sinkende Realeinkommen die soziale Situation vieler Haushalte aus einfachen und mittleren Bevölkerungsschichten, so daß sich in den 70er Jahren die gesellschaftlichen Gegensätze auch in der Altstadt verschärften.

Um die Hintergründe für die seit 1973 eingetretenen Veränderungen besser zu verstehen, wird zunächst auf das ökonomische Konzept der Militärs eingegangen (ausführliche Darstellungen in ASTORI 1981, FAROPPA

1984, ESSER u.a. 1983) und dann die Entwicklung in der Altstadt zusammenfassend beschrieben.

Der von den Militärs eingeführte Monetarismus sah die Ursachen für die wirtschaftliche Stagnation des Landes im wesentlichen bei internen Faktoren. Hierzu zählen der umfassende Einfluß des Staates im wirtschaftlichen Leben, die Importsubstitutionsstrategie sowie die hohen Lohn- und Sozialkosten, die - verstärkt durch den betriebenen Protektionismus - eine mangelhafte Wettbewerbsfähigkeit der Industrie auf dem Weltmarkt verursacht hatten. Die Absicht des Monetarismus besteht darin, vor allem durch eine aktive Inflationsbekämpfung sowie durch eine Öffnung des Binnenmarktes die marktwirtschaftlichen Elemente und die Gewinnchancen der Unternehmen zu stärken.

Im Gegensatz zu Chile, wo man versuchte, die neuen wirtschaftspolitischen Ziele durch abrupte und schockartig wirkende Änderungen der Rahmenbedingungen zu erreichen, gingen die Militärs in Uruguay schrittweise vor.

In den Jahren 1973-1978 stand zunächst die Exportorientierung im Vordergrund, um die Handelsbilanz auszugleichen. Man konzentrierte sich auf die Förderung nichttraditioneller Agrarprodukte, wie Reis, Zitrusfrüchte oder Käse sowie industriell gefertigter kurzlebiger Konsumgüter der Textilbranche. Zur Aktivierung der Ausfuhr wurden die Rückerstattung von Binnensteuern, die Exportvorfinanzierung sowie Handelsabkommen mit den Nachbarländern eingesetzt, und zusätzliche Investitionsanreize förderten die Anlage ausländischen Kapitals. Um die Wettbewerbsfähigkeit zu verbessern, senkte man die Nominallöhne. Insgesamt gingen die Realeinkommen zwischen 1973 und 1977 um 24% auf einen Index von 70,7 zurück (vgl. Abb. 7), die Renten sogar um 30% auf 47,9% im gleichen Zeitraum.

Im September 1974 begann eine vorsichtige finanzielle Öffnung. Die Konvertibilität des Peso wurde hergestellt und die Verringerung des Protektionismus durch Zollsenkungen für Importe von Rohstoffen, Zwischenprodukten und Kapitalgütern eingeleitet. Man erhöhte gleichzeitig die Zinsen, so daß Kapitalzuflüsse - vor allem Fluchtkapital vor dem Peronismus aus Argentinien - das noch bestehende Handelsbilanzdefizit ausgleichen konnten. Seit März 1976 wurden daher weitere Liberalisierungen vorgenommen. Man erlaubte den Abschluß von Verträgen in beliebiger Währung und die Freigabe der Zinsen, die schnell zu höheren privaten Kapitalimporten führten. Die Banken steigerten ihre Kreditvergabe an den privaten Sektor, der umfangreiche Investitionen tätigte. Zwei Gründe spielten hier eine Rolle: Erstens bestand wegen der langanhaltenden Importbeschränkungen ein hoher Nachholbedarf, und zweitens wirkte sich die Exportförderung in einem Produktionsanstieg aus. Im Jahre 1978 betrug die Investitionsquote 18,3% des Bruttoinlandsproduktes. Die Arbeitslosigkeit lag jedoch mit gut 10% noch über dem Wert von 1973 (vgl. Abb. 7). Nach ihrem kurzfristigen Rückgang im Jahre 1974 - ausgelöst wurde dies durch eine Emigrantenwelle nach der Machtübernahme der Militärs - stieg sie von etwa 8% auf über 13% an, da wegen sinkender Reallöhne mehr Personen auf den Arbeitsmarkt drängten.

Im Jahre 1978 weist die zurückgehende Arbeitslosigkeit auf einen weiteren Kurswechsel in der Wirtschaftspolitik hin. In den Mittelpunkt rückte nun die Bekämpfung der Inflation, die im Jahre 1974 wegen der Finanzierung der Exportförderung sowie der enormen Steigerung der Militärausgaben mit 107% ihre höchste Rate erreicht hatte. Um die Teuerung zu verrin-

Abbildung 6: Bauliche Änderungen und Parzellenzusammenlegungen (1954 bis 1975)

Bauliche Änderungen mit Parzellenzusammenlegungen
▓ Neubau eines höheren Gebäudes
▨ Gebäudeabriss
▨ sonstige bauliche Änderung

Bauliche Änderungen ohne Parzellenzusammenlegung
▨ Neubau eines höheren Gebäudes
▨ Gebäudeabriss
▨ sonstige bauliche Änderung

☐ keine bauliche Änderung
Zone A und B im Plan "Pro Ciudad Vieja"

Quelle: Luftbilder 1954, 1963 und 1975, eigene Auswertung

Abbildung 7: Entwicklung der Arbeitslosigkeit in Montevideo sowie der Realeinkommen in Uruguay zwischen 1968 und 1984

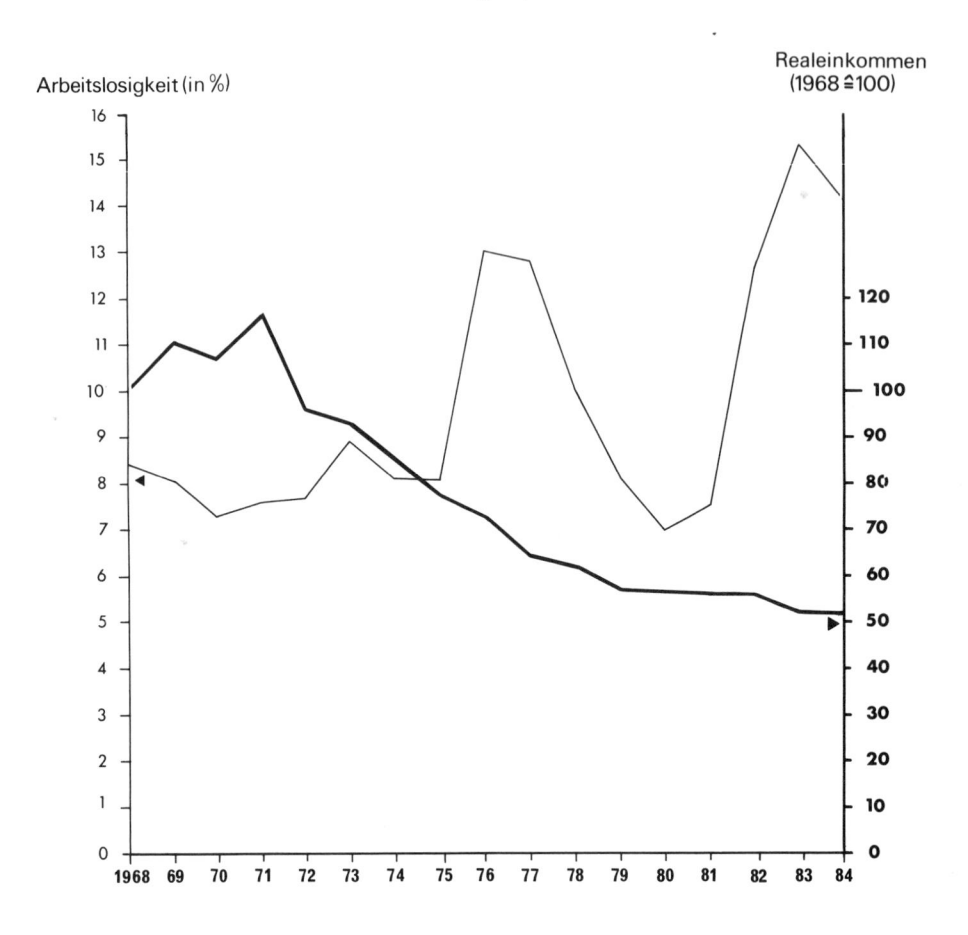

Quelle: VEIGA (1984); CEPAL (1986): Uruguay - informe económico 1985. Montevideo

gern, führte man periodische Abwertungsschritte ein, die stets kleiner als die Preiserhöhungen waren. Somit ergab diese Maßnahme eine reale Aufwertung des Peso und bewirkte eine Senkung der Importpreise. Die Abwertungen gab man im voraus bekannt, und sie bildeten dadurch kein Währungsrisiko für ausländische Anleger. Der Kapitalzustrom blieb bestehen, verstärkte sich sogar durch die Überbewertung des argentinischen Peso. Es ergab sich ein Nachfrageboom bei Konsumgütern und eine enorme Bautätigkeit hauptsächlich im vornehmen Badeort Punta del Este sowie in den beiden Stadtteilen Montevideos Pocitos und Altstadt. Im Jahre 1979 stieg das Bruttoinlandsprodukt um 8,6% an und aufgrund der preistreibenden

Nachfrage erreichte die Inflationsrate einen Wert von 67%. Ihre Zunahme erhöhte gleichzeitig die Nominalzinsen.

Ein Jahr später klang die Konjunktur aus, die Teuerungsrate verringerte sich, jedoch blieben die Kreditzinsen hoch. Dies galt auch für Kredite in US$. Die Situation der Industrie war zu diesem Zeitpunkt im Falle des ausländischen Kapitalabzugs prekär. Sie hatte aufgrund der Binnennachfrage und der Exportexpansion - Uruguay hatte seine Ausfuhr zwischen 1973 und 1981 vervierfacht - umfangreiche Investitionen getätigt. Die Unternehmen waren hoch verschuldet, und die Segmentierung des Kapitalmarktes innerhalb des Landes ließ keine freie Zinsgestaltung zu.

Die wirtschaftliche Verschlechterung im Jahre 1980 barg die Gefahr des Geldabzugs in sich, so daß 1981 und 1982 trotz sinkender Inflation die Realzinsen im vierten Quartal 1981 auf 47% anstiegen und dadurch zunehmend Kreditnehmer zahlungsunfähig wurden. Das Bruttoinlandsprodukt ging im Jahre 1982 um 10% zurück, und die finanziellen Schwierigkeiten erhöhten die Gefahr eines Bankenzusammenbruchs, so daß trotz hoher Zinsen Kapital abfloß. Im Zusammenhang mit der Inflationsbekämpfung wirkten sich bedeutende handelspolitische Maßnahmen negativ aus. Im Jahre 1978 wurde mit dem Abbau der Exportförderung begonnen, und 1980 trat die Importliberalisierung in Kraft. Dieses Vorgehen ergab Absatzschwierigkeiten des Exports auch aufgrund der realen Pesoaufwertung und große wirtschaftliche Probleme auch binnenorientierter Betriebe, da sie mit den billigen Importen nicht konkurrieren konnten.

Die Regierung floatete im November 1982 den Peso, und innerhalb von fünf Wochen sank sein Wert gegenüber dem Dollar von 14 auf 47 Peso. Nur massive Verkäufe der Zentralbank stabilisierten ihn bei 25 Pesos. Diese Abwertung wirkte schockartig, muß man doch bedenken, daß die Kredite in der Regel in US$ vergeben worden waren, sich also die Schulden binnen kürzester Frist verdoppelt hatten. Das Ergebnis war ein Anstieg der Arbeitslosigkeit auf 12,5% und ein nochmaliges Absinken der Reallöhne (vgl. Abb. 7). Die Kaufkraft der Lohnempfänger sank damit seit 1968 um 46% und somit auch die Binnennachfrage.

Die ökonomische Liberalisierung wirkte sich in Montevideo in einer erhöhten Bodenspekulation mit all ihren baulichen Konsequenzen aus. Sie konzentrierte sich zunächst auf den Bau von Komforteigentumswohnungen in Pocitos und verlagerte sich ab Mitte der 70er Jahre zur Altstadt hin. Die dort vorhandene Nachfrage nach Immobilien ergab sich hauptsächlich aus Erweiterungs- und Neubauten des tertiären Sektors. Sie wurden weniger von den Banken getragen, sondern vielmehr von Einrichtungen, die mit den Finanzaktivitäten sehr eng verbunden sind. Öffentliche Verwaltungen, Handel und freie Berufsstände suchten die Nähe zum Hafen, da die Öffnung des nationalen Marktes den Im- und Export förderte. Die Altstadt erhielt dadurch eine Aufwertung ihrer Standortqualitäten.

Die Bodenspekulation wurde durch die Freigabe der Mieten zusätzlich begünstigt. Im Jahre 1974 erließ die Regierung ein neues Mietgesetz (*Ley de Alquileres*), das alle Preisbindungen aufhob. Nachdem in den Jahrzehnten zuvor staatliche Eingriffe den Preisindex für Wohnungen nur unterdurchschnittlich ansteigen ließen, verdeutlicht Tabelle 4, daß sich der Wohnraum nach 1973 von allen Bereichen der Lebenshaltung am stärksten verteuerte. Dieser Anstieg traf vor allem Haushalte unterer Einkommensgruppen, die bei sinkenden Reallöhnen (vgl. Abb. 7) über einen immer engeren Ausgabenspielraum verfügten. Für sie war bereits vor 1974 der Wohnraum knapp, da wegen der bestehenden Mietpreiskontrollen so gut wie keine Neubautätigkeit erfolgte. Dieser Mangel führte schon vor 1973 zu einer höheren Belegungsdichte vorhandener Wohnungen *(tugurización)*. Da die Hausbesitzer keine Mieterhöhungen durchsetzen konnten, teilten sie zur Erhöhung ihrer Gesamteinnahmen den verfügbaren Wohnraum auf. Zudem hatten sie kein Interesse, in die Erhaltung der Gebäude zu investieren, sie spekulierten nur auf einen zukünftigen Anstieg des Bodenwertes. Die *tugurización* setzte sich jedoch auch nach dem neuen Mietgesetz fort, jetzt allerdings als Reaktion der Haushalte auf die enorme Verteuerung des Wohnraumes.

Tabelle 4: Preisindex für die Lebenshaltung[1]

Jahr	insgesamt	Ernährung	Bekleidung	Wohnung	sonstiges
1965	10	11	7	10	8
1969	86	90	78	76	87
1970	100	100	100	100	100
1972	219	241	209	172	196
=========	=========	=========	=========	=========	=========
1973	100	100	100	100	100
1976	575	543	472	628	656
1978	1.315	1.286	968	1.547	1.377
1980	3.587	3.472	2.541	4.373	3.751
1982	5.722	4.873	3.438	8.698	6.183
1984[2]	11.231	10.235	5.525	14.093	13.356

1) Änderung des Bezugsjahres: Vor 1973 ist der Index für 1970 gleich 100. Seit 1973 ist der Index für 1973 gleich 100.
2) Durchschnitt Januar/Mai

Quelle: Statistik des Auslandes. Länderbericht Uruguay 1975/1980/1983/1986

Die Regierung versuchte zwar, zu hohe Belastungen für Haushalte, die vor 1974 einen Mietvertrag abgeschlossen hatten, einzudämmen, indem sie in diesen Fällen gewisse Restriktionen für Preissteigerungen einführte (vgl. Beitrag MERTINS). Dadurch entstand ein Markt für ältere und neuere Wohnungen. Die Aufteilung wirkte sich vor allem bei jungen und zugewanderten Haushalten aus, da sie auf dem Wohnungsmarkt zum ersten Mal als Nachfrager auftraten. Für sie waren die finanziellen Belastungen bei neuen Mietverträgen sehr hoch: Neben der jährlichen Kostenanpassung, die in der Regel höher als die Einkommenssteigerungen waren, mußten sie 4-5 Monatsmieten als Sicherheit hinterlegen. Sie tendierten daher aus mehreren Gründen in Richtung Zentrum: Konzentration größerer und älterer Mietshäuser, leerstehender Gebäude, wohltätiger Vereine, Konzentration von Eßküchen und Arbeitsplätzen, die leichtere gegenseitige Unterstützung und bessere Infrastrukturausstattung.

Gleichzeitig erhöhte sich in der Altstadt das Interesse der Hausbesitzer aufgrund der steigenden Nachfrage nach Büroräumen, Wohnungen durch tertiäre Nutzungen zu ersetzen, so daß sich - wie Tabelle 2 eindeutig belegt - nach 1975 umfangreiche bauliche Veränderungen vollzogen, die sich wiederum auf die räumliche Struktur und auf die Wohnverhältnisse der in der Altstadt lebenden Haushalte auswirkten.

Der Wechsel in den nationalen wirtschaftlichen Rahmenbedingungen beschleunigte somit die bauliche Degradierung, die bereits vor 1973 in Ansätzen zu erkennen war. Veränderungen in diesen beiden Kategorien, zwischen denen in einem kleinen Land wie Uruguay durchaus intensive wechselseitige Wirkungen bestehen, sind im folgenden zusammenfassend beschrieben, bevor sie in den anschließenden Kapiteln 4 und 5 eingehender analysiert werden.

Vor 1973 verursachten staatliche bzw. städtische Projekte die stärksten Eingriffe in die Gebäudesubstanz (z.B. *Plan Director*, vgl. Kap. 4.2). Durch den Hafenausbau zu Beginn des Jahrhunderts ging wegen großflächiger Aufschüttungen der Zugang zur Bucht von Montevideo verloren, und die Neugestaltung der *Rambla Sur* mit dem Abriß aller Gebäude entlang der ehemaligen *Calle Teresa* sowie dem Bau großer Mietshäuser unterband den Blick von der Altstadt zum Meer.

Im Gegensatz dazu spielten bei der sprunghaft angestiegenen Zahl der Veränderungen nach 1973 Projekte, die die öffentliche Hand förderte, so gut wie keine Rolle (Tab. 2). Die Abriß- und Neubautätigkeit wurde im wesentlichen von privaten Interessen getragen. Dieser Sachverhalt drückt sich in Abbildung 8 darin aus, daß die baulichen Veränderungen meist einzelne Parzellen betreffen. Nur entlang der *Rambla Agosto* und ihrer heutigen Verbindung zur *Avenida Uruguay* wurden einige *Manzanas* vollständig abgerissen. Vergleicht man ihre Lage mit den neu zu ordnenden Teilräumen, wie es im *Plan Director* aus dem Jahre 1957 vorgesehen war (vgl. Abb. 5), so wird der Einfluß der damals vorgeschlagenen Neuordnungen auf diese Veränderungen deutlich. Es ist aber schon jetzt zu betonen, daß die Gestaltung der geplanten drei Zentren mit Ausnahme der Renovierung der *Casa de los Ximénez* unterblieb (vgl. Abb. 2, Kap. 4.2).

Die öffentliche Verwaltung förderte die Privatinteressen an der Neubautätigkeit in der Altstadt durch zwei Gesetze. Das erste, das der nationale Sicherheitsrat nach Rücksprache mit dem Präsidenten der *Banco Hipotecario del Uruguay* und dem Bürgermeister Montevideos am 23. November 1978 erlassen hatte, gab der Stadt die Möglichkeit, Gebäude in schlechtem Erhaltungszustand *(fincas ruinosas)* zum anschließenden Abriß räumen zu lassen. Ein Jahr später schützte das zweite Gesetz zahlreiche baulich wertvolle Gebäude nicht als *Monumento Histórico* (vgl. Kap. 4.3). Die Folge war eine umfangreiche Abrißtätigkeit, die mit dem Zustrom ausländischen Kapitals sowie mit einem gewaltigen Bauboom zeitlich zusammenfiel. Davon waren viele Gebäude betroffen, die zwar isoliert gesehen keinen besonderen Wert hatten, die aber den vorhandenen Gesamtkomplex mit prägten und die Einheitlichkeit der Bebauung in der Altstadt formten. Die entstandenen neuen Bauten störten zudem den Gesamteindruck. Wie Tabelle 1 belegt, erhöhte sich die Stockwerkzahl der nach 1975 errichteten Gebäude deutlich. Die häufigen Parzellenzusammenlegungen nach diesem Zeitpunkt weisen außerdem darauf hin, daß sich neben der Höhe auch die Breite und das Bauvolumen nicht in die vorhandene städtebauliche Umgebung einpaßten. Hierfür fehlte jegliches Verständnis, denn die Gebäudekomplexe sollten die neue wirtschaftliche Prosperität des Landes zum Ausdruck bringen.

Nach Abklingen der guten Konjunktur von 1978 bis 1980 unterblieb häufig die Errichtung eines neuen Gebäudes, so daß viele unbebaute Grundstücke als Parkplätze noch die höchste Rendite erzielten. Dieser Nutzung kam noch entgegen, daß sich der Pkw-Bestand aufgrund der Importliberalisierung seit 1978 deutlich erhöht hatte. So betrug der Einfuhrwert von Kraftfahrzeugen im Jahre 1978 nur 42,8 Milliarden US$, erreichte aber 1981 einen Höchstbetrag von 184,6 Milliarden US$. Die zunehmende Nachfrage nach Parkmöglichkeiten drückt sich unter anderem darin aus, daß 1975 nur 19 Grundstücke als Parkplatz genutzt wurden. Zwölf Jahre später hatte sich diese Zahl auf 61 verdreifacht (vgl. Tab. 1).

Die umfangreiche Abrißtätigkeit seit 1978, die enormen Preissteigerungen bei den Mieten, die sinkenden Realeinkommen sowie die 1982 einsetzende wirtschaftliche Krise hatten auch einschneidende Auswirkungen auf strukturelle Veränderungen in der Altstadt (vgl. Kap. 5). Durch die Vernichtung von Wohnraum setzte sich der Rückgang der Einwohnerzahl fort. Sie betrug 1985 nur noch 16.000. Trotz dieser Abnahme verschlechterten sich die Wohnbedingungen vor allem aufgrund einer Verdichtung innerhalb des verbliebenen Wohnraumes, denn die Altstadt bot für die ärmere Bevölkerung erhebliche Standortvorteile gegenüber der städtischen Peripherie: Nähe zu Arbeitsplätzen, Einnahmemöglichkeiten im informellen Sektor durch alle Familienmitglieder, relativ großes Angebot von Mietwohnungen. BENTON (1986) nennt drei Strategien, die die Einwohner zur Sicherung ihres Wohnbedarfs verfolgen (vgl. Kap. 5):

1. Verdichtung
   Mehrere Haushalte mieten gemeinsam eine Wohnung, andere ziehen zu Freunden oder Verwandten. Verheiratete Kinder bleiben in der Wohnung ihrer Eltern.

2. *Pensiones/Inquilinatos*
   In diesen Mietshäusern werden die Zimmer einzeln vermietet und Küche sowie sanitäre Einrichtungen von allen genutzt. Dieses System hat zwar den Vorteil, daß die Vermieter weder eine Einkommensgarantie noch eine Hinterlegung verlangen, aber die Miethöhe der täglich zu bezahlenden Zimmer übersteigt oft den gesetzlich vorgeschriebenen Mindestlohn. Weiterhin wird Licht- und Wassernutzung reguliert, und es kann jederzeit die Kündigung ausgesprochen werden. Im Gegensatz zur ersten Strategie erhöht dieses Vermietungssystem die Unsicherheit und somit auch die Mobilität der Bevölkerung.

3. Hausbesetzungen *(rompecandados)*
   Das Abklingen der Konjunktur seit 1981 führte dazu, daß zahlreiche Gebäude in schlechtem baulichen Zustand *(fincas ruinosas)* nicht abgerissen und, da sie leerstanden, aufgrund einer städtischen Verordnung zugemauert werden mußten. Viele Familien, die seit 1982

über kein regelmäßiges Einkommen verfügten, brachen die Häuser auf und besetzten sie. Trotz der ständigen Gefahr, von öffentlichen Stellen vertrieben zu werden, nutzten sie die billigen Wohnmöglichkeiten mit extrem schlechten hygienischen Verhältnissen: fehlende Licht- und Wasserversorgung sowie schlechter baulicher Zustand konnten die Menschen nicht von den Besetzungen abhalten (vgl. GANS 1987b).

Die hier aufgezeigten sozialen Veränderungen sollen in Kapitel 5 mit Hilfe der befragten Haushalte eingehend analysiert werden. Zuvor soll jedoch die räumliche Nutzungsdifferenzierung in der Altstadt im Jahre 1983, die eng mit der Bodenspekulation zusammenhängt, untersucht sowie die deutliche Verschärfung städtebaulicher Verordnungen zum Schutz der vorhandenen Bausubstanz dargestellt werden.

4. Gebäudenutzung und -erhaltung in der Altstadt Montevideos

Im Vordergrund dieses Abschnittes steht die Problematik der städtebaulichen Erhaltung in der Altstadt. Der seit 1975 beschleunigte bauliche Verfall hängt eng mit den geänderten wirtschaftlichen Rahmenbedingungen zusammen, da das nationale Handels- und Finanzzentrum durch die von der Regierung betriebene Öffnung nach außen vielfältige Impulse erhielt. Die Neubewertung des Standortes "Altstadt" innerhalb Montevideos verursachte eine zunehmende Bodenspekulation, die durch die Freigabe der Mieten im Jahre 1974 noch verschärft wurde. Gleichzeitig konnte die vorhandene Bausubstanz den Anforderungen der neu eindringenden Nutzungen aus dem Dienstleistungsbereich nicht genügen, so daß - noch unterstützt durch eine rechtliche Sanktionierung *(finca ruinosa)*, Nov. 1978; vgl. Kap. 3.2.3) - eine umfangreiche Abrißtätigkeit einsetzte (vgl. Abb. 8). Nach dem konjunkturellen Einbruch in den Jahren 1981/82 blieben zahlreiche Baulücken bestehen, und der Verfall noch vorhandener wertvoller Gebäude schritt wegen des Zinsanstieges und der damit verbundenen Investitionszurückhaltung weiter fort.

Um diesen Konflikt zwischen Erhalten und Ersetzen zu analysieren, soll - unter Berücksichtigung des asymmetrischen Cityentwicklungsmodells von LICHTENBERGER (1972) für kontinentaleuropäische Großstädte - die räumliche Nutzungsdifferenzierung in der Altstadt analysiert werden, da sich die auftretenden Cityeinrichtungen stets mit älteren baulichen Elementen auseinanderzusetzen haben. Anschließend werden die Probleme zwischen den Nutzungsinteressen und der Erhaltung sowie potentielle Lösungsansätze mit verschiedenen Schwerpunkten vorgestellt und dann die Realisierungsmöglichkeiten unter Berücksichtigung des Denkmalschutzes und seiner Weiterentwicklung in Montevideo diskutiert.

4.1 Funktionale Gliederung der Altstadt

LICHTENBERGER (1972) hebt mehrere Entwicklungsunterschiede der Citybildung in kontinentaleuropäischen und nordamerikanischen Großstädten hervor: So stellt sie dem konzentrischen Aufbau der City in den USA, wo weitgehend fehlende Bauvorschriften und nur wenig ererbte Bausubstanz es ermöglichen, die Bodenpreise der Grundstücke in eine entsprechende Gebäudehöhe zu projizieren, "ein asymmetrisches Cityentwicklungsmodell mit der Unterscheidung von Wachstumsfront und Leitstrahl bzw. Rückfront"

Abbildung 8: Bauliche Änderungen und Parzellenzusammenlegungen 1975 bis 1983

Bauliche Änderungen mit Parzellenzusammenlegungen
  Neubau eines höheren Gebäudes
  Gebäudeabriss
  sonstige bauliche Änderung

Bauliche Änderungen ohne Parzellenzusammenlegung
  Neubau eines höheren Gebäudes
  Gebäudeabriss
  sonstige bauliche Änderung

  keine bauliche Änderung

Quelle: Luftbilder 1975 und 1983, eigene Auswertung

(1972: 227) in Europa gegenüber. Diese Asymmetrie der inneren Struktur wird noch unterstützt durch das Auftreten von Kernen, in denen sich bestimmte Nutzungen räumlich konzentrieren bzw. die Anziehungspunkte der Cityentwicklung darstellen. Daneben ist in kontinentaleuropäischen Städten die "Lückenhaftigkeit des Citygefüges" zu erkennen, d.h. neben Parzellen mit intensivster Nutzung gibt es immer wieder nicht bebaute Grundstücke oder leerstehende Gebäude.

Zwar wird in der vorliegenden Untersuchung lediglich die Altstadt Montevideos einbezogen, die nur ein Teilgebiet des Stadtkerns ausmacht, trotzdem lassen sich aus den Ausführungen über die historische Entwicklung räumliche Tendenzen ableiten, so daß im Falle der uruguayischen Hauptstadt mehrere Faktoren einen mit kontinentaleuropäischen Städten vergleichbaren Wachstumsprozeß der City bedingen:

1. Die Citybildung begann im historischen Stadtkern Montevideos. Spätestens mit der Handelsliberalisierung im Jahre 1778 nahm die Zahl staatlicher sowie privater Einrichtungen, die sich mit dem Im- und Export befaßten, sprunghaft zu. Sie siedelten sich bevorzugt in Hafennähe an (vgl. Kap. 3.1).

2. Die Lage der Altstadt auf der Halbinsel bedingt bereits aus topographischen Gegebenheiten ein asymmetrisches Entwicklungsmodell, das durch den extrem peripheren Standort des Zentrums innerhalb des Stadtgebietes noch verstärkt wurde. Die mit der zunehmenden Expansion Montevideos schlechter werdende Erreichbarkeit des Stadtkerns begünstigte die Ausbildung einer Wachstumsachse, vor allem für nicht hafengebundene Aktivitäten.

3. Leitstrahl dieser Veränderungen war jedoch nicht die *Calle 25 de Mayo,* eine der beiden alten Torstraßen nahe des Hafens (vgl. Kap. 3.1.2), sondern die Achse *Sarandí-Avenida 18 de Julio,* die sich nach Abriß der Befestigungsanlagen herausbildete. Diese Leitlinie wurde durch mehrere Faktoren gestärkt:
    * Ausgangspunkt der *Avenida 18 de Julio* ist die *Plaza Independencia,* die mit dem Präsidentenpalast als neues politisches Machtzentrum die *Plaza Matriz* ablöste.
    * Die sozial höher stehende Bevölkerung, die nach der Gelbfieberepidemie die Altstadt verließ, bevorzugte Wohnstandorte entlang der *Avenida 18 de Julio.*
    * Mit der weiteren flächenhaften Expansion Montevideos (vgl. Beitrag BÄHR) verschlechterte sich die Erreichbarkeit der Altstadt, so daß in den 20er und 30er Jahren zahlreiche Kaufhäuser sowie zum Teil auch öffentliche Einrichtungen (z.B. die Stadtverwaltung Montevideos) die beengten räumlichen Verhältnisse in der Altstadt verließen und sich entlang der *Avenida 18 de Julio* mit immer größer werdender Distanz zur Altstadt ansiedelten. Dort trifft man heute den Einzelhandel mit hoher Qualität nur noch in der *Calle Sarandí* zwischen *Plaza Matriz* und *Independencia* an (vgl. Abb. 2, 13).

Diese Verlagerungen verschiedener Nutzungsarten förderten innerhalb der City eine Viertelsbildung, da hafengebundene Aktivitäten ihren Standort in der Altstadt weiterhin positiv bewerteten. Die Persistenz wichtiger zentraler Einrichtungen wie z.B. *Banco de la República,* Börse, nationale Hafenverwaltung sowie verschiedene Ministerien trägt ebenfalls zu dieser

Beurteilung bei. Somit ist anzunehmen, daß sich die Altstadt in mehrere Kerne mit hoher Nutzungsintensität gliedert, zwischen denen jedoch immer wieder Lücken auftreten: Denn begünstigt durch die Auswirkungen der neuen Wirtschaftspolitik auf die Bodenspekulation wurden in den 70er Jahren zahlreiche Gebäude mit dem Ziel abgerissen, eine höhere Rendite aus den jeweiligen Parzellen zu erhalten (vgl. Kap. 3.2.3). Eine Neubebauung scheiterte jedoch oftmals wegen der 1981 einsetzenden Rezession (Anstieg der Realzinsen, Kapitalknappheit) sowie am Überangebot nicht bebauter Grundstücke, so daß diese in der Nähe wichtiger Einrichtungen in Parkplätze umgewandelt wurden.

Im folgenden werden die räumlichen Verteilungen der Nutzungsarten Einzelhandel, Aktivitäten aus dem Finanzbereich, öffentliche Verwaltung, Büros sowie Wohnen analysiert. Die Untersuchung stützt sich dabei auf die Erhebung der Stadtverwaltung Montevideos (vgl. Kap. 2). Die einzelnen Typen sind wie folgt definiert:

1. Der Einzelhandel umfaßt alle Arten von Geschäften, die irgendwelche Güter verkaufen. Besonders berücksichtigt wurden bei der Erhebung:
   - Lebensmittelgeschäfte,
   - Bekleidungsgeschäfte und
   - Spezialgeschäfte, die sich durch ihr spezielles Angebot oder durch die Qualität der geführten Ware hervorheben.

2. Aktivitäten des Finanzbereichs sind Banken, Bankhäuser *(Casas Bancarias)*, Wechselstuben und die Börse.

3. Zur öffentlichen Verwaltung zählen Ministerien und alle anderen staatlichen oder städtischen Stellen.

4. Büros schließen alle Niederlassungen mit privatem Charakter ein, wie z.B. Rechtsanwälte, Steuerberater, Makler, Ärzte usw.

5. In einem Gebäude liegt dann eine Wohnnutzung vor, wenn zumindest ein Teilbereich einem der folgenden Typen zuzuordnen ist:

   - *Vivienda individual:* Die Wohnungstür ist gleich der Haustür. Dieser Typ läßt auf ein älteres Gebäude schließen, da es sich häufig um ein Patiohaus handelt.

   - Apartment: Wohnungs- und Haustür sind verschieden. Dieser Typ breitet sich seit den 50er Jahren aus und erfährt durch das *Ley de la Propiedad Horizontal* (1946) bedeutende Impulse (vgl. Kap. 3.2.2).

   - *Inquilinato:* Einzeln vermietete Wohneinheiten mit Küche und gemeinschaftlicher Nutzung sanitärer Einrichtungen.

   - *Pensión:* Einzeln vermietete Wohneinheiten mit Küchenausstattung und sanitären Anlagen für alle Mietparteien.

   - besetzte Häuser: ehemals leerstehende Gebäude, die nicht unbedingt Wohnzwecken dienten und die heute von mehreren Haushalten rechtswidrig bewohnt werden (vgl. Kap. 3.2.3).

Die historische Entwicklung (vgl. Kap. 3) sowie eigene Beobachtungen in der Altstadt legen folgende Hypothesen über die räumliche Verteilung der einzelnen Nutzungskategorien nahe:

1. Die Standorte der öffentlichen Verwaltung besitzen bei einer relativ großen Streuung einen Schwerpunkt nahe der *Plaza Matriz*.
2. Die Aktivitäten des Finanzbereiches prägen ein klar abgrenzbares Kerngebiet zwischen der *Banco de la República* und der *Plaza Matriz*.
3. Von Büros genutzte Gebäude befinden sich häufig in Nachbarschaft der öffentlichen Verwaltung oder/und des Finanzbereiches.
4. Der Einzelhandel orientiert sich an den wichtigsten Verkehrsachsen: *Calle 25 de Mayo, Sarandí und Colón*, so daß die Standorte eine linienhafte Verbreitung aufweisen. Die Lebensmittelgeschäfte werden am häufigsten in Gebieten mit überwiegender Wohnnutzung anzutreffen sein.
5. Wohnungen irgendwelcher Art befinden sich vor allem im südlichen und westlichen Teil der Halbinsel entlang des Flußufers.

Zunächst gibt Abbildung 9 zusammenfassend die räumliche Verteilung von jenen Gebäuden wieder, in denen in allen Stockwerken nur eine Nutzung anzutreffen ist. Ein erster Überblick bestätigt bereits, daß die Bausubstanz in einem Gebiet zwischen Calle *Buenos Aires, Castellanos, Rambla 25 de Agosto, Diagonal Rio de Janeiro* sowie *Florida* in überwiegendem Maße nicht Wohnzwecken dient. Es fällt auf,

- daß die öffentliche Verwaltung in den *Cuadras* entlang der *Calle Sarandí* und in der Umgebung der *Plaza Matriz* ihren Schwerpunkt besitzt,

- daß die Aktivitäten des Finanzbereichs eine außerordentliche Konzentration zwischen *Plaza Matriz* und *Banco de la República* entlang den Straßen *Cerrito, 25 de Mayo* und *Rincón* aufweisen,

- daß sich die Büros in ihrer Verteilung offensichtlich an den Verwaltungs- und Finanzstandorten orientieren,

- daß Gebäude, die vollständig vom Einzelhandel genutzt werden, nur in geringer Zahl auftreten und außerdem keine besondere Ausprägung in der räumlichen Verteilung besitzen und

- daß im südlichen und westlichen Teil der Altstadt die Wohnnutzung überwiegt.

In Abbildung 9 ist weiterhin die beträchtliche Anzahl nicht bebauter Grundstücke zu erkennen. Absolut sind es 169 oder 9,3% aller erfaßten Parzellen. Davon wird ein knappes Drittel (30,8%) als Parkplätze genutzt, die für den Besitzer nicht nur eine gewisse Einnahme bedeuten, sondern auch eine finanzielle Belastung sind, da er zur täglichen Überwachung des Parkplatzes einen Wächter beschäftigen muß. Es ist daher anzunehmen, daß unbebaute Grundstücke hauptsächlich in jenem Teilgebiet der Altstadt in Parkplätze übergeführt werden, in dem sich die höchsten Nutzungsintensitäten konzentrieren. Die Nachfrage nach Parkmöglichkeiten ist hier besonders

Abbildung 9: Vollständige Gebäudenutzung

- öffentliche Verwaltung
- Aktivitäten des Finanzbereiches
- Einzelhandel
- Wohnen
- Büros
- unbebautes Grundstück
- Parkplatz

Quelle: eigene Auswertung der Unterlagen der IMM

hoch, da z.B. die staatlichen oder städtischen Einrichtungen von zahlreichen Besuchern aufgesucht werden. Entsprechend liegen 75% aller Parkplätze in jenem Gebiet, in dem die Wohnfunktion nur selten anzutreffen ist. Die in diesem Bereich zahlreichen Beschäftigten nutzen dagegen eher die bedeutend kostengünstigeren, aber auch peripher gelegenen Parkgelegenheiten nördlich der *Rambla 25 de Agosto* sowie entlang der *Rambla Sur*.

Die folgenden Abbildungen 10-14 stellen die räumliche Verteilung der einzelnen Nutzungskategorien dar. Im Gegensatz zu Abbildung 9 wird dabei zusätzlich unterschieden, ob sie das gesamte Gebäude oder ob sie jeweils nur das Erdgeschoß oder die oberen Stockwerke beanspruchen. Mögliche Kombinationen zwischen den einzelnen oder nicht einbezogenen Nutzungen bleiben unberücksichtigt. Ziel der einzelnen Darstellungen ist es, die zuvor genannten Arbeitshypothesen zu überprüfen und die Standortbedingungen der jeweiligen Kategorien zu erfassen.

Montevideo, das seit der Unabhängigkeit Hauptstadt Uruguays und die weitaus größte Stadt des Landes ist, besitzt traditionell die bedeutendsten nationalen öffentlichen Verwaltungen, deren Standorte zunächst durchweg in der Altstadt waren. Zwar fanden seit 1870 mit der raschen städtischen Expansion immer wieder Verlagerungen statt, so daß die Halbinsel an funktionaler Bedeutung innerhalb des Stadtgefüges einbüßte. Trotzdem sind hier noch staatliche Einrichtungen von höchstem nationalen Rang anzutreffen. Die Standortverteilung der öffentlichen Verwaltungen in Abbildung 10 verdeutlicht, daß sie sich in einem Gebiet befinden, das sich diagonal von der *Plaza Independencia* zur Hafenverwaltung erstreckt. Innerhalb dieses Teilraumes hat sich nördlich und südlich der *Plaza Matriz* jeweils ein Schwerpunkt mit unterschiedlichen Funktionen gebildet. In den *Manzanas* südlich des ehemaligen kolonialen Zentrums treffen wir mehrere Bildungseinrichtungen *(Ministerio de Educación y Cultura, Consejo Nacional de Enseñanza)* sowie die nationale Postverwaltung an *(Dirección Nacional de Correos)*. Nördlich der *Plaza Matriz* entlang der *Calle 25 de Mayo* sind zahlreiche Behörden von landesweiter Bedeutung vorhanden, die eine enge Verknüpfung mit finanziellen Aktivitäten des privaten Bereiches aufweisen. Zu den wichtigsten zählen das *Ministerio de Transporte y Obras Públicas*, das *Ministerio de Industrias y Finanzas*, die *Dirección Nacional de Importación* sowie die *Banco del Trabajo*. In diesem Teilraum befinden sich außerdem zahlreiche Einrichtungen des Rechtswesens sowie der nationalen Sicherheitskräfte, von denen anzunehmen ist, daß hier die Nähe zum Verteidigungsministerium sowie zur Marineverwaltung im Nordwesten der Halbinsel die ausschlaggebende Rolle spielt. Die aufgezählten Behörden besitzen aufgrund ihrer nationalen Stellung alle eine gewisse Größe, so daß sie in ihrer Mehrheit das Gebäude, in dem sie ihren Sitz haben, vollständig nutzen.

Die Verteilung in Abbildung 10 bekräftigt die aufgestellte Arbeitshypothese mit dem Schwerpunkt nahe der *Plaza Matriz*. Die räumliche Trennung zwischen staatlichen Dienststellen mit unterschiedlichen Aufgabenbereichen kann in Übereinstimmung mit Ergebnissen von LICHTENBERGER (1986: 212) als Ausdruck der Stadtgröße Montevideos interpretiert werden.

Die Aktivitäten aus dem Finanzbereich konzentrieren sich auf eine Fläche zwischen *Plaza Matriz, Plaza Zabala* sowie der *Banco de la República*, so daß Abbildung 11 die Arbeitshypothese weitgehend bestätigt. Man kann bei diesem Verteilungsmuster davon ausgehen, daß die Persistenz der Standorteigenschaften die entscheidende Rolle spielt; denn hier in der Nähe des Hafens, über den 90% der Ein- und Ausfuhren des Landes abgewickelt werden, fragten staatliche wie private Stellen schon seit dem Ausbau

Abbildung 10: Gebäudenutzung durch die öffentliche Verwaltung

▬ öffentliche Verwaltung im gesamten Gebäude
▨ öffentliche Verwaltung nur im Erdgeschoss
▩ öffentliche Verwaltung nur in oberen Stockwerken

Quelle: eigene Auswertung der Unterlagen der IMM

Abbildung 11: Gebäudenutzung durch Finanzaktivitäten

■ Finanzaktivitäten im gesamten Gebäude
▨ Finanzaktivitäten nur im Erdgeschoss
▩ Finanzaktivitäten nur in oberen Stockwerken

Quelle: eigene Auswertung der Unterlagen der IMM

Abbildung 12: Gebäudenutzung durch Büros

- Büronutzung im gesamten Gebäude
- Büronutzung nur im Erdgeschoss
- Büronutzung nur in oberen Stockwerken

Quelle: eigene Auswertung der Unterlagen der IMM

Abbildung 13: Gebäudenutzung durch den Einzelhandel

- Spezialisierter Einzelhandel im gesamten Gebäude
- Spezialisierter Einzelhandel nur im Erdgeschoss
- Einzelhandel im gesamten Gebäude
- Einzelhandel nur im Erdgeschoss
- Einzelhandel nur in den oberen Stockwerken
- Lebensmittelgeschäft im gesamten Gebäude
- Lebensmittelgeschäft nur im Erdgeschoss

Quelle: eigene Auswertung der Unterlagen der IMM

Abbildung 14: Wohnnutzung

■ Wohnnutzung im gesamten Gebäude
▨ Wohnnutzung nur im Erdgeschoss
▨ Wohnnutzung nur in den oberen Stockwerken

Quelle: eigene Auswertung der Unterlagen der IMM

der nationalen Handelsbeziehungen Kapital nach. Diese Ballung wird durch Börse und *Banco de la República*, über die alle Handelsgeschäfte mit dem Ausland abgewickelt werden müssen, noch verstärkt. Diese Aufgabe der Nationalbank hat zur Folge, daß zahlreiche nationale wie internationale Banken in diesem Teil der Altstadt den Sitz ihrer Hauptverwaltungen haben, deren Tätigkeit nicht auf den Privatkunden zugeschnitten ist. Beispiele sind *Banco do Brasil, Banco Londres y América del Sur, Bank of America, Citybank* oder *Banco de Boston*. Von diesen international tätigen Instituten ist anzunehmen, daß sie im wesentlichen Kredite zur Im- oder Exportvorfinanzierung vergeben und auch den Kapitalbedarf des Staates, z.B. zur Durchführung wirtschaftlicher Entwicklungsprojekte, bedienen. Dagegen ist der Standort der uruguayischen Zentralbank (Ecke *Florida/Piedras*), die für die Finanzierung des Staatshaushaltes verantwortlich ist, für die Privatbanken weniger interessant.

In Übereinstimmung mit dieser Interpretation sind im Kerngebiet der finanziellen Aktivitäten zahlreiche Bürostandorte anzutreffen (Abb. 12), die eng mit staatlichen Stellen zusammenarbeiten. Auch hier fehlt weitgehend die Notwendigkeit, mit privaten Personen einen engen Kontakt zu haben, so daß die Büros in 116 Gebäuden (oder 58%), in denen sie vertreten sind, nur die oberen Stockwerke nutzen. In Abbildung 12 fällt auf, daß man auch außerhalb des Bankenzentrums Bürostandorte vorfindet. Sie sind entlang der *Rambla 25 de Agosto* genauso anzutreffen wie südlich der *Calle Sarandí* sowie in der Umgebung der *Plaza Independencia*. Diese Streuung hängt mit den unterschiedlichen Tätigkeitsbereichen der einzelnen Büronutzungen zusammen. Erhebungen des *Instituto de Teoria y Urbanismo*, durch die Einrichtungen, deren Aktivitäten mit dem Hafen in Verbindung stehen, ermittelt wurden, verdeutlichen die räumliche Trennung einzelner Aufgaben: Im Bankenviertel überwiegen Büros, die sich mit dem Im- und Export beschäftigen, und bestätigen somit die Interpretation über die räumliche Verteilung der öffentlichen Verwaltungen und des Finanzbereiches. Dagegen trifft man entlang der *Rambla 25 de Agosto* überwiegend Büros an, die den Hafen mit notwendigen Ausrüstungen versorgen und andere wichtige Dienstleistungen erbringen. Abgerundet werden diese Einrichtungen durch Rechtsanwaltskanzleien und Notariate, deren Inhaber sicherlich die Nähe zu den verschiedenen Gerichtsinstanzen in der *Calle 25 de Mayo* positiv beurteilen.

Die Einzelhandelsstandorte weisen zwei Merkmale in ihrer räumlichen Verteilung auf (vgl. Abb. 13). Einerseits besitzen sie einen flächenhaften Schwerpunkt in den Quadraten zwischen *Plaza Matriz* und *Plaza Independencia*, andererseits orientieren sie sich im übrigen Gebiet entlang der beiden wichtigsten Verkehrsstraßen der Altstadt, der *Calle Sarandí* und der *Calle Colón*, durch die zahlreiche Autobuslinien des öffentlichen Nahverkehrs führen. Abbildung 13 verdeutlicht außerdem, daß der Einzelhandel fast nur im Erdgeschoß anzutreffen ist (90,3% aller Fälle). Im Gegensatz zu den Bürostandorten ist er auf die Nähe zur Kundschaft angewiesen, ein Sachverhalt, der sich auch in seiner linienhaften Verteilung ausdrückt. In der *Calle 25 de Mayo*, die zur Kolonialzeit die bedeutendste Geschäftsstraße war, fehlt heute der Einzelhandel weitgehend (vgl. Kap. 3.1.1). Zwei sich ergänzende Faktoren erklären diese Veränderung: Die seit 1870 fortschreitende Einbindung Uruguays in den Welthandel erhöhte das Interesse tertiärer Einrichtungen an einem Standort in Hafennähe. Die z.T. repräsentativen Bauten entsprachen zudem den Anforderungen dieser Dienstleistungen, die somit den Einzelhandel schrittweise verdrängten oder ersetzten: Denn im gleichen Zeitraum verlagerten sich die Geschäfte von der *Calle 25 de Mayo* hin zur *Calle Sarandí* und vor allem in deren Verlängerung östlich der *Plaza Independencia,* der *Avenida 18 de Julio,* die spätestens seit 1870 die Wachstumsachse in der Stadtentwicklung Montevideos darstellte (vgl. Beitrag MERTINS) und heute ein langgestrecktes Zentrum des Einzelhandels mit allen wichtigen Fußgängerpassagen bildet. Folge dieser Verlagerung ist das weitgehende Fehlen spezialisierter Geschäfte in der Altstadt. Zudem befindet sich die Mehrheit von ihnen (12 von insgesamt 20) zwischen *Plaza Matriz* und *Plaza Independencia,* und sie orientieren sich in ihrem Angebot außerhalb der *Calle Sarandí* auf die naheliegenden Nutzungen. Sie verkaufen Büromöbel, Papier- sowie Schreibwaren, und auch wirtschaftswissenschaftliche Buchhandlungen sind hier anzutreffen. Die verbliebenen Einzelhandelsgeschäfte sind mit ihrem Angebot auf die in der Altstadt beschäftigten Personen und auf die Besucher der zentralen Einrichtungen ausgerichtet. Dagegen befinden sich die Lebensmittelläden in ihrer Mehrzahl in den Wohngebieten der Altstadt. Es handelt sich hierbei um einfache Geschäfte im Sinne unserer "Tante Emma"-Läden, die vor allem westlich der *Calle Colón* anzutreffen sind, in *Manzanas* mit Bevölkerungsdichtewerten von über 600 Ew./ha.

Die in der Arbeitshypothese aufgestellte linienhafte Verteilung des Einzelhandels bestätigt sich weitgehend durch die Darstellung in Abbildung 13, die zudem eine räumliche Trennung je nach Angebotsstruktur der Geschäfte hervorhebt.

Randlich zum Kern höchster Nutzungsintensität in der Altstadt dehnen sich die Wohngebiete aus (vgl. Abb. 14). Zunächst schließt sich dem Stadtkern eine Übergangszone an, in der die Wohnfunktion ausschließlich in den oberen Geschossen der Gebäude anzutreffen ist, und dann folgen in südlicher, westlicher, in geringerem Umfange auch in nördlicher Richtung *Manzanas,* in denen Wohnhäuser dominieren. Hier werden in unmittelbarer Nähe zum nationalen Finanzzentrum mit über 650 Ew./ha extrem hohe Bevölkerungsdichtewerte erreicht. Dies gilt nicht nur in den nach 1950 erbauten Mietsblöcken entlang der *Rambla Sur,* sondern auch in *Cuadras,* in denen noch die traditionelle durch das *Vivienda Individual* geprägte Bebauung mit maximal drei Stockwerken dominiert. Diese hohen Dichten sind somit nur durch die praktizierten Mietsysteme (*Pensiones, Inquilinatos,* vgl. Kap. 3.2.3; 5.3) zu erklären. Leider stehen über die generelle Wohnsituation keine weiteren Unterlagen zur Verfügung, so daß nur die Auswertung der Haushaltsbefragung in Kapitel 5 genauere Hinweise erbringen kann.

Auch die Verteilung der Wohngebiete bestätigt das asymmetrische Cityentwicklungsmodell von LICHTENBERGER (1972): Sie liegen einerseits an der Spitze der Halbinsel in einem verkehrsmäßig schlecht erreichbaren Teilraum und andererseits südlich der *Calle Sarandí,* wo schon zur Kolonialzeit die sozial einfachen Bevölkerungsschichten wohnten. Hier erstreckt sich die Rückfront des Leitstrahls *Sarandí-18 de Julio.*

Insgesamt konnten am Beispiel der Altstadt von Montevideo alle wesentlichen Elemente des Cityentwicklungsmodells nachgewiesen werden, obwohl nur ein Teilgebiet der Innenstadt in die Untersuchung einbezogen ist:

1. die Achse *Sarandí - 18 de Julio* als Leitstrahl der Citybildung, bei der jedoch die Lage des Hauptbahnhofes wie in kontinentaleuropäischen Städten keine Rolle spielte,

2. die Mehrkernigkeit mit der räumlichen Trennung zwischen Einzelhandel einerseits sowie Finanz-, Verwaltungs- und Bürostandorten andererseits,

3. die Lückenhaftigkeit des Gefüges mit den ungenutzten Grundstücken innerhalb des Kerns maximaler Nutzungsintensität und

4. die Rückfront mit hohen Bevölkerungsdichtwerten in den funktionsschwachen Teilräumen.

Die Ausformung der City und ihre räumliche Gliederung weisen somit große Gemeinsamkeiten mit kontinentaleuropäischen Großstädten auf. Auch in Montevideo begann die Hauptachse ursprünglich an der *Plaza Matriz,* dem ehemaligen Machtzentrum der Stadt, die mit den Marktplätzen in europäischen Städten eine hohe funktionale Übereinstimmung aufweist (vgl. LICHTENBERGER 1972, MITTENDORFF 1984, GORMSEN 1980). Bauwerke wie die Kathedrale oder der *Cabildo* an der *Plaza Matriz* "durchlöchern" ähnlich wie in Europa das konzentrische Bodenpreisgefüge nordamerikanischer Städte, und bereits früh eingeführte Bauvorschriften behinderten die Projektion der Grundstückspreise in die Gebäudehöhe. Ob allerdings aus diesen Gründen die City eine größere Fläche einnimmt, kann im Rahmen dieser Untersuchung nicht nachgegangen werden, da das Geschäftszentrum ausgespart blieb. Bei einem Vergleich mit Europa werden in südamerikanischen Städten die unterschiedliche Einkaufskraft der Haushalte sowie die weitaus höheren Preise für importierte Waren zu berücksichtigen sein.

4.2 Nutzungsinteressen und Denkmalschutz

Die bisherigen Ausführungen weisen darauf hin, daß die Wohnfunktion der Altstadt seit der wirtschaftlichen Aufwärtsentwicklung Uruguays zu Beginn dieses Jahrhunderts immer mehr verdrängt wurde. Vergleicht man die ursprünglichen Gebäudenutzungen mit den heutigen (Tab. 5), so kommt - bei aller Vorsicht der Interpretation wegen unsicheren und nicht immer einheitlichen Erhebungsmethoden bei der Ermittlung der ursprünglichen Nutzung - deutlich zum Ausdruck, daß das Wohnen oftmals durch Funktionen mit durchweg höheren Renditen als die vorherigen ganz oder zumindest teilweise ersetzt wurde. Somit hatten sich die neuen oder expandierenden Nutzungen stets mit einer älteren ihren Flächen- und Raumansprüchen nicht immer gerecht werdenden Bausubstanz auseinanderzusetzen. Dieser Interessenskonflikt begann spätestens mit der Expansion Montevideos im vorigen Jahrhundert. Seit 1910 nahmen außerdem die Verkehrsprobleme in der Stadt zu, die sich vornehmlich entlang der Küstenzone ausdehnte. Zur Lösung dieser Schwierigkeiten, die sich nicht nur auf das Gebiet der Altstadt beschränkten, schrieb die Stadtverwaltung bereits im Jahre 1911 einen Wettbewerb aus, Montevideo in eine saubere, bequemere und schönere Stadt umzuformen. Die Vorschläge mußten drei Bedingungen genügen:

1. Das städtische Straßennetz ist zu erweitern und zu verbessern.

2. Strände und Stadtviertel müssen besser miteinander verbunden sein.

3. Die Gestaltung der öffentlichen Gebäude soll in großzügiger und repräsentativer Form geschehen.

Für die Altstadt schlugen die Gewinner des Wettbewerbs eine direkte Verbindung der *Rambla Portuaria* zur *Avenida Uruguay* vor und außerdem die Umgestaltung der Geschäftshäuser in der *Calle Sarandí* zwischen *Plaza Matriz* und *Independencia* in mehrere Fußgängerpassagen (vgl. Abb. 13). Diese Absicht hebt nochmals die damalige Bedeutung des genannten Straßenabschnittes als Standort für den Einzelhandel hervor. Etwa zur gleichen Zeit legte man der Regierung einen Plan zum Ausbau der *Ramblas* von der *Escolera Sarandí* bis zur *Calle Jackson* am *Parque Rodó* vor (vgl. Beitrag MERTINS). Dieser Verkehrsweg hätte eine wesentlich verbesserte Anbindung der Altstadt mit den neuen Wohngebieten entlang der Küstenzone des Rio de la Plata bedeutet. Der Vorschlag beabsichtigte, die Neugestaltung durch den Verkauf umfangreicher Landgewinnungen zu finanzieren. Jedoch hegte die Stadtverwaltung Zweifel am Gelingen, so daß erst im Jahre 1922 das Projekt von Ing. Fabini angenommen wurde. Er verzichtete weitgehend auf Aufschüttungen, was jedoch zur Folge hatte, daß die Wohngebiete direkt entlang der Küste abgerissen werden mußten. Die neu geschaffene *Comisión Financiera de la Rambla Sur* beauftragte man mit der Durchführung des Projektes und auch mit der Finanzierung der notwendigen Arbeiten. Die *Rambla* hat eine Breite von 50 m und wird zum Meer hin von einer 10 m breiten Promenade, zur Landseite hin von Grünflächen mit Sport- und Kinderspielplätzen gesäumt. Während der Realisierung des Projektes enteignete man in der Altstadt alle Grundstückseigentümer, die Parzellen (etwa 950) südlich der *Calle Reconquista* besaßen, riß die Gebäude ab und erbaute dann nach 1945 mehrere Mietsblöcke (vgl. Abb. 5, 6, 8). Man wollte gleichzeitig die dortigen schlechten Wohnverhältnisse in den *Conventillos* sanieren und die hohe Bevölkerungsdichte verringern.

In den anschließenden Jahrzehnten wurden drei Pläne unterschiedlicher Reichweite für Montevideo entwickelt: Der *Plan Fabini* 1928, der *Plan Regulador* von 1930 sowie der *Plan Director* im Jahre 1956 (vgl. Beitrag MERTINS). Sie werden im folgenden hinsichtlich ihrer Vorhaben in der Altstadt vorgestellt. Dies ist um so bedeutender, da mit Hilfe der Luftbildauswertung zu belegen ist, daß zahlreiche noch vor 1960 geplanten Vorhaben erst nach der Machtübernahme der Militärs im Jahre 1973 durchgeführt wurden.

Der *Plan Fabini* (1928) beschränkte sich auf den Straßenverlauf und schlug mehrere Erweiterungen und Durchbrüche vor. In der Altstadt sind vor allem zu nennen:

1. Erweiterung der *Rambla Portuaria* auf eine Breite von 60 m,

2. der Durchbruch der *Diagonalen Rio de Janeiro* zwischen *Rambla Portuaria* und der *Avenida Uruguay* und

3. Verbreiterung der *Calle Ciudadela* auf 22 m zwischen *Plaza Independencia* und *Rambla Sur*.

Beim *Plan Fabini* war erstmals die öffentliche Hand sowohl für die Planung als auch für die Durchführung der Vorhaben verantwortlich (ALTEZOR/BARACCHINI 1971). Abbildung 5 dokumentiert, daß die Stadtverwaltung vor 1954 mit den Neugestaltungen noch nicht begonnen hatte und daß auch bis 1975 Änderungen weitgehend unterblieben (vgl. Abb. 6).

Im Jahre 1930 bildete die Stadtverwaltung eine Kommission, um einen *Plan Regulador* für Montevideo zu entwerfen sowie seine Verwirklichung finanziell abzusichern. Dieser Plan sollte sich nicht nur auf das Straßennetz beziehen, sondern auch Probleme der Stadtgliederung sowie der Standortverteilung zentraler Funktionen, des Verkehrs sowie der Wohnverhältnisse berücksichtigen. Eine Voruntersuchung wies nachdrücklich darauf hin, daß das noch expandierende Montevideo innerhalb seiner Fläche eine extrem peripher gelegene Innenstadt mit allen wichtigen Funktionen besaß. In der Altstadt vermischte sich zudem Verwaltung, Handel, Banken und Wohnen ohne klare gegenseitige Abgrenzung. Die Agglomerationsnachteile wie Verkehrsstau und teure Grundstücke verschärften sich noch durch fehlende Flächen zur notwendigen Erweiterung vorhandener Einrichtungen. Als Lösung schlug man die Schaffung eines neuen Zentrums vor, das im Gravitationspunkt des Stadtgebietes liegen sollte (vgl. Beitrag MERTINS). In diesem Gran Centro sollten Wohnungen und öffentliche Verwaltungen ansiedeln. Die Wohnfunktion in der Altstadt wollte die Kommission auf die Mietsblöcke entlang der *Calle Reconquista* beschränken und sie beabsichtigte zwischen *Banco de la República* und *Bolsa de Comercio*, ein neu zu gestaltendes Geschäfts- und Bankenzentrum zu errichten. Den Kern davon bildeten fünf Hochhäuser mit ausreichenden Parkplätzen und mit guter Anbindung durch öffentliche Verkehrsmittel. Zwischen *Calle Buenos Aires* und *Reconquista* hatte man vor, die *Manzanas* durch Grünflächen neu zu gestalten.

Aus heutiger Sicht bedeutete dieser Plan einen vollständigen Bruch mit der bisherigen Stadtentwicklung. Er berücksichtigte überhaupt nicht, daß die Altstadt den historischen Kern Montevideos bildete, und ließ zudem die Bewertung der verschiedenen Wohngebiete durch die Bevölkerung, z.B. die Bevorzugung der Küstenlinie, vollkommen außer acht. Man kann daher annehmen, daß seine Realisierung, die wegen des enormen Kostenaufwandes unterblieb, die anschließende Entwicklung nur in geringem Umfange hätte beeinflussen können.

Im April 1956 beauftragte die Stadtverwaltung die Kommission des *Plan Regulador* mit der Aufgabe, einen neuen Stadtentwicklungsplan für Montevideo zu erstellen. Der *Plan Director* sollte Richtlinien für eine kontinuierliche und flexible Handhabung kritischer Probleme angeben. Zudem wurden in Anbetracht der irrationalen Vorstellungen im *Plan Regulador* auch die notwendigen finanziellen Aufwendungen berücksichtigt (vgl. Beitrag MERTINS). In einem ersten Schritt gliederte man das Stadtgebiet in urbane, suburbane, agrar und industriell geprägte Zonen. Dann legte ein Generalverkehrsplan die Bedeutung der einzelnen Straßen für den städtischen Verkehr fest. Auf dieser Grundlage arbeitete man für die einzelnen Gebiete konkrete Pläne aus, für die Altstadt z.B. den *Plan de Remodelación Integral* (1957). In ihm war die Unterteilung der Halbinsel in Nachbarschaftseinheiten *(unidades vecinales)* vorgesehen. Im zentralen Bereich der Altstadt war die Errichtung von Hochhäusern beabsichtigt, in denen im Erdgeschoß der Einzelhandel vorgesehen war. In den randlich gelegenen *Manzanas* wollte man jeweils zwei Mietsblöcke bis zu einer Höhe von 60 m erbauen. Wie der *Plan Regulador* hätte die Verwirklichung dieser Vorhaben die weitgehende Zerstörung städtebaulicher Werte in der Altstadt bedeutet, und es bleibt die Frage offen, worin die Weiterentwicklung bezüglich des *Plan Regulador* aus dem Jahre 1930 liegt. Sie beschränkt sich im wesentlichen auf die Schaffung dreier Zentren (vgl. Abb. 5).

1. Das *Centro Histórico*, an der *Diagonal Río de Janeiro* und *Rambla 25 de Agosto* gelegen, bildet mit der renovierten Kasematte und der *Casa de los Ximénez* einen kulturellen Mittelpunkt.

2. Im *Centro Bancario* war in der unmittelbaren Umgebung der *Banco de la República* die Ansiedlung aller Aktivitäten im Finanzbereich vorgesehen.

3. Das *Centro Portuario* im Gebiet um *Aduana* und ANP, in dem sich alle hafenbezogenen Aktivitäten befinden, sollte die *Rambla de Agosto* städtebaulich besser in Wert setzen.

Eine radikale Umgestaltung der Altstadt schlug die Gruppe *Pro Ciudad Vieja*, eine Vereinigung von Bürgern, Eigentümern und Geschäftsinhabern aus der Altstadt, im Jahre 1957 vor. Das Projekt beabsichtigte eine klare räumliche Trennung zwischen einer zentral gelegenen Zone A mit dem Einzelhandel und den Banken sowie einer Zone B mit einem reinen Wohngebiet (vgl. Abb. 6). Das Geschäftszentrum war in zwei Ebenen gegliedert: In der ersten war die zur Verfügung stehende Fläche durch Fußgängerzonen und Passagen vollständig dem Einkaufen gewidmet, in der zweiten Ebene wollte man in den einzelnen hochragenden Gebäuden Banken, Verwaltungen, Kinos und Theater unterbringen. Diese umfassende Ausnutzung des Bodens zielte auf eine Senkung der Bodenpreise ab. In der Zone B wollte man Mietsblöcke unterschiedlicher Grundrisse errichten. Ihre Anordnung orientierte sich an der Besonnung sowie an den Windverhältnissen. In der beabsichtigten Bauweise hätte die Einwohnerzahl 100.000 Personen erreicht, eine fünf- bis sechsfache Erhöhung der damaligen Bevölkerungsdichte - unvorstellbar für die Citybereiche einer westeuropäischen oder nordamerikanischen Stadt. Das Projekt legte überhaupt keinen Wert auf die Erhaltung der historischen Bausubstanz, sondern schlug sogar vor, daß die Realisierung am einfachsten wäre, wenn man die Halbinsel dem Erdboden gleichmachen würde. Unter Einbeziehung des Kostenaufwandes für Totalsanierungen in diesem Ausmaß sowie der wesentlichen Verbesserung der Wohnverhältnisse ist zu fragen, wer in diese modernen Wohnungen hätte einziehen können. Die Bevölkerung der Altstadt wohl kaum, und die Schwierigkeiten der Vermietung wären in den folgenden Jahren aufgrund der damals beginnenden wirtschaftlichen Krise noch schwieriger geworden.

Der *Plan Director* aus dem Jahre 1955 beinhaltete mit der Gestaltung der drei Zentren unterschiedlicher Funktionen erstmals konkrete Maßnahmen, um der sozialen, kulturellen und wirtschaftlichen Degradierung der Altstadt entgegenzuwirken. Den Zielen lagen noch Gedanken der damals üblichen Totalsanierung zugrunde, und zudem bildete die wirtschaftliche Blüte Uruguays nach dem Zweiten Weltkrieg die Basis für diese Vorschläge (vgl. Kap. 3.2.2). Gedanken mit dem Ziel, die historisch und städtebaulich wertvollen Gebäude und Ensembles in der Altstadt zu erhalten, zu renovieren und durch maßvolle Umgestaltungen den Anforderungen neuer Nutzungen entgegenzukommen, fehlten in allen Vorschlägen zur weiteren Entwicklung des kolonialen Kerns von Montevideo. Die beabsichtigten umfangreichen Abrißtätigkeiten führte man aber zunächst nicht durch, da mit der beginnenden Rezession Mitte der 50er Jahre die Nachfrage nach Büro- und Einzelhandelsflächen zurückging und sich außerdem die finanziellen Möglichkeiten des Staates wie der Stadt verringerten. Die Eigentümer unterließen in zunehmendem Maße Investitionen, da sie kaum Chancen sahen, die Rentabilität ihres Gebäudes zu steigern. Ihr Desinteresse nahm noch durch rechtliche Verordnungen zu, die Mietpreiserhöhungen unterbanden. Die Folge war ein fortschreitender baulicher Verfall auch historisch und architektonisch wertvoller Gebäude in der Altstadt. Erst die Liberalisierung im Jahre 1973 und das sich anschließende

Tabelle 5: Vergleich der ursprünglichen mit der aktuellen Gebäudenutzung

aktuelle Nutzung	Wohnen	Wohnen/ Einzelhandel	Einzelhandel	Einzelhandel/priv. Dienstleistungen	priv. Dienstleistungen
		ursprüngliche Nutzung			
WO	356				
WO/EH	58	314			
WO/PD		21			
WO/GW	22	29			
WO/EH/PD		27			
EH	20		30		
EH/PD	23		5	58	
PD	26		5	4	40
PD/EH/FI				3	
FI/PD				8	
öV			7		6
KULTUR	24				
Abriß, unbebaut	30	45	3		
	619	593	66	82	54

WO: Wohnen, PD: private Dienstleistungen, EH: Einzelhandel, GW: Gewerbe. FI: Finanzbereich. öV: öffentliche Verwaltung

Quelle: eigene Auswertung der Unterlagen der IMM

wirtschaftliche Wachstum erhöhten die Nachfrage zahlreicher privater Einrichtungen nach Standorten in der Altstadt, deren Neubewertung man durch die Realisierung der Vorschläge im Plan Director unterstützen wollte (vgl. Abb. 5, 6, 8).

Jedoch hatte sich seit den 60er Jahren eine grundlegende Einstellungsänderung vollzogen: Architekten und Städteplaner waren von der Totalsanierung mit den damit verbundenen umfangreichen Abrißtätigkeiten immer mehr abgerückt und stellten die Erhaltung des Vorhandenen und seine Umgestaltung, die modernen Erfordernissen gerecht wurde, als vornehmliches Ziel heraus. SABELBERG (1984) hat am Beispiel toskanischer Städte nachgewiesen, daß der Erfolg bei dieser Vorgehensweise ganz wesentlich auf die zugrundeliegenden Vorstellungen des Denkmalschutzes beruht, auf welche Weise man den Konflikt zwischen historischer Bausubstanz und heutiger Nutzung löst. Die Erhaltung einzelner Gebäude ist dabei in der Regel problemlos, da in diesen Fällen eindeutige Begründungen (Alter, architektonische oder historische Bedeutung) für den Denkmalschutz gegeben werden können. Die Schwierigkeiten beginnen bei schützenswerten Ensembles wie z.B. im Falle der Altstadt von Montevideo, in der eben nicht nur die *Monumentos Históricos* (vgl. Kap. 4.3) das Stadtbild prägen. Hierzu zählen vielmehr zahlreiche Gebäude, bei denen aber individuelle Argumente für die Denkmalpflege in dieser Eindeutigkeit nicht gegeben werden können. Beim Schutz größerer Anlagen kommt somit den Erhaltungsmaßstäben eine wichtige Rolle zu, da die hieraus ableitbaren Ziele eine Grundlage für den Interessensausgleich zwischen Hauseigentümern und der Allgemeinheit bilden müssen. SABELBERG (1984: 112/113) unterscheidet in Abhängigkeit von den Gebäudenutzungen folgende Konzepte:

1. Bei der funktionsgerechten Erhaltung soll die ursprüngliche Nutzung angesiedelt bleiben. Dies ist um so schwieriger, je stärker das betroffene Gebiet in die wirtschaftliche und soziale Entwicklung des Staates oder der Region eingebunden ist.

2. Bei der Erhaltung einer Ersatzfunktion wird den sozio-ökonomischen Änderungen Rechnung getragen. Allerdings führen die neuen Nutzungen zu vollständigen inneren Umgestaltungen, um ihre Raumansprüche zu befriedigen. Äußere Umformungen können aber durch entsprechende Vorschriften eingeschränkt werden.

3. Die museale Erhaltung löst das betroffene Teilgebiet weitgehend aus dem städtischen Gefüge und bedeutet häufig eine enorme finanzielle Belastung der öffentlichen Haushalte. Das Ziel der Wiederherstellung eines "Originalzustandes" wirft außerdem die Frage auf, welche gegenwärtigen baulichen Bestandteile das Ursprüngliche des Gebäudes ausmachen.

Ziel des Denkmalschutzes sollte es daher sein, das künstlerische, geschichtliche und kulturelle Erbe in die sozialen wie ökonomischen Bedingungen unserer Zeit einzufügen, und dafür muß dem historischen Zentrum eine aktive und verträgliche Rolle zwischen Baustruktur und Funktion zugewiesen werden. Mit welchen Maßnahmen die Stadtverwaltung Montevideos dieses Ziel erreichen möchte, wird im folgenden Abschnitt ausführlich beschrieben und diskutiert.

4.3 Gesetzliche Maßnahmen und städtebauliche Vorschläge zur Erhaltung der Altstadt

Die erhebliche Abriß- und Neubautätigkeit in der Altstadt nach 1978 riefen bei der Bevölkerung und auch bei der Stadtverwaltung in den folgenden Jahren das Bewußtsein hervor, daß hier der größte zusammenhängende Komplex Uruguays mit hohen und vielfältigen städtebaulichen Werten zerstört wird. In der Öffentlichkeit spielten einzelne Architektengruppen und vor allem auch die Gesellschaft Uruguayischer Architekten eine wichtige Rolle, die anläßlich mehrerer Symposien sowie durch Publikationen auch in Tageszeitungen auf die Gefahr einer weiteren Verslumung der Altstadt und somit langfristig auf den Verlust von Gebäudeensembles hinwiesen, die zum Teil eng mit der nationalen Entwicklung Uruguays verbunden sind. Die Intendencia erließ daher seit 1982 verschiedene Dekrete und Resolutionen, deren Ziel ein besserer Schutz der Bausubstanz der Altstadt war. Bevor jedoch die einzelnen Maßnahmen in den letzten Jahren vorgestellt werden, soll ein kurzer Rückblick die schrittweise Verbesserung des städtebaulichen Denkmalschutzes in einem Entwicklungsland aufzeigen (CHEBATAROFF 1984 b).

Ein öffentliches Bewußtsein, daß ältere Gebäude erhaltenswert und Zeugen der historischen Entwicklung einer Nation sind, gab es im 19. und beginnenden 20. Jahrhundert in Uruguay so gut wie nicht. Im Gegenteil, verschiedentlich beklagten sich einzelne Fachleute über den rücksichtslosen Umgang mit Gebäuden von historischem Wert. Einen ersten Hinweis auf den Denkmalschutz gab es im Artikel 33 der Verfassung von 1934, der festhält, daß alle ästhetisch- und historisch-wertvollen Gebäude des Landes dem kulturellen Erbe einer Nation angehören und somit dem Staat die Aufgabe der Erhaltung sowie Erneuerung zufällt. Eine konkrete Maßnahme war dann das Gesetz No. 11.573 vom 10. August 1950. Es sah die Schaffung einer ständigen Kommission mit dem Auftrag vor, innerhalb von 90 Tagen eine Liste aller schützenswerten Gebäude aufzustellen und außerdem der Verwaltung Vorschläge zu unterbreiten, auf welche Weise der Denkmalschutz zu ordnen wäre. Allerdings erreichten die vorgelegten Anregungen der Kommission niemals Gesetzeskraft.

Erstmals legte dann das Dekret No. 618 vom 10.10.1968 fest, daß die Altstadt von Colonia del Sacramento mit ihrem weitgehend erhaltenen kolonialen Kern zu restaurieren und zu erhalten ist. Hierbei spielten sicherlich wirtschaftliche Überlegungen eine Rolle. Denn die portugiesische Gründung ist von Buenos Aires aus innerhalb einer Stunde zu erreichen und ist somit während der Sommermonate ein beliebtes Ausflugsziel vieler Argentinier.

Ein weiterer Schritt zur Verbesserung des Denkmalschutzes war das Gesetz No. 14.040 vom 20.10.1971. Man schuf eine neue Kommission *(Comisión del Patrimonio Histórico, Artístico y Cultural de la Nación)*, der allerdings nur beratende Funktionen der Regierungsstellen zukam. Das Gremium sollte im wesentlichen vorschlagen, welche Gebäude unter Denkmalschutz *(Monumentos Históricos)* fallen, wie der Staat den Grundstückskauf sowie die Maßnahmen zur Erhaltung finanzieren kann. Artikel 5 des Gesetzes definierte außerdem, daß alle Gebäude als *Monumentos Históricos* gelten, die mit der Geschichte Uruguays eng verbunden sind oder an Personen von nationaler Bedeutung erinnern oder einzelne kulturelle Epochen des Landes besonders repräsentieren. Bei ihnen sind bauliche Veränderungen, die den Gesamteindruck des Gebäudes modifizieren, nicht erlaubt. Dies gilt ebenfalls für Nutzungen, die den Zielen des Gesetzes widersprechen. Für die Eigentümer besteht die Verpflichtung, das Gebäude zu erhalten sowie notwendige Ausbesserungen durchzuführen. Der Staat will die Kosten für diese Arbeiten bis zu einem Anteil von 50% mittragen, und er hat aufgrund des öffentlichen Interesses jederzeit das Recht, den Zustand eines *Monumento Histórico* zu überprüfen und gegebenenfalls das Grundstück zu kaufen oder zu enteignen (Artikel 12). Dem Gesetz lag im wesentlichen die Vorstellung zugrunde, daß sich der Denkmalschutz auf einzelne Häuser bezieht und daß die Wiederherstellung eines originalen Zustandes (vgl. SABELBERG 1984, Kap. 4.2) anzustreben ist.

Trotz dieser Regelungen war das Gesetz sehr weit gefaßt, und erst in den späteren Resolutionen No. 1.097 vom 8.7.1976 und No. 705 vom 6.7.1976 wurden mehrere religiöse sowie öffentliche Bauten und Privathäuser als *Monumento Histórico* festgelegt (vgl. Abb. 15). In der Resolution No. 705 berücksichtigte man als schützenswert auch den von Pedro Millán entworfenen Grundriß der Altstadt mit den dazugehörigen Straßen und Parkplätzen, den späteren Befestigungen und Freiflächen. Hier kamen Gedanken der Carta von Venedig zum Ausdruck, in der im Mai 1964 der internationale Architektenkongreß anregte, daß sich Erhaltung und Restaurierung nicht nur auf einzelne Gebäude konzentrieren sollen, sondern vielmehr auch ganze Ensembles einzubeziehen sind. Der Grund für diese Erweiterung der Ziele lag darin, daß eben nicht nur repräsentative Gebäude den Wert einer Epoche widerspiegeln, sondern auch Häuser, in denen ärmere Bevölkerungs-

Abbildung 15: Schutzbedürftigkeit der Gebäude

Quelle: eigene Auswertung der Unterlagen der IMM

schichten wohnten und heute noch wohnen.

Am 8.10.1979 erließ die Regierung ohne Rücksprache mit der zuständigen Kommission die Resolution No. 2.570, die die Aufhebung von No. 705 bedeutete und den Abriß einiger sehr wertvoller Gebäude zur Folge hatte. Der Grund für die geänderte Richtlinie waren hauptsächlich die Enteignungen, die man im Artikel 12 des Gesetzes No. 14.040 vorgesehen hatte. Im Einklang mit den geänderten wirtschaftlichen Zielvorstellungen nannten die öffentlichen Stellen zwei Argumente gegen den Denkmalschutz:

1. Die Kostenübernahme für die Erhaltung kann nicht durch den Staat oder durch einzelne Personen erfolgen.

2. Es ist notwendig, zwischen den Zielen der Restauration und der wirtschaftlichen Entwicklung eines Landes einen Ausgleich herzustellen.

Das seit 1980 wachsende Bewußtsein in der Öffentlichkeit, daß die Altstadt Montevideos ein bedeutendes Zeugnis der nationalen Geschichte darstellt und daß sie deswegen erhaltenswert sei, sowie das Nachlassen der Konjunktur in Uruguay nach 1981 begünstigten eine wesentliche Verbesserung der Denkmalpflege. Am 28.7.1982 erließ die Stadtverwaltung das Dekret No. 20.843, in dem im Artikel 1 das öffentliche Interesse an der Erhaltung und der Inwertsetzung des kulturellen Erbes, das zahlreiche einzelne Gebäude, aber auch viele Ensembles in der Altstadt Montevideos auszeichnet, festhält.

Zwei Resolutionen (No. 378.594 und 178.857), ebenfalls aus dem Jahre 1982, ergänzen das erwähnte Dekret und geben der *Intendencia* drei Instrumente zur Hand, das in Artikel 1 formulierte Ziel zu erreichen:

1. Einrichtung einer Arbeitsgruppe *(Grupo Técnico de Trabajo)*
   Ihre Aufgabe ist es, in Übereinstimmung mit dem *Plan Director de Montevideo* einen umfassenden Plan für die Altstadt aufzustellen. Dabei sollen nicht nur die Ursachen für die vielfachen Gebäudezerstörungen untersucht werden, sondern auch Maßnahmen zu ihrer Wiederbelebung wie z.B. Förderung des Wohnens, kultureller Veranstaltungen sowie des Einzelhandels. Demgemäß arbeitete die Gruppe einen Entwicklungsplan aus, mit dem man die Lebensqualität in drei Bereichen verbessern wollte.
   a) Verkehr
      - Ausbau des Straßennetzes und der Fußwege
      - Verbesserung des Bussystems
   b) Nutzung
      - Förderung des Wohnungsbaus
      - Durchführung kultureller Veranstaltungen
   c) Gebäudeschutz
      - Neugestaltung der Bauvorschriften speziell für die Altstadt, um die Gebäude besser schützen zu können.

2. Neue Bauvorschriften
   Artikel 5 und 7 des Dekrets 20.843 bestimmen außerdem, daß sich alle Bauvorhaben zur Überholung, Erweiterung, Restauration oder Neuerrichtung eines Gebäudes in das architektonische Gesamtbild des jeweiligen *Cuadras* einfügen müssen. Dabei sind Größe, Material, Farbe und Gestaltung einzubeziehen. Um entsprechende Bau- oder Abrißanträge beurteilen zu können, schuf man daher die *Comisión Especial*

Permanente. Damit dieser Kommission Bewertungsunterlagen zur Verfügung standen, führte die *Intendencia* gemeinsam mit der Gesellschaft Uruguayischer Architekten eine Bestandsaufnahme aller Gebäude in der Altstadt durch (vgl. Kap. 2). Mit deren Hilfe stufte eine Architektengruppe die gesamte Bausubstanz sowie alle Freiflächen hinsichtlich ihrer Schutzbedürftigkeit ein (vgl. Abb. 15). Bei der Einordnung eines Gebäudes wurden folgende Gesichtspunkte beachtet: Alter des Bauwerkes, Nutzungen, Gebäudetyp (z.B. Patiohaus mit zentral oder seitlich gelegenem Innenhof), räumliche Aufteilung, Volumen und Baustil und Einordnung in die umliegende Bausubstanz. Bei der Schutzbedürftigkeit unterschied man fünf Stufen:

Stufe 0: Gebäude, die ersetzt werden können.
Stufe 1: Gebäude, die zwar ohne Einschränkungen umgestaltet, aber nur unter Berücksichtigung einer besseren Eingliederung in das Ensemble ersetzt werden können.
Stufe 2: Gebäude, die nur unter Beibehaltung prägender Bauelemente und Einordnung in das Ensemble umgestaltet werden können.
Stufe 3: Gebäude, die insgesamt zu erhalten sind. Es sind nur solche Änderungen zugelassen, die ihren städtebaulichen Wert sowie ihre architektonische Eigenart nicht verändern.
Stufe 4: Gebäude mit dem höchsten Denkmalschutz. Sie sind auf jeden Fall zu erhalten. Erweiterungen oder Änderungen sind grundsätzlich nicht zugelassen. Modifikationen einzelner Gebäudeelemente müssen reversibel sein. In diese Stufe fallen auch alle *Monumentos Históricos*.

Bei Bauvorhaben, die erhaltenswerte Gebäude oder auch Ensembles betreffen, muß der Bauherr vor Durchführung jeglicher Arbeiten detaillierte Unterlagen der *Grupo Técnico de Trabajo* vorlegen. Sie umfassen folgende Informationen:

a) die Art der beabsichtigten Veränderungen,

b) die Baugenehmigung oder den Bauplan und

c) eine fotografische Dokumentation, die das vorhandene Gebäude oder das zu bebauende Grundstück mit der Gesamtanlage zeigt.

Außerhalb erhaltenswerter Bereiche ist die Eingliederung in die Nachbargebäude nachzuweisen. Innerhalb von 30 Tagen hat die *Grupo Técnico de Trabajo* zu den Bauanträgen schriftlich Stellung zu beziehen und ihre Ausarbeitung der *Comisión Especial Permanente* zur endgültigen Beschlußfassung weiterzureichen. Falls eine Erlaubnis vom zuständigen Bauamt erteilt wird, hat die *Grupo Técnico* jederzeit die Möglichkeit zu überprüfen, ob die Ausführungen mit dem Antrag übereinstimmen. Zuwiderhandlungen muß sie dem Bauamt melden. Das Dekret regelt auch die Abrißtätigkeiten. Die Erlaubnis hierzu kann nur erteilt werden, wenn die entstehenden Freiflächen nicht den Gesamteindruck der verbliebenen Häuser stören. Außerdem beschloß man, daß Gebäude, die nach der Resolution No. 121.199 vom 30.11.1978 als *fincas ruinosas* eingestuft waren (vgl. Kap. 3.2.3), nicht bewohnt sein können. Jedoch ist ein Abriß im Gegensatz zu früheren Jahren erst nach einer Begutachtung durch die *Intendencia* hinsichtlich des städtebaulichen Wertes sowie der Renovierungsmöglichkeit erlaubt. Die bereits bestehenden unbebauten Grundstücke müssen gegen die Straße zu von einer 3 m hohen Mauer begrenzt sein. Die Besitzer, deren unbebauten Parzellen mitten in einem Gebäudekomplex mit hohem architektonischen Stellenwert liegen, haben innerhalb zweier Jahre bei der Stadtverwaltung einen den Richtlinien des Dekretes entsprechendes Bauvorhaben vorzulegen.

3. Gründung einer *Comisión Especial Permanente de la Ciudad Vieja*
Dieser verwaltungsübergreifenden Kommission gehören insgesamt sechs Delegierte an: drei aus der Stadtverwaltung, einer aus dem Erziehungsministerium, einer aus dem Institut für Architekturgeschichte und einer auch aus der Gesellschaft Uruguayischer Architekten. Die Aufgaben der Kommission sind in Artikel 10 der Resolution No. 178.857 festgelegt: Hervorzuheben sind vor allem die Kontrollaufgaben über jegliche Neubau- und Abrißtätigkeit, die Vorschlagsmöglichkeiten bezüglich des notwendigen Schutzes der Gebäude, die Förderung von gelungenen Sanierungsmaßnahmen sowie der öffentlichen Informationspolitik.

Abbildung 15 stellt den Gebäudeschutz in der Altstadt nach den einzelnen Stufen dar. Es fällt auf, daß der Grad der Schutzbedürftigkeit im südlichen Teil der Halbinsel im Mittel niedriger ist als in den nördlichen *Manzanas*. Die räumliche Verteilung in Abbildung 15 spiegelt somit die soziale Gliederung der Altstadt bis zur Mitte des 19. Jahrhunderts wider (vgl. Kap. 3.1). Zusammenhängende Komplexe, die auf jeden Fall zu erhalten sind, befinden sich in folgenden Bereichen:

1. im Umkreis des *Mercado del Puerto* zwischen *Rambla 25 de Agosto, Calle 25 de Mayo, Solís* und *Castellanos,*

2. in den Quadraten zwischen *Rambla Portuaria, Plaza Zabala* und *Matriz,* in denen die ältesten städtischen Bauwerke Montevideos stehen und

3. entlang der *Calle Bartolomé Mitre* zwischen *Calle Buenos Aires* und *Cerrito.*

Neben diesen Ensembles sind außerdem größere Bauwerke zu nennen, die bereits alle als *Monumentos Históricos* eingestuft sind: Kathedrale, *Cabildo, Hospital Maciel* und das *Hotel Nacional,* das 1888-1890 erbaut wurde und in dem später einige Fakultäten der Universität untergebracht waren. Das vierstöckige Gebäude nimmt das ganze Quadrat ein und hat eine Nutzfläche von 3.500 m². Das sehr schöne Bauwerk, das Merkmale der Renaissance und des Neoklassizismus aufweist, steht heute leer. Daher sind die Fenster im Erdgeschoß zugemauert, und der Verfall schreitet langsam fort. Eine sinnvolle Gebäudenutzung, die durchaus ökonomisch rentabel sein sollte, ist sicherlich eine ganz wesentliche Voraussetzung für eine längerfristige Erhaltung. Dies bestätigt sich auch in Abbildung 16, in der der äußere Erhaltungszustand der Gebäude in vier Kategorien dargestellt ist. Ein positives äußeres Erscheinungsbild überwiegt in jenem Bereich der Altstadt, in dem die intensivste Nutzung vorliegt. In der anschließenden Übergangszone zu den Wohngebieten verschlechtert sich der Zustand sprunghaft. Zu erwähnen sind vor allem Manzanas zwischen *Plaza Zabala* und *Mercado del Puerto* sowie nördlich der *Plaza Matriz* nahe der *Rambla 25 de Agosto.* Auch in *Cuadras* mit hohen Bevölkerungsdichtewerten im Umkreis der *Calle Buenos Aires, Guaraní* und *Maciel* weist die Bausubstanz negative Merkmale auf.

Tabelle 6: Nutzungsintensität und Erhaltungszustand der Gebäude in Abhängigkeit des Baualters (in % der Spaltensumme)[1]

Bau- alter	Nutzungen des gesamten Gebäudes	gut	Erhaltungszustand		schlecht	Anzahl
			einge- schränkt gut	mittel- mäßig		
bis 1875	Finanzakti- vitäten	100,0	–	–	–	2
	Büros	100,0	–	–	–	3
	öff. Ver- waltung	57,1	42,9	–	–	7
	Einzelhandel	60,0	20,0	–	20,0	5
	Wohnen	14,3	42,9	28,6	14,3	14
	sonstige	38,2	32,9	19,1	8,1	173
1875 bis 1930	Finanzakti- vitäten	90,9	9,1	–	–	11
	Büros	86,4	13,6	–	–	22
	öff. Ver- waltung	75,0	16,7	4,2	–	24
	Einzelhandel	63,2	31,6	5,3	–	19
	Wohnen	51,2	33,3	13,8	1,6	123
	sonstige	42,0	40,0	13,0	3,1	667
1930 und später	Finanzakti- vitäten	86,7	–	–	–	15
	Büros	77,3	22,7	–	–	22
	öff. Ver- waltung	80,0	20,0	–	–	25
	Einzelhandel	81,8	18,2	–	–	11
	Wohnen	71,2	24,2	4,5	–	66
	sonstige	73,8	20,7	3,9	0,8	387

1) Fehlende Angaben wurden nicht berücksichtigt, so daß sich die Prozentwerte nicht immer auf 100% summieren.

Quelle: eigene Auswertung der Unterlagen der IMM

Tabelle 6 belegt ebenfalls den Zusammenhang zwischen Nutzungsintensität und Erhaltungszustand. Aus Gründen der Einfachheit sind nur Gebäude, die vollständig von einer Nutzung (öffentliche Verwaltung, Finanzaktivitäten, Büro, Einzelhandel, Wohnen, vgl. Abb. 9) belegt sind, berücksichtigt. Zunächst ist festzustellen, daß mit höherem Baualter der Gebäudezustand im Mittel schlechter wird. Dies ist nicht verwunderlich, wenn man den natürlichen Alterungsprozeß bedenkt. Innerhalb der einzelnen Altersklassen fällt aber auf, daß mit höherer Nutzungsintensität (höchste: Finanzaktivitäten, geringste: Wohnen) die Bausubstanz der Gebäude durchweg besser erhalten ist. Dies trifft vor allem für den Kapitalbereich, Büros und öffentliche Verwaltung zu, während bei der Wohnnutzung ein mittelmäßiger oder schlechter Gebäudezustand häufiger vorliegt. Bezieht man bei der Interpretation von Tabelle 6 die Verteilung des Erhaltungszustandes mit ein, so ist festzustellen, daß neben dem Alter die Lage des Gebäudes zum Kern intensivster Nutzung die maßgebliche Rolle für das äußere Erscheinungsbild spielt. In Erwartung höherer Rendite durch das expandierende Zentrum stellen die Eigentümer notwendige Investitionen zum Erhalt oder zur Renovierung zurück. Diese abwartende Haltung wird in Zeiten eines wirtschaftlichen Aufschwungs relativ groß sein, da nahe des nationalen Finanzzentrums mit der Ausweitung von Funktionen mit hoher Rendite spekuliert wird. Während der Rezession unterbleiben notwendige Instandsetzungen häufig, da hohe Zinsen verfügbares Kapital einschränken.

Die Ausführungen verdeutlichen die Bedeutung, das kulturelle Erbe in die sozialen wie wirtschaftlichen Bedingungen der heutigen Zeit einzubinden. Weiterhin wichtig ist das im Dekret No. 20.843 festgeschriebene Erhaltungsgebot, das mit dem Ziel verbunden ist, Wohnen und kulturelle Veranstaltungen stärker wiederzubeleben. Dieser Grundsatz kann auch schleichenden Verfallserscheinungen Einhalt gebieten. Jedoch fehlen in dem Dekret Hinweise auf die Finanzierbarkeit von Auflagen der Denkmalpflege oder Instandsetzung. Die Ausführungen zu Tabelle 6 und Abbildung 16 heben hervor, daß hierin das entscheidende Problem zu einer erfolgreichen Sanierung und Restaurierung in der Altstadt vorliegt.

Ein weiterer Nachteil des Dekretes und der beiden Resolutionen ist, daß keine Rechtsmittel genannt werden, die bei Verstößen der Eigentümer gegen die Bauvorschriften anzuwenden sind. Möglichkeiten wären gestaffelte Geldstrafen, der Entzug der Arbeitserlaubnis für den Architekten oder sogar der Abriß des Neubaus. Dieses Fehlen ist nur damit zu erklären, daß die vorhandene umfassende Dokumentation eine gute Beurteilung des Bauantrages erlaubt und daß mehrere Instanzen bis zur Genehmigung zu durchlaufen sind. Ein erstes Beispiel für die Wirksamkeit sind die Bauabsichten nördlich des *Hotels Victoria Plaza*. Hier wollte die Moon-Sekte ein 173 m hohes Hochhaus errichten und erhielt noch unter der Militärherrschaft die Baugenehmigung. Der Abriß eines wertvollen Gebäudes erfolgte, jedoch verweigerte im Jahre 1985 die *Comisión Especial Permanente* die Bauerlaubnis.

Die bisher erläuterten Maßnahmen, die sich auf die Altstadt Montevideos beschränken, möchte man von staatlicher Seite aus inhaltlich und räumlich ergänzen. Ende 1983 schuf die Regierung eine Kommission mit dem Auftrag, das Gesetz No. 14.040 aus dem Jahre 1971 bezüglich der *Monumentos Históricos* zu überarbeiten. Diese Gruppe schlug folgende Punkte vor, die in einem neuen Gesetz zusätzlich aufgenommen werden sollten:

1. Verbesserung der finanziellen Möglichkeiten, um Arbeiten zur Erhaltung bedeutender Bauwerke zu unterstützen.

2. Befreiung privater Eigentümer von der Grundsteuer, in deren Besitz ein *Monumento Histórico* ist.

3. Information der Öffentlichkeit über kulturelle Zeugnisse von nationaler Bedeutung.

4. Sinnvolle Nutzung der Gebäude durch den Staat oder besser durch Privatpersonen.

Abbildung 16: Äußerer Erhaltungszustand der Gebäude

- schlecht (malo)
- mittelmässig (mediocre)
- eingeschränkt gut (regular)
- gut (bueno)
- Ruine
- unbebautes Grundstück
- Parkplatz

Quelle: eigene Auswertung der Unterlagen der IMM

In diesem Abschnitt wurden die gesetzlichen Maßnahmen zur städtebaulichen Erhaltung vorgestellt. Die gesetzten Ziele, mit denen zugleich eine soziale Aufwertung sowie kulturelle Wiederbelebung eng verbunden sind, müssen sich mit der sozialen Situation der Altstadtbevölkerung auseinandersetzen, da durch die anziehenden Mietpreise der renovierten Wohngebäude die Gefahr besteht, daß die derzeitigen Einwohner zunehmend ihren Wohnstandort in der Altstadt aufgeben müssen. Diese sozialen Konsequenzen der Renovierung werden nach der Darstellung der wirtschaftlichen und finanziellen Probleme der in der Altstadt lebenden Haushalte in Kapitel 6 abschließend aufgegriffen.

5. SOZIALE UND WIRTSCHAFTLICHE PROBLEME DER ALTSTADTBEVÖLKERUNG

Im Kapitel 3.2.3 sind ausführlich die einschneidend wirkenden Maßnahmen dargestellt, die die Militärs nach ihrer Machtübernahme in der Finanz- und Wirtschaftspolitik Uruguays vollzogen. Im abschließenden Kapitel des Beitrages werden die sozialen Konsequenzen dieser neuen Richtlinien untersucht, die sich hinsichtlich der Lebensbedingungen der Haushalte wie folgt auswirken:

- Verringerung der Realeinkommen durch Kürzen der Sozialausgaben und Senken der Nominallöhne;

- steigende Mieten aufgrund der Liberalisierung des Wohnungsmarktes.

Die Folge ist ein verminderter finanzieller Handlungsspielraum der Haushalte. Um den Einfluß der neuen Wirtschaftspolitik auf Änderungen der Bevölkerungsstruktur, auf die Wohnsituation, auf das Wohnstandortverhalten, auf die Beschäftigungs- und Einkommensmöglichkeiten analysieren zu können, steht die detaillierte Haushaltsbefragung in der Altstadt zur Verfügung, die die *Grupo de Estudios Urbanos* im Frühjahr 1984 durchführte (vgl. Kap. 2). Aus dem Jahre 1972 und 1984 stammen zwei Erhebungen in Hüttenvierteln Montevideos, deren Ergebnisse bei MAZZEI/VEIGA (1985) publiziert sind und die als Vergleichsmöglichkeiten dienen. Für Montevideo insgesamt werden, soweit es möglich ist, die vorläufigen Ergebnisse der letzten Volkszählung aus dem Jahre 1985 benutzt.

Der erste Abschnitt dieses Kapitels gibt zunächst einen Überblick über die demographische Struktur der Altstadtbevölkerung im Jahre 1984, über Änderungen der Haushaltszusammensetzung und über Motive für den Wohnungswechsel. Anschließend werden die Beschäftigungs- und Einkommensperspektiven aufgezeigt, da man annehmen kann, daß ein wichtiger Grund für den Wohnstandort in der Altstadt die Nähe zu den Arbeitsplätzen im Hafen oder im Dienstleistungsbereich des Zentrums ist. Die Freigabe der Mieten im Jahre 1974 verteuerte den Wohnraum, so daß nach BENTON (1986) die Haushalte in Montevideo drei Strategien zur Sicherung ihres Wohnungsbedarfs verfolgen (vgl. Kap. 3.2.3). Ihre Überprüfung, die damit verbundenen Auswirkungen auf die innerstädtischen Wanderungsströme sowie die Diskussion vorliegender modellhafter Vorstellungen über die Wanderungsbewegungen unterer Sozialschichten in lateinamerikanischen Metropolen stehen im Mittelpunkt des dritten Abschnittes. Die Einstellung der Haushalte zu den Lebensbedingungen, zu baulichen und sozialen Veränderungen in der Altstadt sowie zu möglichen Maßnahmen ihrer Verbesserung werden abschließend analysiert. Alle Angaben beziehen sich, wenn nicht anders vermerkt, auf die im Frühjahr 1984 durchgeführte Befragung.

5.1 Bevölkerungsstrukturelle Merkmale im Vergleich zur Gesamtstadt

Die Befragung erfaßte 97 Haushalte, in denen insgesamt 396 Personen lebten. Der Auswahl lag eine Zufallsstichprobe zugrunde, die von der Zahl der Bevölkerung sowie der Verteilung der Haushalte auf die einzelnen *Manzanas* ausging. Trotzdem ist es wegen des kleinen Umfanges schwierig, den Zusammenhang zwischen drei oder vier Variablen zu analysieren.

Die Bevölkerungszusammensetzung der Altstadt ist durch einen leichten Frauenüberschuß gekennzeichnet (51,5%). Der Anteil liegt zwischen dem Wert von Montevideo (53,5%) und dem der Hüttenviertel oder *cantegriles*, in denen die weiblichen Personen mit 48% in der Minderheit sind. Mit zunehmendem Alter erhöht sich der Frauenanteil in typischer Weise: Bei den unter 20jährigen erreicht er nur 49% und bei älteren Menschen (≥ 50 Jahre) steigt er auf 59% an (vgl. Abb. 17). Auffallend ist der mit 53,6% deutliche Männerüberschuß bei den 15- bis 40jährigen, der als Indiz für den Wohnstandort der erwerbsfähigen Bevölkerung nahe des Arbeitsplatzangebotes im Zentrum zu werten ist.

Abbildung 17: Alterspyramide der Bevölkerung in Montevideo (1985), in der Altstadt (1984) und in Hüttenvierteln (1984)

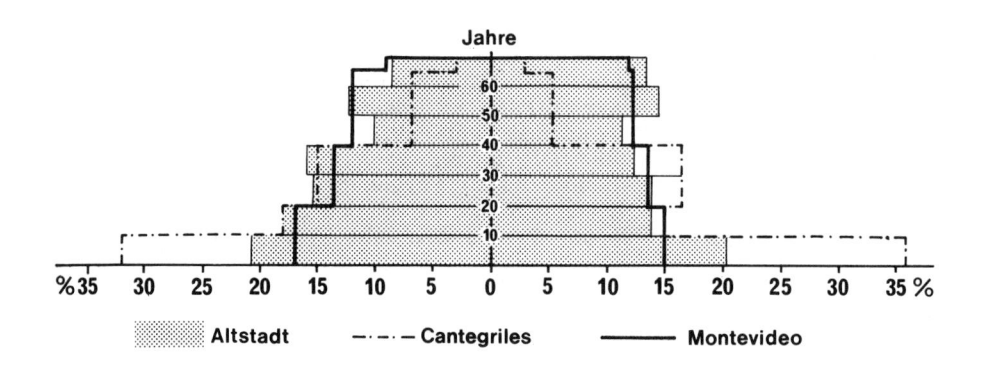

Quelle: eigene Auswertung verschiedener Unterlagen (vgl. Kap. 2)

In der Altstadt wohnt im Vergleich zu Montevideo eine jüngere Bevölkerung. Abbildung 17 hebt das Übergewicht sowohl der unter 15jährigen als auch der mittleren Altersgruppen (20-40 Jahre) hervor, während gleichzeitig der Anteil der mindestens 60jährigen 3% unter dem Mittelwert von Montevideo liegt. Diese Kennzeichen der Altersstruktur lassen vermuten, daß in der Altstadt zahlreiche Haushalte in der Expansionsphase wohnen. Diese Annahme bekräftigt sich in der durchschnittlichen Haushaltsgröße von 4,08, die fast den Wert von 4,53 Personen in den Hüttenvierteln erreicht und das Mittel von 2,57 in Montevideo klar übertrifft. Die Alterspyramiden in Abbildung 17 verdeutlichen diese strukturellen Unterschiede nochmals: der verschieden breite Sockel bei Kindern und Jugendlichen, die jeweiligen Veränderungen der mittleren Altersgruppen sowie die geringere Bedeutung älterer Menschen. Allerdings ist aus dem in der Altstadt vorliegenden Frauenüberhang bei Personen, die mindestens 50 Jahre alt sind, sowie der Männerüberschuß bei den 20- bis 40jährigen zu folgern, daß die Haushaltsstruktur im Vergleich zu den Hüttenvierteln weniger homogen ist: Den Familien in der Expansionsphase steht eine bedeutende Anzahl kleinerer Haushalte in der Schrumpfungsphase gegenüber.

Die Angaben zur Haushaltsgröße ergeben einen ersten Hinweis für diese Annahme. Tabelle 7 verdeutlicht, daß die Zahl der Familienmitglieder bei zwei Dritteln der Fälle unterhalb des Mittelwertes von 4,08 liegt und daß somit die Zahl kleinerer Haushalte eindeutig überwiegt.

Tabelle 7: Größe der in der Altstadt lebenden Haushalte

Zahl der Haushaltsmitglieder	Zahl der Haushalte
1,2	27
3,4	38
5,6	21
7,8	4
9 u.m.	7
Summe	97

Quelle: eigene Auswertung der Befragung durch die *Grupo de Estudios Urbanos*

Sowohl der Median- als auch der Modalwert von jeweils 3 Personen zeigen die extreme Schiefe der Verteilung an, die wenige Familien, in denen 12 oder gar 17 Menschen leben, hervorrufen. Eine weitere Differenzierung nach dem Alter des Haushaltsvorstandes in Tabelle 8 belegt, daß der Anteil kleinerer Familien im fortgeschrittenen Lebenszyklus deutlich überwiegt. Die durchschnittliche Größe erreicht ihr Maximum mit 4,3 Personen bei 40-60 Jahre alten Vorständen. In Tabelle 8 fällt auf, daß bei jüngeren Haushaltsvorständen in 64% der Fälle die Zahl der Familienmitglieder ebenfalls vier Personen übertrifft. Trotzdem liegt sie aber etwas niedriger als bei Haushalten in einer späteren Lebenszyklusphase, obwohl in dieser Kategorie nur 49% mindestens vier Mitglieder umfassen.

Einen bedeutenden Einfluß auf die Haushaltsgröße weisen Mitglieder auf, die mit dem Vorstand verwandt oder bekannt sind. Nach Tabelle 9 gehören insgesamt 20,8% der erfaßten Personen dieser Gruppe an, deren Anteil bei größeren Familien in einer späteren Lebenszyklusphase über dem Durchschnitt liegt.

Tabelle 8: Zahl der Haushalte, differenziert nach Größe und Alter des Haushaltsvorstandes

Alter des Haushaltsvorstandes Jahre	Zahl der Haushaltsmitglieder			mittlere Haushaltsgröße
	≤ 3	4 u.m.	Summe	
20 bis unter 40	9	16	25	4,20
40 bis unter 60	26	25	51	4,30
60 u.m.	15	5	20	2,80
keine Angaben	0	1	1	-
Summe	50	47	97	4,08

Quelle: eigene Auswertung der Befragung durch die *Grupo de Estudios Urbanos*

Tabelle 9: Anteil der verwandten[1] und bekannten Personen, differenziert nach Haushaltsgrößen

Alter des Haushaltsvorstandes Jahre	Haushaltsmitglieder				Summe	
	≤ 3		4 u.m.			
	Zahl	%	Zahl	%	Zahl	%
20 bis unter 40	5	22,7	6	7,2	11	10,5
40 bis unter 60	11	17,5	39	25,2	50	22,9
60 u.m.	2	6,5	10	41,7	12	21,8
keine Angabe	-	-	9	52,9	9	52,9
Summe	18	15,5	64	24,7	82	20,8

1) Verwandte Personen sind in diesem Falle Personen, die eine verwandtschaftliche Beziehung zum Haushaltsvorstand haben. Ausgeschlossen sind Ehegatten und Kinder.

Quelle: eigene Auswertung der Befragung durch die *Grupo de Estudios Urbanos*

Die Ergebnisse in Tabelle 9 weisen auf die erste von BENTON (1986) genannte Strategie zur Sicherung des Wohnbedarfs hin (vgl. Kap. 3.2.3). Die Familien reagieren auf den Mietpreisanstieg (vgl. Tab. 4) mit einer höheren Belegung des verfügbaren Wohnraums, um die Kostenbelastung je Haushalt zu senken. Es bestehen grundsätzlich zwei Möglichkeiten, damit der finanzielle Handlungsspielraum nicht allzu sehr eingeengt wird: Bei der ersten Alternative ziehen Familien in die Wohnung von Verwandten, was eine Zunahme der Mobilität bedeutet. Bei der zweiten verhindern dagegen die Kosten einen notwendigen Umzug, da erwachsene Kinder des Haushaltsvorstandes mit eigener Familie die elterliche Wohnung nicht verlassen. Es unterbleibt somit eine Anpassung der Wohnverhältnisse an die Bedürfnisse, die sich aus dem Wechsel des Lebenszyklus ergeben (vgl. BÄHR 1986). Die wesentlich jüngere Altersstruktur der verwandten oder bekannten Personen weist auf eine höhere Belegungsdichte des verfügbaren Wohnraumes hin (vgl. Abb. 18). Fast 50% der Säuglinge und ein Drittel der Kinder von ein bis fünf Jahren gehören dieser Gruppe an. Der damit einhergehende Bedeutungszuwachs bei den 20- bis 40jährigen belegt, daß Verwandte oder Bekannte mehrheitlich einem Haushalt in der Expansionsphase zuzurechnen sind. Die zunehmende Bedeutung dieses Personenkreises bei größeren Haushalten mit älteren Vorständen (vgl. Tab. 9) ist ein Indiz, daß deren Nachkommen trotz neu gegründeter Familien häufig nicht die elterliche Wohnung verlassen. Ein Motiv für den nicht durchgeführten Umzug könnte in der finanziellen Belastung durch die Miete der neuen Wohnung liegen.

Abbildung 18: Altersgliederung der Bevölkerung in Montevideo (1985) und in der Altstadt (1984)

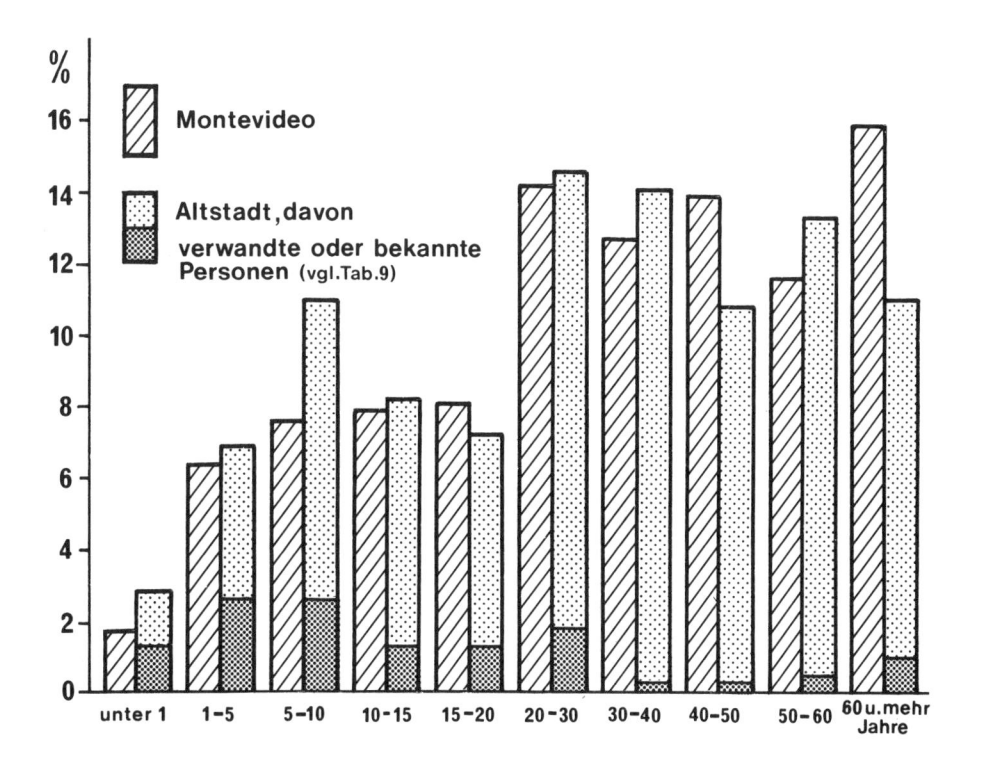

Quelle: Recuentos Preliminares (1986). VI Censo de Población y IV de Viviendas 1985. Montevideo; eigene Auswertung der Befragung durch die *Grupo de Estudios Urbanos*

Das Mobilitätsverhalten der Haushalte kann ebenfalls Hinweise auf die Gründe geben, warum die Strategie der höheren Belegungsdichte verfolgt wird. Hierzu stehen zwei Informationsquellen zur Verfügung:

1. der Wohnort der Eltern bei Geburt des Familienmitgliedes und

2. Angaben zum letzten Wohnungswechsel (Wohndauer in der Altstadt, vorheriger Standort, Motive).

Abbildung 19: Wohnort der Eltern bei Geburt des Familienmitgliedes

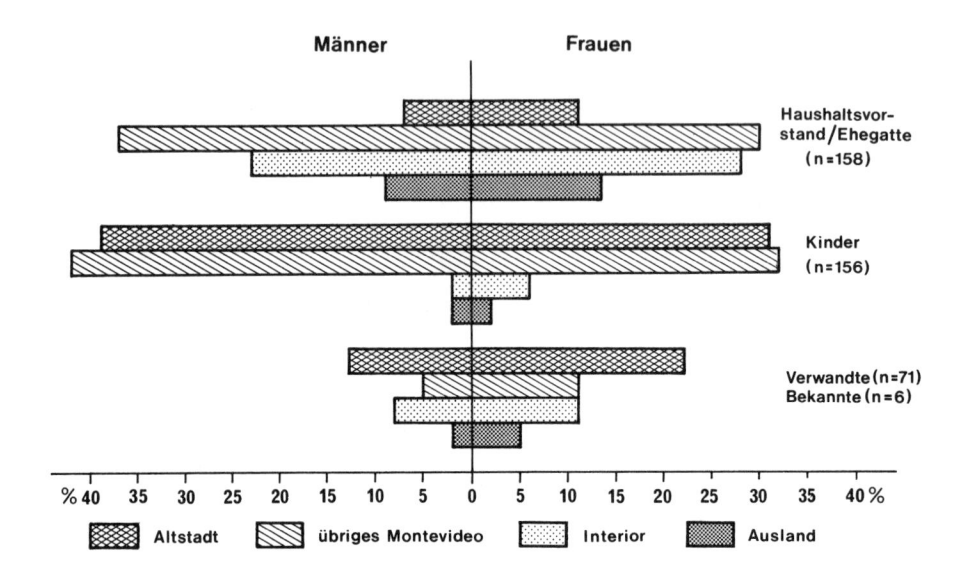

Quelle: eigene Auswertung der Unterlagen der *Grupo de Estudios Urbanos*

Abbildung 19 verdeutlicht für die einzelnen Kategorien von Familienmitgliedern folgende Aussagen:

- Haushaltsvorstände bzw. Ehegatten wohnten nach ihrer Geburt in der überwiegenden Mehrzahl zunächst nicht in der Altstadt (88,6%). Von ihnen zogen zu einem späteren Zeitpunkt 47,9% aus einem anderen Stadtteil Montevideos zu, aus dem Landesinneren kamen 36,4% in die Hauptstadt und immerhin kehrten 15,7% aus dem Ausland zurück. Dieser Sachverhalt dokumentiert einerseits die sich nach 1908 beschleunigende Verstädterung, von der im wesentlichen Montevideo profitierte (vgl. Beitrag BÄHR), andererseits unter Einbeziehung von Tabelle 10, daß zahlreiche Haushalte in der Altstadt erst in den 80er Jahren aus anderen Teilgebieten Montevideos zugezogen sind.

- In Übereinstimmung mit den Ergebnissen in Tabelle 10 ergibt sich bei Kindern, daß die Zuwanderung aus ländlichen Gebieten oder gar aus dem Ausland keine Bedeutung hat (7,7%). Bei ihrer Geburt wohnten die Eltern in knapp 45% der Fälle bereits in der Altstadt oder zogen später aus einem anderen Viertel zu (47%). Dies bedeutet, daß bei der jüngeren Generation innerstädtische Wohnungswechsel überwiegen, daß aber auch die Eltern nach dem Zuzug in die Hauptstadt häufig nochmals ihren Wohnstandort in die Altstadt verlegten.

- Im Vergleich dazu ist bei Verwandten oder Bekannten der Umzug innerhalb Montevideos weniger ausgeprägt: Entweder sie wohnen bereits bei der Geburt in der Altstadt (45,5%) oder sie sind im *Interior* Uruguays bzw. im Ausland geboren (33,8%). Auffallend ist das Übergewicht weiblicher Personen. Eine mögliche Interpretation wäre, daß vor allem Frauen, die von außerhalb Montevideos zuziehen, bei Verwandten einen ersten Wohnsitz finden. Seine Nähe zu den Arbeitsplätzen im Zentrum ist sicher zu Beginn des Aufenthaltes in der Hauptstadt von großem Vorteil. Eine andere Auslegung wäre, daß Ehefrauen nach der Heirat in den Haushalt des Mannes wechseln, was vor allem nach Geburt von Kindern eine wesentliche Erhöhung der Belegung des verfügbaren Wohnraumes zur Folge hat. Auch diese Interpretation spricht für eine aus finanziellen Gründen erzwungene Immobilität der Familien.

Trotzdem geht aus Tabelle 10 hervor, daß die Mobilität der Haushalte zum Teil außerordentlich hoch ist. Dies zeigt sich darin, daß immerhin 67% der Familien mindestens einmal umgezogen sind und von ihnen 52,3% innerhalb der letzten fünf Jahre ihren Wohnstandort änderten. Differenziert man die mobilen Haushalte nach der Anzahl ihrer Mitglieder und nach dem Alter des Vorstandes, so ergibt sich aus Tabelle 11 eindeutig, daß kleinere Familien mobiler sind als größere und jüngere häufiger als ältere die Wohnung wechseln. In Tabelle 11 fällt außerdem auf, daß bei Haushalten mit mindestens vier Mitgliedern eine zum Teil erheblich kürzere Wohndauer in der Altstadt vorliegt als bei Familien mit höchstens drei Personen. Größere Haushalte finden ganz offensichtlich in der Altstadt Montevideos eher eine Wohnung als in anderen Vierteln.

Tabelle 10: Herkunftsgebiet und Wohndauer in der Altstadt von umgezogenen Haushalten

Wohndauer in Jahren	Herkunftsgebiet (letzter Wohnstandort der Haushalte)					
	Altstadt	übriges Montevideo	*Interior*	Ausland	keine Angaben	Summe
1-2	1	13	3	-	2	19
3-5	-	10	1	-	4	15
6 u.m.	1	19	2	3	-	31
Summe	2	42	6	3	6	65

Quelle: eigene Auswertung der Befragung durch die *Grupo de Estudios Urbanos*

Tabelle 11: Mobile Haushalte, differenziert nach Wohndauer und Lebenszyklus

Alter des Haushaltsvorstandes Jahre	Zahl der Haushaltsmitglieder					
	≤ 3 Wohndauer			4 u.m. Wohndauer		
	abs.	%	Median	abs.	%	Median
20-40	8	89	4,0	12	75	3
40-60	21	81	10,0	13	52	4
60 u.m.	8	53	10,5	1	20	4
keine Angabe	0	-	-	-	-	-

Quelle: eigene Auswertung der Befragung durch die *Grupo de Estudios Urbanos*

Tabelle 12: Motive für den Wohnungswechsel in Abhängigkeit vom Lebenszyklus der Haushalte

Alter des Haushaltsvorstandes Jahre	Zahl der Haushaltsmitglieder					
	≤ 3 Motive			4 u.m. Motive		
	Arbeit	Wohnung	Kosten	Arbeit	Wohnung	Kosten
20-40	5	-	-	4	-	5
40-60	8	10	2	3	1	4
60 u.m.	1	4	-	-	-	1
keine Angabe	-	-	-	-	-	1
Summe	14	14	2	7	1	11

Quelle: eigene Auswertung der Befragung durch die *Grupo de Estudios Urbanos*

Weiteren Aufschluß hierzu können die Angaben über die Gründe für den Wohnungswechsel geben. Abbildung 20 hebt die Bedeutung von arbeitsplatzorientierten Motiven hervor. Typische Antworten wie "Arbeitsplatz in der Altstadt" oder "Nähe zum Arbeitsplatz" bestätigen die bestehenden Verdienstmöglichkeiten im Zentrum. Bei den wohnungsorientierten Gründen steht die Verbesserung der Qualität im Vordergrund: Beispiele von Angaben sind "wegen Komfort", "notwendige Zentralheizung" und "Wohnungskauf". An dritter Stelle der genannten Motive stehen Kostengründe, zu denen auch die wirtschaftlichen Ursachen für den Wohnungswechsel zu zählen sind. Die Antworten der Haushalte wie "Kündigung wegen Unterlassen der Mietzahlungen", "alte Wohnung zu teuer" oder "jetzt niedrigere Miete" erhellen den eingeengten finanziellen Handlungsspielraum. Dies wird noch dadurch bekräftigt, daß größere Haushalte Kostengründe und arbeitsplatzorientierte Motive häufiger angeben und bei ihnen die Verbesserung der Wohnqualität keine Rolle spielt (vgl. Tab. 12). Höchstrangiges Ziel beim Wohnungswechsel ist zuallererst eine billige Unterkunft ohne Rücksicht auf die Wohnverhältnisse oder - wie es TURNER ausdrückt - auf den Wohnbedarf aufgrund des Lebenszyklus der Familie. Die Tatsache, daß dann noch die Arbeitsmöglichkeiten in der Altstadt relativ nahe zu den Wohnstandorten liegen, begünstigt das Ziel "Innenstadt" im Vergleich zu peripheren Stadtgebieten.

Tabelle 13: Gründe für den Wohnstandort in der Altstadt Montevideos in Abhängigkeit vom Haushaltseinkommen

Gründe	Einkommen		
	insgesamt Pesos %	höchstens 5.500 Pesos %	mindestens 13.000 Pesos %
arbeitsplatzorientierte	34,9	38,1	17,6
wohnungsorientierte	23,8	9,5	29,4
familiäre	6,3	-	23,5
finanzielle	20,6	42,9	11,8
sonstige	14,4	9,5	17,7
	100,0	100,0	100,0

Quelle: eigene Auswertung der Befragung durch die *Grupo de Estudios Urbanos*

Beschäftigungsmöglichkeiten und somit Einkommen für die Haushalte sind gemeinsam mit finanziellen Problemen - vor allem Mieterhöhungen - ein wichtiges Motiv für den Wohnstandort in der Altstadt. Tabelle 13 bestätigt, daß dieser Aspekt vor allem für Haushalte mit niedrigem Einkommen zutrifft. Die Perspektiven der Verdienstmöglichkeiten sollen im nächsten Abschnitt aufgezeigt werden.

5.2 Beschäftigungs- und Einkommensmöglichkeiten der Haushalte

Um die Ergebnisse der Befragungen besser in den Rahmen der nationalen Entwicklung einordnen zu können, wird zunächst ein kurzer Überblick über die Arbeitsmarkt- und Einkommenssituation der Haushalte in Montevideo nach der Machtübernahme der Militärs im Jahre 1973 gegeben.

Die Arbeitslosigkeit blieb zwischen 1968 und 1975 mit 8% ziemlich stabil (vgl. Abb. 7). Dann erfolgte im Jahre 1976 ein markanter Anstieg auf etwa 13%, dessen Ursachen im wesentlichen in den zurückgehenden Realeinkommen der Haushalte lagen. Erhöhten sich diese zwischen 1968 und 1971 noch um 16%, so verringerten sie sich im anschließenden Zeitraum kontinuierlich trotz der zum Teil sehr guten wirtschaftlichen Entwicklung Uruguays: Bis 1976 gingen sie um 44% zurück, bis 1984 nochmals um weitere 20%, bei Rentnern insgesamt sogar um 70%. Die Verschärfung sozialer und ökonomischer Probleme konnte ein Teil der Haushalte vor 1975 durch die Auswanderung vor allem nach Argentinien (SIERRA 1978) auffangen. Allerdings verschlechterte sich dann im Nachbarland die wirtschaftliche Situation, so

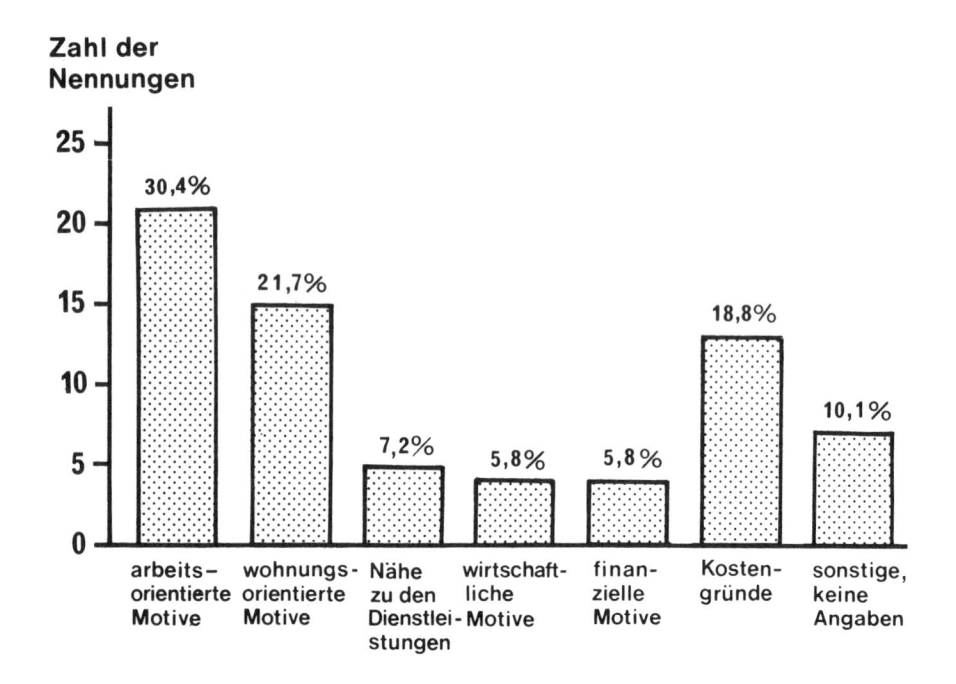

Abbildung 20: Motive für den Wohnungswechsel

Zahl der Nennungen

Motiv	%
arbeitsorientierte Motive	30,4%
wohnungsorientierte Motive	21,7%
Nähe zu den Dienstleistungen	7,2%
wirtschaftliche Motive	5,8%
finanzielle Motive	5,8%
Kostengründe	18,8%
sonstige, keine Angaben	10,1%

Quelle: eigene Auswertung der Befragung durch die *Grupo de Estudios Urbanos*

daß die Emigration keine Alternative mehr bot. Die Haushalte reagierten nun mit einer stärkeren Ausschöpfung ihres Erwerbstätigenpotentials: So erhöhte sich die Erwerbsquote im Jahre 1976 um fast 5% auf 53,4%. Vor allem Frauen, Jugendliche zwischen 14 und 19 Jahren sowie ältere Menschen suchten verstärkt nach einem Arbeitsplatz, so daß die umfangreichere Nachfrage eine Zunahme der Arbeitslosigkeit zur Folge hatte. Nach 1977 wirkten sich die Exportförderung sowie der mit der Bodenspekulation verbundene Baumboom positiv auf den Arbeitsmarkt aus. Die Arbeitslosigkeit verzeichnete einen Rückgang auf etwas über 7%. Aber bereits zu Beginn der 80er Jahre ging sie infolge der Finanzprobleme und des konjunkturellen Einbruchs sprunghaft in die Höhe und erreichte mit 15% ihr bisheriges Rekordniveau.

Die wirtschaftliche Notlage zahlreicher Haushalte wird am Beispiel der Pensionäre deutlich. In Abbildung 21 ist ihre Anzahl nach Einkommensgruppen dargestellt. Etwa 200.000 oder 60% von ihnen erhalten monatlich weniger als 2.200 Pesos, eine Einnahme, die deutlich unterhalb des damaligen gesetzlichen Mindestlohnes von etwa 3.000 Pesos lag. Es überrascht somit nicht, daß die älteren Menschen nach zusätzlichem Einkommen suchen und sie vor allem im Straßenverkauf oder im Bereich der Dienstleistungen finden, da diese Tätigkeiten auch für sie leicht zugänglich sind.

Zu den sinkenden Realeinkommen kam seit der Machtübernahme der Militärs der Abbau der Sozialleistungen hinzu. Die staatlichen Ausgaben für das Gesundheitswesen, für den Bildungsbereich oder für die Alterssicherung wurden gekürzt und gleichzeitig die Beiträge erhöht. Auch zog sich die Regierung von der sozialen Verantwortung im Wohnungswesen zurück (vgl. Kap. 3.2.3), was eine starke Belastung gerade der unteren Einkommensgruppen bedeutete. Insgesamt muß man feststellen, daß sich zwischen 1973 und 1984 die soziale und wirtschaftliche Situation der Haushalte in Uruguay sehr verschlechterte: Sinkende Einkommen und steigende Arbeitslosigkeit eröffneten der Bevölkerung bei zunehmenden sozialen Gegensätzen nur geringe Perspektiven (vgl. VEIGA 1984).

Abbildung 21: Anzahl der Rentner in einzelnen Einkommensgruppen (Dez. 1983)

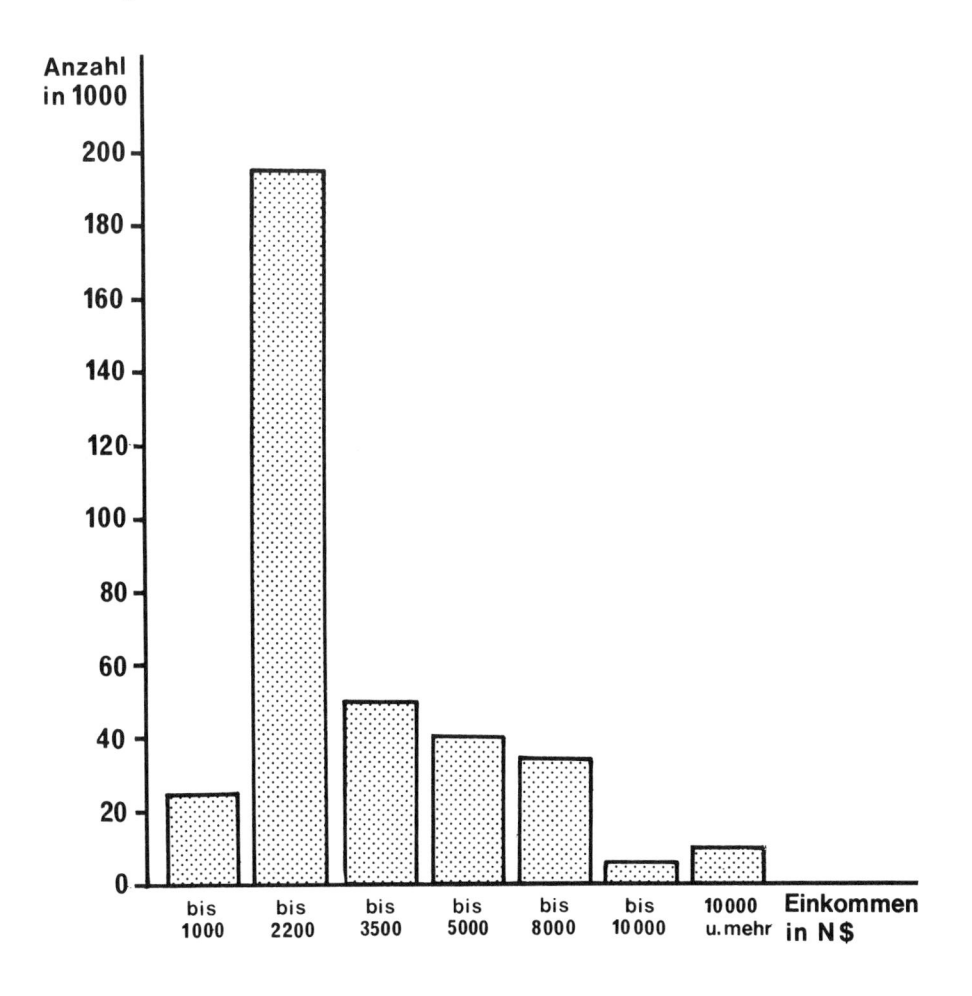

Quelle: MAZZEI/VEIGA (1985)

Abbildung 22: Erwerbstätige in der Altstadt nach Stellung im Beruf und nach Geschlecht

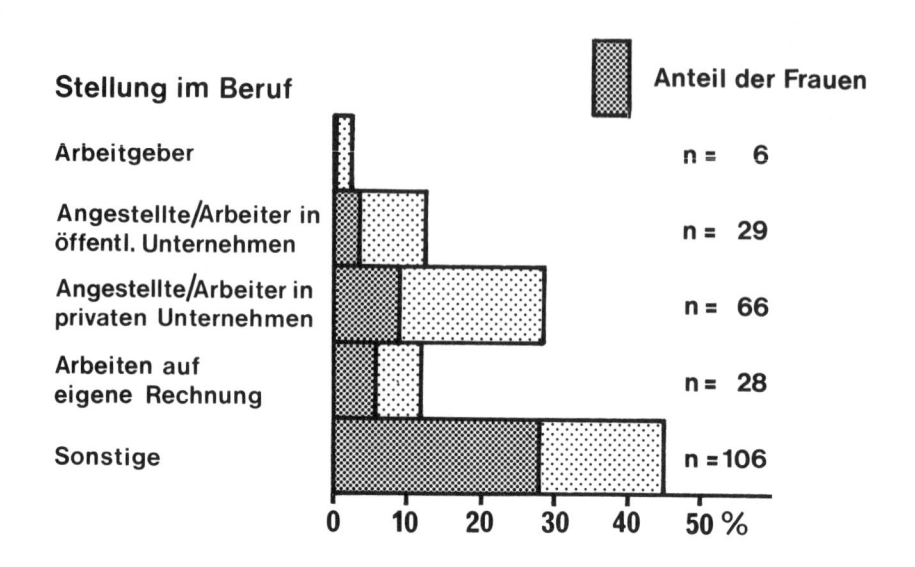

Stellung im Beruf		Anteil der Frauen
Arbeitgeber		n = 6
Angestellte/Arbeiter in öffentl. Unternehmen		n = 29
Angestellte/Arbeiter in privaten Unternehmen		n = 66
Arbeiten auf eigene Rechnung		n = 28
Sonstige		n = 106

Quelle: eigene Auswertung der Befragung durch die *Grupo de Estudios Urbanos*

Abbildung 22 gibt eine Übersicht über die Stellung im Beruf der Erwerbstätigen in der Altstadt. Nur eine geringe Zahl von ihnen sind Arbeitgeber. Einkommenshöhen von mindestens 13.000 Pesos und relativ niedrigen Schulabschlüssen lassen vermuten, daß zu diesem Personenkreis Handwerker und auch Taxifahrer zu zählen sind. Auch Angestellte oder Arbeiter in öffentlichen oder privaten Unternehmen sind mit 12,3% bzw. 28,1% nur wenig vertreten. Eine große Anzahl der Erwerbstätigen ordnete sich den beiden Kategorien "andere Beschäftigungsverhältnisse" (45,1%; z.B. Nebenerwerb, Putzfrau) sowie "Arbeiten auf eigene Rechnung" (11,3%) zu. Insgesamt ist aus Abbildung 22 zu erkennen, daß die Haushalte in der Altstadt überwiegend einfacheren sozialen Schichten angehören. Die Abbildung hebt hervor, daß in den beiden letztgenannten Gruppen weibliche Personen eine wesentlich größere Bedeutung als in den anderen Kategorien haben. Differenziert man die Angaben zur Stellung im Beruf nach Art der Beschäftigung, so kann die Erwerbstätigkeit, der die Personen aus der Altstadt nachgehen, genauer beschrieben werden (vgl. Tab. 14).

In öffentlichen oder privaten Unternehmen sind vor allem Angestellte und Arbeiter beschäftigt. In diesen beiden Kategorien haben "Arbeiten auf eigene Rechnung" sowie eine andere, nicht näher bezeichnete berufliche Stellung nur eine untergeordnete Bedeutung. Sie überwiegen jedoch bei Arbeiten im Dienstleistungsbereich, zu denen z.B. Reinigungstätigkeiten zählen, und bei sonstigen Beschäftigungen. Bei Studenten, Hausfrauen oder Rentnern ist die Stellung im Beruf häufig nicht genauer angegeben. Dieser Personenkreis drängte Mitte der 70er Jahre aufgrund der sinkenden Real-

Tabelle 14: Stellung im Beruf, differenziert nach Art der Beschäftigung

Art der Beschäftigung	Arbeitgeber	Stellung im Beruf				Summe	%
		Angest./Arbeiter öffentl. Unternehmen	Arbeiter privater	Arbeit auf eigene Rechn.	sonstige		
Leitende Angestellte	1	4	2	1	7	15	6,9
Büroangestellte	-	15	10	-	-	25	11,5
Arbeiter	-	3	27	1	1	32	14,7
Arbeiten im Dienstleistungsbereich	-	1	21	11	10	43	19,7
sonstige Beschäftigung	5	2	4	12	3	26	11,9
ohne Arbeit	-	-	1	-	12	13	6,0
Studenten Hausfrauen, Rentner	-	-	-	1	63	64	29,4
Summe	6	25	65	26	96	218	
%	2,8	11,5	29,8	11,9	44,0		100,0

Quelle: eigene Auswertung der Befragung durch die *Grupo de Estudios Urbanos*

einkommen verstärkt auf den Arbeitsmarkt. Zusätzliche Eintragungen in den Fragebögen lassen erkennen, daß diese Gruppe vor allem Tätigkeiten wie z.B. Reinemachen, Straßenverkauf, Gelegenheitsarbeiten im Hafen, Autobewachen oder Altpapiersammeln nachgeht. Diese Aktivitäten sind leicht zugänglich, benötigen nur einen geringen Kapitalaufwand und erfolgen in kleinen Betriebseinheiten. Aufgrund dieser Eigenschaft werden sie dem informellen Sektor zugeordnet. Die folgende Analyse der Haushaltseinnahmen belegt, daß in der Altstadt die Bedingungen für informelle Betätigungen von Familienmitgliedern gut sind.

Das durchschnittliche Monatseinkommen der Haushalte beträgt zum Zeitpunkt der Befragung 10.200 Pesos oder etwa 520,- DM (Abb. 23). Dieser Mittelwert liegt zwar deutlich über dem damals gesetzlich vorgeschriebenen Mindestlohn von 3.600 Pesos, jedoch schwanken die Einkünfte zwischen 1.800 und 37.000 Pesos, und ein Viertel der Befragten verfügt über maximal 5.500 Pesos. Eine Differenzierung der monatlichen Einkommen nach einzelnen Verdienstquellen ergibt mit 55% den überragenden Stellenwert von Lohnzahlungen aufgrund eines Beschäftigungsverhältnisses, gefolgt von Einnahmen aus Sozialversicherungen mit 18% und aus "Arbeiten auf eigene Rechnung" mit knapp 15%. Diese mit Abstand wichtigsten Verdienstquellen besitzen in den einzelnen Einkommensgruppen sehr unterschiedli-

Abbildung 23: Monatliches Einkommen und Verdienstquellen der Haushalte in der Altstadt Montevideos (März 1984)

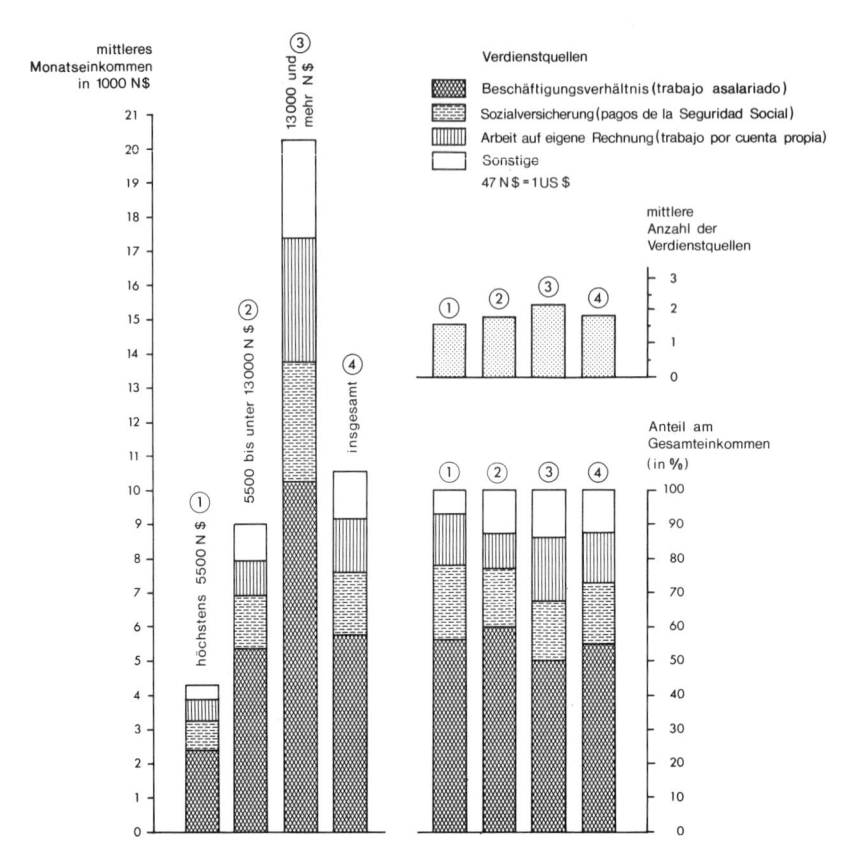

Quelle: eigene Auswertung der Befragung durch die *Grupo de Estudios Urbanos*

che Anteile (Abb. 23). Zahlungen aus Sozialversicherungen nehmen von 22% im unteren Bereich auf 17% bei Haushalten mit mindestens 13.000 Pesos ab. Die relative Bedeutung der Löhne steigt dagegen zunächst von durchschnittlich 56% auf knapp 60% an, um dann auf die Hälfte zurückzugehen. Aus "Arbeit auf eigene Rechnung", die sehr unterschiedliche Tätigkeiten wie den Straßenverkauf oder die Anfertigung von Bauplänen durch einen Architekten umfaßt, bezieht immerhin ein Drittel der befragten Haushalte zusätzliche Einkünfte, deren Anteil im oberen Einkommensbereich mit fast 18% ein Maximum erreicht. Haushalte dieser Gruppe sichern aus mindestens zwei Verdienstquellen ihren Lebensunterhalt und besitzen offenbar wesentlich günstigere Möglichkeiten der Einkommensverbesserung als Familien mit höchstens 5.500 Pesos im Monat. Bei ihnen trägt die Kategorie "Arbeit auf eigene Rechnung" trotz des niedrigen Anteils von 14,4% an den Gesamteinnahmen wesentlich zur Existenzsicherung bei: Ohne sie verringern sich die Einkünfte in der untersten Gruppe auf den gesetzlich vorgeschriebenen Mindestlohn, bei den Besserverdienenden betragen sie selbst dann noch über 16.000 Pesos. Die Erwerbstätigen in diesen Haushalten haben in den meisten Fällen eine abgeschlossene Universitätsausbildung oder besuchten zumindest neun Jahre die Schule. Sie gehen in der Regel Beschäftigungen im öffentlichen oder privaten Dienstleistungsbereich nach, und bedenkt man die 30-Stunden-Woche im uruguayischen Bankwesen oder in der Stadtverwaltung Montevideos, so erkennt man, daß gerade Personen dieser Berufsgruppe Zeit und Kontakte zur Verfügung stehen, als Architekten oder Finanzberater ihr Gehalt aus einem sicheren Beschäftigungsverhältnis zu ergänzen.

Personen im Erwerbsalter, die der untersten Einkommensgruppe angehören, sind meistens Arbeitslose, Tagelöhner oder Hausbedienstete, die durch Gelegenheitsarbeiten, z.B. im Hafen, durch Altpapiersammeln oder Straßenverkauf versuchen, die Einnahmen zur Existenzsicherung der Familien zu erreichen. Diese Möglichkeiten sind in der Altstadt gegenüber anderen städtischen Teilgebieten Montevideos als günstig zu beurteilen. Zu den erwähnten Betätigungen zählen der Verkauf von Süßigkeiten, Lebensmitteln, Kleidern, Losen oder Zeitschriften sowie das Angebot von Dienstleistungen, wie Schuheputzen oder Autobewachen. Um den Umfang dieser Tätigkeiten abschätzen zu können, wurden im Oktober 1984 im Abstand von drei Wochen vom Verfasser zwei Erhebungen durchgeführt. Einbezogen wurden alle Tätigkeiten, die in den Straßen zwischen 11.00 und 18.00 Uhr direkt beobachtbar waren. Am 3. Oktober 1984 gingen 157 Personen 190 Aktivitäten nach (Abb. 24). Die unterschiedliche Zahl resultiert aus der Tatsache, daß manche gewärmte und gezuckerte Erdnüsse gleichzeitig verkaufen, andere neben Zeitschriften auch Süßigkeiten anbieten. Am häufigsten waren Autowächter (26,8%) anzutreffen, gefolgt von Verkäufern von Parkplaketten (20,0%), Zeitschriften (16,3%), Süßigkeiten (8,4%) und gezuckerten Erdnüssen (6,3%). Diese Betätigungen konzentrieren sich in jenen Straßen, in denen sich zahlreiche Geschäfte, Banken oder Büros befinden und durch die mehrere Buslinien führen. Hier stehen die Verkäufer in der Regel an Straßenkreuzungen mit Haltestellen, wo sie sich wegen der höheren Fußgängerzahl besonders gute Einkünfte versprechen.

Bedenkt man das räumliche Mobilitätspotential der Personen, so ist das Verteilungsmuster der Aktivitäten trotz vorliegender kurz-, mittel- und langfristiger Veränderungen ziemlich stabil. Ende Oktober 1984 gingen 60% der Verkäufer am selben Standort den selben Aktivitäten nach. Innerhalb des Tagesablaufs treten verstärkte Betätigungen in jenen Bereichen auf, in denen viele Angestellte ihre Mittagspause verbringen. Nachmittags zwischen 16.00 und 18.00 Uhr, wenn viele Beschäftigte von der Arbeit nach Hause fahren, sind die Bushaltestellen bevorzugt. Mittelfristige Änderungen von Tag zu Tag hängen sowohl von den Wetterverhältnissen als auch von der Tätigkeit selbst ab: An Freitagen Lose zu verkaufen, ist rentabler als an Montagen. Ähnliches gilt für längerfristige Schwankungen. So waren Ende Oktober die Erdnußverkäufer verschwunden. Dieser Personenkreis bietet in der wärmeren Jahreszeit Eis an. Der Tätigkeitswechsel wird dadurch begünstigt, daß für beide Aktivitäten nur ein einfacher Holzkasten benötigt wird.

Um einen Einblick in die Einnahmemöglichkeiten durch informelle Aktivitäten zu gewinnen, wurden im Oktober 1984 vom Verfasser 50 Personen befragt, die in der Altstadt in der Straße einer Tätigkeit nachgingen. Die angegebenen täglichen Einkünfte sind unter Berücksichtigung einer Betätigung von 20 Tagen zu Monatsangaben hochgerechnet. Die Verdiensthöhe ist

Abbildung 24: Informelle Aktivitäten in den Straßen der Altstadt Montevideos (3.10.1984)

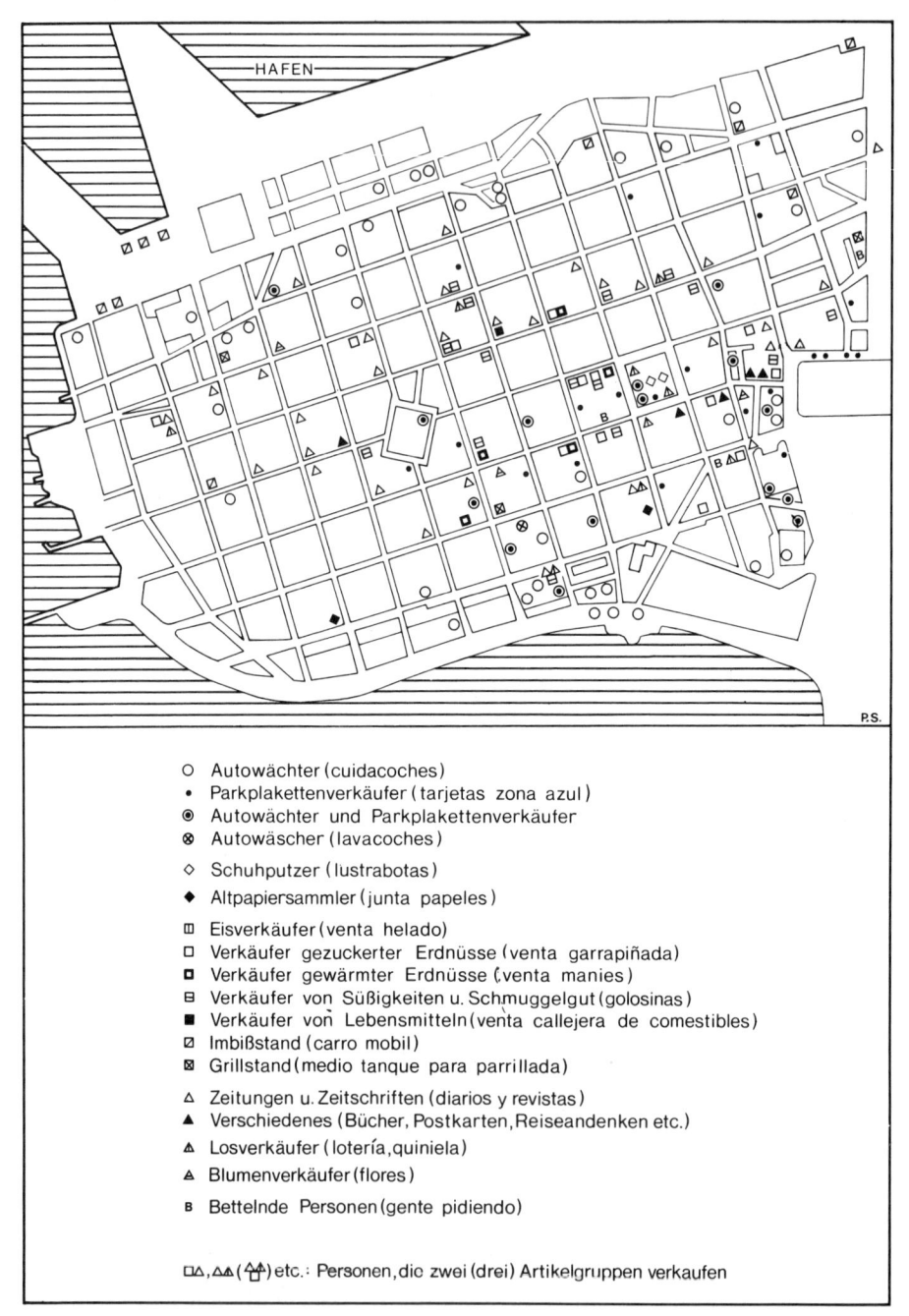

○ Autowächter (cuidacoches)
• Parkplakettenverkäufer (tarjetas zona azul)
◉ Autowächter und Parkplakettenverkäufer
⊗ Autowäscher (lavacoches)

◇ Schuhputzer (lustrabotas)
◆ Altpapiersammler (junta papeles)

▥ Eisverkäufer (venta helado)
▢ Verkäufer gezuckerter Erdnüsse (venta garrapiñada)
◘ Verkäufer gewärmter Erdnüsse (venta manies)
▤ Verkäufer von Süßigkeiten u. Schmuggelgut (golosinas)
■ Verkäufer von Lebensmitteln (venta callejera de comestibles)
▨ Imbißstand (carro mobil)
▩ Grillstand (medio tanque para parrillada)

△ Zeitungen u. Zeitschriften (diarios y revistas)
▲ Verschiedenes (Bücher, Postkarten, Reiseandenken etc.)
⃤ Losverkäufer (lotería, quiniela)
▴ Blumenverkäufer (flores)

B Bettelnde Personen (gente pidiendo)

▢△, △△ (⚮) etc.: Personen, die zwei (drei) Artikelgruppen verkaufen

Quelle: eigene Erhebung

im Vergleich mit den Befragungsergebnissen der in der Altstadt wohnenden Haushalte erstaunlich. Sie liegt monatlich bei knapp 4.700 Pesos, bei einem untersten Wert von 400 und einem Maximum von 15.000 Pesos. Auf die Einnahmehöhe wirkt sich zwar der Standort an Straßenkreuzungen mit Bushaltestellen günstig aus, entscheidend ist jedoch die Art der Tätigkeit. So verdienen Verkäufer von Zeitschriften mit 7.000 Pesos wesentlich mehr als Händler von Süßigkeiten sowie Schmuggelgut mit 4.200 Pesos und diese wiederum deutlich mehr als Autowächter oder Parkplakettenverkäufer (3.500 Pesos). In Übereinstimmung mit Ergebnissen von URREA (1982) haben vor allem männliche Personen höhere Einkommen. So beträgt der Anteil der Männer bei den überdurchschnittlich verdienenden 75%, insgesamt jedoch nur 64%. Diese Unterschiede könnten damit zu begründen sein, daß im Tagesverlauf Männer den jeweiligen Aktivitäten länger als Frauen nachgehen. Bei ihnen ist anzunehmen, daß ihre Einnahmen eher als zusätzliche Geldquelle der Haushalte dienen. Ein Indiz hierfür ist der hohe Männeranteil an den Zeitschriftenverkäufern, bei denen häufig eine kapitalintensivere Ausrüstung (z.B. Kiosk) als bei anderen Tätigkeiten erforderlich ist. Bedenkt man die Verdienstmöglichkeiten durch informelle Aktivitäten - die Einnahmen der Zeitschriftenverkäufer sind um 20% höher als die mittleren Lohneinkommen der in der Altstadt lebenden Haushalte -, so ist es nicht verwunderlich, daß der Umfang der Aktivitäten in wirtschaftlich schwierigen Zeiten stark zunimmt, vor allem da die zu erfüllenden Voraussetzungen zu ihrer Ausübung sehr gering sind. Dies belegt mit aller Deutlichkeit eine vergleichbare Erhebung im August 1985 (Tab. 15).

Tabelle 15: Entwicklung ausgewählter informeller Aktivitäten in der Altstadt Montevideos

Informelle Aktivität (Auswahl)	Anzahl der jeweiligen Aktivität am 3.10.1984	8.8.1985	prozentuale Veränderung
Autobewachen	36	34	- 5,6
Verkauf von Zeitschriften	31	44	+41,9
Verkauf von Parkplaketten	23	23	0,0
Verkauf von Süßigkeiten/ Schmuggelwaren	16	21	+31,3
Verkauf gezuckerter Erdnüsse	12	21	+75,0
insgesamt	190	251	+32,1

Quelle: eigene Erhebung

Die Zahl der Personen erhöhte sich um 30%, bestimmte Aktivitäten verzeichneten jedoch wesentlich höhere Zunahmen. Hierzu zählen vor allem die einträglichsten Tätigkeiten wie der Verkauf von Zeitschriften, Süßigkeiten oder Erdnüssen. Dagegen blieb die Zahl der Autowächter und Parkplakettenverkäufer, die vergleichsweise niedrige Einkünfte erzielten, konstant.

Die Haushalte, die in der Altstadt wohnen, verfügen in der Mehrzahl über niedrige, höchstens jedoch über mittlere Einkommen. Ihre finanzielle Situation ist noch dadurch zusätzlich eingeengt, daß Einnahmen aus der

Kategorie "Arbeit auf eigene Rechnung" mit einer großen Unsicherheit behaftet sind und eine längere Planung nicht zulassen.

5.3 Wohnsituation der Haushalte

Die am häufigsten genannten Motive der Haushalte für ihr Wohnen in der Altstadt sind finanzielle und arbeitsplatzorientierte Faktoren. Die Tab. 12 und 13 belegen jedoch, daß die Bedeutung der einzelnen Gründe vom Familieneinkommen sowie vom Lebenszyklus der Haushalte abhängt. Dabei sind die Einnahmen die ausschlaggebende Größe, wie Tabelle 16 nochmals verdeutlicht. Sie hebt außerdem hervor, daß Haushalte, die über höchstens 5.500 Pesos im Monat verfügen, meist nicht länger als fünf Jahre in der Altstadt wohnen. Dagegen sind finanziell besser gestellte Familien in der Mehrzahl bereits vor 1979 in den kolonialen Kern Montevideos vornehmlich aus wohnungsorientierten Motiven umgezogen.

Tabelle 16: Motive des Wohnungswechsels in Abhängigkeit von Wohndauer und Haushaltseinkommen

Wohn- dauer Jahre	Motive	Einkommen in Pesos			Summe
		höchstens 5.500	5.501 12.999	mindestens 13.000	
≤ 5 n=29	arbeitsplatz- orientierte	8	4	1	13
	wohnungs- orientierte	1	–	1	2
	finanzielle	9	3	1	13
	sonstige	2	–	2	4
6 u.m. n=30	arbeitsplatz- orientierte	–	7	2	9
	wohnungs- orientierte	2	4	5	11
	finanzielle	–	3	1	4
	sonstige	–	3	4	7
		n=18	n=24	n=17	

Quelle: eigene Auswertung der Befragung durch die *Grupo de Estudios Urbanos*

Aus dem Zusammenhang zwischen Einkommen, Wohndauer und der Angabe von finanziellen Motiven läßt sich folgern, daß die Altstadt mit Beginn der wirtschaftlichen Krise in den Jahren 1981/82 bei unteren Sozialschichten als Wohnstandort an Anziehungskraft gewonnen hat. Diese Attraktivität resultiert jedoch in erster Linie aus den hier vorhandenen billigen Unterkünften (vgl. Kap. 5.1) und zahlreichen leicht zugänglichen Verdienstmöglichkeiten (vgl. Kap. 5.2), die es den Haushalten erlauben, ihr Existenzminimum zu sichern. In diesen Fällen spielt die Wohnqualität bei der Entscheidung der Familien, in der Altstadt zu wohnen, keine Rolle (vgl. Tab. 16).

Die folgende Darstellung der Wohnsituation der im März 1984 befragten Haushalte bestätigt in Abhängigkeit von Eigentumsverhältnissen, Einkommen sowie Wohndauer diese Hypothese. Sie widerlegt somit das auf entscheidungstheoretischen Überlegungen basierende Modell von TURNER (1968) und dessen Erweiterung von CONWAY/BROWN (1980) zumindest in drei Punkten:

1. Der finanzielle Handlungsspielraum der Familien, der vor allem durch Arbeitslosigkeit, Wirtschaftskrise und Liberalisierung des Wohnungsmarktes in den 70er und 80er Jahren eingeschränkt wurde (vgl. Kap. 3.2.3), verhindert die freie Wahl des Wohnstandortes.

2. Nicht die Verbesserung der Wohnqualität ist das vorrangige Ziel beim Wohnungswechsel unterer Sozialschichten, sondern die Sicherung des Existenzminimums durch Einsparungen auf der Ausgabenseite und gleichzeitig vielfältigeren Alternativen zur Erhöhung der Einkünfte.

3. Die verschlechterte wirtschaftliche Situation der Haushalte erschwert ihren sozialen Aufstieg, eine wichtige Voraussetzung des TURNER-Modells für den Umzug an den Stadtrand. Im Gegenteil, die ökonomischen Randbedingungen mit ihren restriktiven Auswirkungen auf das finanzielle Budget der Familien beeinträchtigen ihr Verbleiben an der Peripherie und begünstigen wegen notwendigen Einsparungserfordernissen zentral gelegene Wohnstandorte.

Für die Haushalte entstehen je nach Eigentumsform der Wohnungen unterschiedlich hohe Kostenbelastungen. Die meisten Familien in der Altstadt mieten (47,4%) entweder ein Haus *(Vivienda individual;* Tab. 17), ein Apartment oder ein Zimmer in einer *Pensión* bzw. in einem *Inquilinato* (vgl. Tab. 17). In einem Fall wohnt der Haushalt sogar in einem Gebäude, das eigentlich nicht Wohnzwecken dient. Die zweitstärkste Gruppe sind die Eigentümer (26,8%), gefolgt von Familien, denen Verwandte oder Bekannte die Unterkunft geliehen oder auf andere Art und Weise zur Verfügung gestellt haben (15,5%). Beiden Besitzformen ist gemeinsam, daß keine Mietausgaben aufzubringen sind.

Tabelle 17: Eigentumsform und Wohnform

Eigentumsform	Wohnform					
	Vivienda individual	Aparta-mento	Pension/ Inquilinato	Nicht-Wohn-gebäude	k.A.	Summe
Eigentum	8	18	–	–	–	26
Mieter	9	16	20	1	–	46
Hausbesetzer	4	2	1	1	2	10
geliehen, andere Situation	4	8	3	–	–	15
Summe	25	44	24	2	2	97

Quelle: eigene Auswertung der Befragung durch die *Grupo de Estudios Urbanos*

Nur zehn der befragten Familien (10,3%) haben im März 1984 ein Haus besetzt. Auch sie zahlen keine Miete, jedoch leben sie zum Teil in Wohnungen ohne irgendwelche Grundausstattung, so daß sie auch wegen ihrer sozialen Situation eine eigenständige Gruppe bilden (vgl. GANS 1987b). Hausbesetzungen traten in der Altstadt Montevideos im Jahre 1982 erstmals auf. Im Juni 1984 sind 42 Häuser besetzt, deren räumliche Verteilung innerhalb des durch Wohnnutzung gekennzeichneten Gebietes keinen Schwerpunkt besitzt (vgl. Abb. 25). In diesen Häusern leben nach einer Erhebung der *Grupo de Estudios Urbanos* 223 Familien mit 800-900 Mitgliedern. Allerdings schwankt die Zahl der besetzten Gebäude sehr stark, da wegen der fehlenden Rechtsgrundlage die Familien jederzeit von der Polizei vertrieben werden können. So beträgt die Wohndauer von 15 Haushalten, die die *Grupo de Estudios Urbanos* ausführlich interviewte, nur sechs bis sieben Monate. Diese Befragung ergibt außerdem, daß die Besetzung eines Hauses für die Familien die einzige Möglichkeit war, eine ihren monatlichen Einkünften angepaßte Unterkunft zu finden.

In den 15 Familien gehen 27 Personen einer Beschäftigung nach. Davon erhalten nur zwei ein Einkommen von mindestens 8.000 Pesos im Monat. Bei den übrigen liegen sie zwischen 1.200 und 3.200 Pesos. Der damals gesetzlich vorgeschriebene Mindestlohn von monatlich 3.600 Pesos verdeutlicht, daß die Familien ihre vorwiegend aus informellen Tätigkeiten stammenden Einnahmen zum Kauf ihres Nahrungsmittelbedarfes benötigen und für Mietausgaben kein Spielraum mehr besteht.

Neben diesen individuellen Bedingungen, die die Nachfrage nach absolut billigem Wohnraum erhöht, ist die Angebotsseite des Wohnungsmarktes, in diesem Falle leerstehende Gebäude, mit einzubeziehen. Hierbei spielt ebenso wie bei der zunehmenden Verarmung der Bevölkerung die wirtschaftliche Entwicklung seit 1973 eine wichtige Rolle. Nach der 1976 erreichten Liberalisierung der Finanzmärkte gingen die Bodenpreise in der Altstadt sprunghaft in die Höhe, und die Hauseigentümer versuchten in der Folgezeit, ihre Gebäude einer neuen Nutzung mit höherer Rendite zuzuführen. Die ältere Bausubstanz im kolonialen Kern Montevideos genügte jedoch häufig nicht den neuen Ansprüchen, so daß die Eigentümer nach Schaffung der gesetzlichen Voraussetzungen im Jahre 1978 (*fincas ruinosas*) oftmals auch wegen des schlechten Zustandes den Abriß gegenüber der kostenintensiven Renovierung bevorzugten (vgl. Kap. 3.2.3 und 4.1). Nach Abklingen des Baubooms im Jahre 1981 blieben jedoch zahlreiche Gebäude in schlechtem Zustand leer stehen, und diese waren dann das Ziel der Hausbesetzer, wie in Tabelle 18 durch den Erhaltungszustand sowie durch das Gebäudealter eindeutig belegt wird. Die 42 besetzten Häuser sind in der überwiegenden Mehrzahl (85,7%) vor 1920 errichtet, ein knappes Fünftel (19,0%) sogar schon vor 1850. Von diesen Gebäuden, die sich in einem sehr schlechten Zustand befinden, sind 15 wegen des städtebaulichen Wertes einer Schutzbedürftigkeit zugeordnet, die nur sehr eingeschränkt bauliche Modifikationen erlaubt (vgl. Kap. 4.3).

Am Beispiel der besetzten Häuser zeigt sich die Sanierungsproblematik in der Altstadt Montevideos am deutlichsten (vgl. auch Tab. 19). Die in diesen Gebäuden wohnende Bevölkerung kann aufgrund ihrer Einkommens- und Ausbildungssituation ohne Unterstützung durch staatliche Stellen (Material, intensive fachliche Beratung und Betreuung) höchstens einfache Renovierungsarbeiten wie die Erneuerung des Anstrichs oder andere kleinere Ausbesserungen durchführen. Eine gewisse Bereitschaft hierzu ist anzutreffen, denn immerhin haben sieben Familien einfachere Instandsetzungen vorgenom-

Abbildung 25: Wohnformen in der Altstadt Montevideos

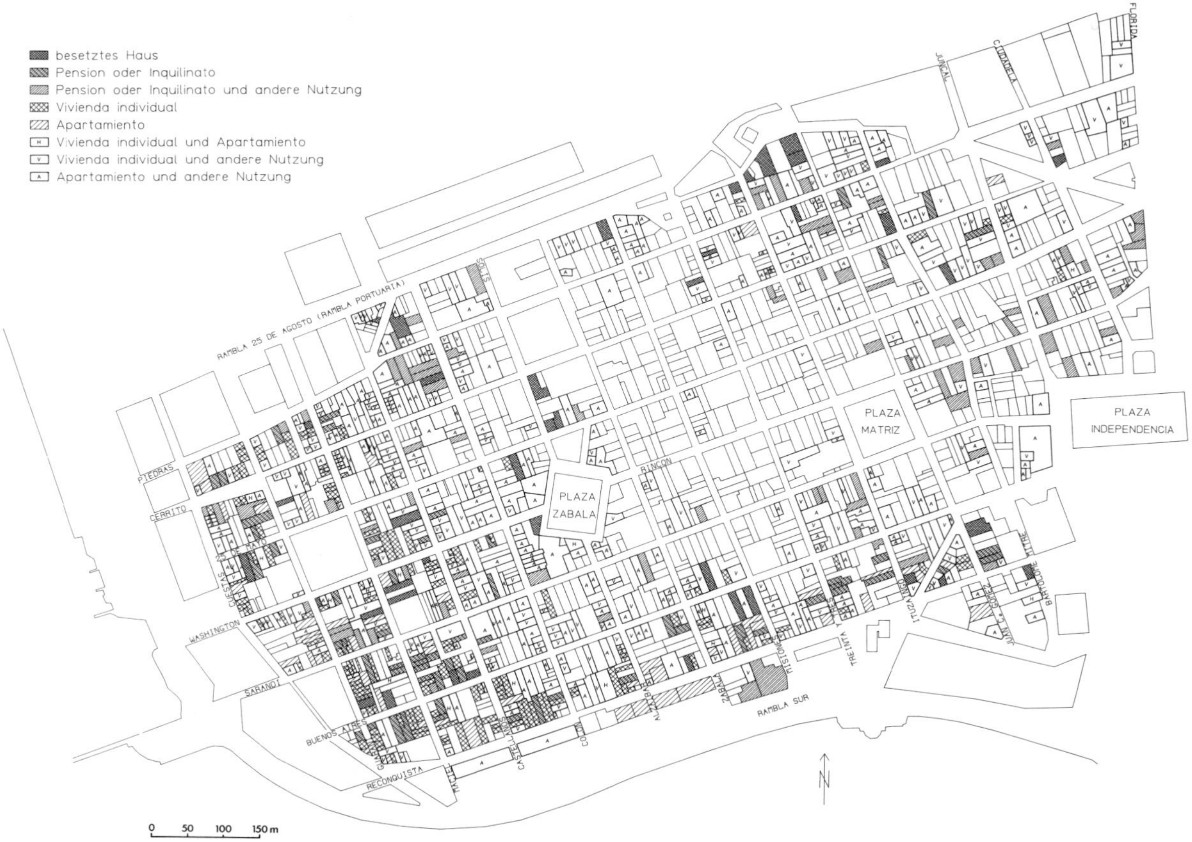
besetztes Haus
Pension oder Inquilinato
Pension oder Inquilinato und andere Nutzung
Vivienda individual
Apartamiento
Vivienda individual und Apartamiento
Vivienda individual und andere Nutzung
Apartamiento und andere Nutzung
FLORIDA
CIUDADELA
JUNCAL
PLAZA INDEPENDENCIA
PLAZA MATRIZ
PLAZA ZABALA
RAMBLA 25 DE AGOSTO (RAMBLA PORTUARIA)
SOLIS
RINCON
PIEDRAS
CERRITO
WASHINGTON
SARANDI
BUENOS AIRES
RECONQUISTA
CASTELLANOS
COLON
ZABALA
MISIONES
TREINTA Y TRES
ITUZAINGO
BARTOLOME MITRE
RAMBLA SUR
0 50 100 150 m

Quelle: eigene Auswertung der Unterlagen der IMM

Tabelle 18: Beschreibung des baulichen Zustandes der besetzten Häuser durch ausgewählte Merkmale

	Erhaltungszustand		Schutzbedürftigkeit		Gebäudealter	
	außen	innen	Stufe	Anzahl		Anzahl
gut	5	3	0 u. 1	8	vor 1850	8
eingeschränkt gut	11	5	2	15	1850-1900	20
mittelmäßig	17	14	3	11	1900-1920	8
schlecht	6	13	4	4	1920 u. später	3
keine Angabe	3	7	k.A.	4	k.A.	3
Summe	42	42		42		42

Quelle: eigene Auswertung der Unterlagen der IMM

Tabelle 19: Wohnnutzung in Abhängigkeit von Gebäudealter, Erhaltungswert sowie baulichem Zustand[1]

	Hausbesetzer	Pensión / Inquilinato	Vivienda individual	Apartamento	keine Wohnnutzung
Gebäudealter					
-1875	33,3	14,7	15,3	3,4	10,8
1875-1930	54,8	81,2	65,9	34,5	39,0
1930-1973	4,8	2,1	16,8	57,8	20,7
1973-1983	0,0	0,7	1,5	3,4	6,8
Erhaltungswert					
Stufe 0,1	19,0	14,7	41,7	72,0	38,9
Stufe 2	35,7	55,2	40,5	19,6	21,5
Stufe 3	26,2	28,0	16,8	7,4	15,1
Stufe 4	9,5	2,1	1,0	1,0	4,7
baulicher Zustand					
gut	11,9	36,4	49,6	63,5	47,1
eingeschränkt gut	26,2	44,8	35,9	29,1	20,1
mittelmäßig	40,5	15,4	11,5	6,4	6,1
schlecht	14,3	3,5	2,5	0,0	2,3
Anzahl	42	143	393	296	916

1) Gebäude ohne Angaben wurden bei den Prozentwerten nicht berücksichtigt

Quelle: eigene Auswertung der Unterlagen der IMM

men. Eine Initiative der Hauseigentümer ist ebenfalls auszuschließen, da die vorzunehmenden Arbeiten sehr kostenintensiv sind und gleichzeitig abzusehen ist, daß die gegenwärtige Wohnbevölkerung die Kosten hierfür nicht tragen kann. So zeichnet sich im Falle des vorrangigen Ziels der Gebäudeerhaltung eine Verdrängung der in besetzten Häusern lebenden Familien ab und somit auf Dauer eine räumliche Verlagerung des Problems in andere Stadtviertel.

Die unterschiedliche Wohnqualität zwischen Eigentümern und Mietern ist bereits aus Tabelle 17 zu erkennen, da die Haushalte in den *Viviendas individuales* und in den Apartmentwohnungen über mehr Räume je Person sowie über eine bessere Ausstattung verfügen als die Familien in den *Pensiones* oder *Inquilinatos*.

Die *Vivienda individual* ist ein Einfamilienhaus, dessen Bauanlage häufig dem Patiohaus entspricht (vgl. Abb. 3). 81% dieses Gebäudetyps wurden vor 1930 errichtet (vgl. Tab. 19), und trotz des wesentlich höheren Alters im Vergleich zur gesamten Bausubstanz ist die Wohnsituation der darin lebenden Familien aufgrund der größeren Wohnfläche sowie der Ausstattung in der Regel als gut zu bezeichnen. Nach den Befragungsergebnissen verfügen die 26 Haushalte, die in einer *Vivienda individual* wohnen, im Durchschnitt über 5,2 Räume. Diese vergleichsweise niedrige Belegungsdichte (vgl. Tab. 20) und die somit geringe Ausnutzung der vorhandenen Fläche erklären die räumliche Verteilung dieses Gebäudetyps (vgl. Abb. 25): Er ist hauptsächlich an der Spitze der Halbinsel randlich zum Kern der Verwaltungsstandorte und der Finanzaktivitäten anzutreffen (vgl. Abb. 10 u. 11) und abseits zur Ausbreitungsrichtung des Leitstrahls *Sarandí - 18 de Julio*. In diesem Bereich der Altstadt unterblieb aufgrund der Lageeigenschaft die Nachfrage nach Grundstücken, um diese einer intensiveren Nutzung als dem Wohnen zuzuführen. Da das spekulative Element fehlte, ist die Bausubstanz der *Viviendas individuales*, die in ihrer Anlage den Vorstellungen der Kolonialzeit entsprechen, noch weitgehend erhalten. Ihr baulicher Zustand kann trotz des Alters mit gut bezeichnet werden (vgl. Tab. 19). Hierin drücken sich Interessen der Hauseigentümer an der Erhaltung aus, die den im Dekret No. 20.843 festgehaltenen Zielen der Stadtverwaltung Montevideos nur förderlich sein können (vgl. Kap. 4.3). Zwar fehlen bei den *Viviendas individuales* Gebäude mit höchstrangigen städtebaulichen Werten (vgl. Tab. 19), aber die außen einfach und schlicht gestalteten Häuser tragen mit ihrer baulichen Geschlossenheit wesentlich zum Gesamteindruck der Altstadt bei.

Apartmentwohnungen befinden sich in der Mehrzahl in Gebäuden, die 1930 oder später errichtet wurden (vgl. Tab.19). Der bauliche Zustand ist im Vergleich zu den anderen Wohnungstypen deutlich besser, was sicherlich mit dem jüngeren Gebäudealter zusammenhängt. Die geringe Schutzbedürftigkeit weist allerdings auf eine Änderung in der Baugestaltung hin (vgl. Tab. 19). Dies zeigt sich sehr deutlich am Beispiel der Mietsblöcke entlang der *Rambla Sur*, die zwischen 1950 und 1960 erbaut wurden und die schon durch ihre Höhe den städtebaulichen Charakter der Altstadt im Süden der Halbinsel mindern. Hier konzentrieren sich zwar wegen der Gebäudegrößen die meisten Apartmentwohnungen, Abbildung 25 verdeutlicht aber auch, daß dieser Wohnungstyp in Verbindung mit anderen Funktionen innerhalb der Altstadt eine größere Verteilung als die *Vivienda individual* aufweist. Diese Streuung hängt damit zusammen, daß im Gebiet mit höher zu bewertenden Nutzungen die Gebäude im Durchschnitt jünger sind als in den peripher gelegenen Bereichen und damit die Errichtung oder der Einbau eines Apartments infolge neuer architektonischer Vorstellungen und des *Ley de la Propiedad Horizontal* aus dem Jahre 1946 wahrscheinlicher war. Die Wohnqualität in den Apartmentwohnungen ist gut. Zwar liegt die mittlere Zahl der Räume je Haushalt mit 4,7 Personen unter der in der *Vivienda individual,* jedoch ist aus Tabelle 21 ersichtlich, daß die Wohnausstattung gut ist.

Im Gegensatz zu den *Viviendas individuales* oder den Apartmentwohnungen sind die *Pensiones* oder *Inquilinatos* weniger an einen bestimmten Gebäudetyp gebunden. Man findet sie sowohl in Miets- als auch in Patiohäusern, die vor allem zwischen 1875 und 1930 erbaut wurden. In diesem Zeitraum erlebte Montevideo durch Immigration und Zuwanderung aus dem *Interior* sein stärkstes Bevölkerungswachstum (vgl. Kap. 3.2 u. Beitrag BÄHR), und die Nachfrage nach Wohnraum erzeugte eine höhere Belegungsdichte in zentral gelegenen Stadtteilen. Voraussetzung hierzu war die zimmerweise Vermietung an Familien, die noch heute die prägende Eigenschaft der *Pensiones* und *Inquilinatos* ist. Dementsprechend ist die Wohnqualität der dort lebenden Familien ziemlich schlecht. Den Haushalten stehen im Durchschnitt 1,8 Räume zur Verfügung, und die Benutzung von Küche und Bad müssen sie sich oftmals mit anderen Familien teilen (vgl. Tab. 21).

Die Unterscheidung zwischen *Inquilinatos* und *Pensiones* ergibt sich im wesentlichen aus der Entstehung beider Mietformen. Schon immer vermieten die Eigentümer in der Altstadt Montevideos einige Zimmer an Familien, um ihr Einkommen zu erhöhen. Anfangs bewohnten noch beide das Haus, der Eigentümer den vorderen Innenhof, die Mieter die hinteren. Die sanitären Anlagen nutzte man gemeinsam. Der Besitzer war für Sauberkeit und Bauzustand verantwortlich. Mit der Expansion Montevideos zogen jedoch zahlreiche Hauseigentümer aus der Altstadt weg, und es entstand die heutige Form des *Inquilinato*. Der Besitzer wohnt nicht mehr in seinem Haus, sondern übergibt es einem Verwalter, der es zimmerweise an einzelne Familien vermietet. Zwar verfügen die Bewohner nur über ein geringes Einkommen, aber es sind sichere Einkünfte, was durch die monatliche Zahlungsweise der Miete zu belegen ist. Dementsprechend ist die Wohnbevölkerung in den *Inquilinatos* ziemlich stabil, so daß ein Hauswart *(encargado)* nicht notwendig ist. Weitere Eigenschaften der *Inquilinatos* sind: Es gibt keine möblierten Zimmer, die gemeinschaftlich zu nutzenden Einrichtungen reichen nicht aus, und Mietzahlungen schließen die Kosten für Strom und Wasser nicht ein.

Die Altstadt war als wirtschaftliches und finanzielles Zentrum des Landes zumal mit dem Hafen in unmittelbarer Nachbarschaft ein sehr guter Standort für das Hotelgewerbe. Im vorigen Jahrhundert konnte man in Montevideo vier Typen von Pensionen unterscheiden. In einer ersten Gruppe wohnten vor allem Familien aus Montevideo oder aus dem *Interior,* die hier seit längerem ansässig waren. Ihr Einkommen war zu gering, um sich ein Zimmer in einem *Inquilinato* oder in einer *Vivienda individual* zu mieten. In einem zweiten Typ lebten Einwanderer gleicher nationaler Herkunft. Dann gab es noch Pensionen, die sich auf die Unterbringung von Reisenden spezialisiert hatten und die den Hotels der untersten Kategorie entsprachen. Diese drei Gruppen kamen nicht nur in der Altstadt vor, sondern im gesamten Innenstadtbereich Montevideos. Nur der vierte Typ, die Pensionen, in denen Prostituierte lebten, konzentrierten sich im Süden der Halbinsel. Diese Gebäude wurden allerdings im Zuge der Neugestaltung der *Rambla Sur* größtenteils abgerissen (vgl. Abb. 25).

Die gemeinsame Nutzung von Küchen und sanitären Anlagen ist heute Merkmal der *Pensiones* und *Inquilinatos*. In *Pensiones* wohnen Haushalte, die nur für kurze Zeit bleiben wollen oder die aufgrund ihrer unsicheren Einkommen keinen längerfristigen Mietvertrag eingehen können. Im Gegensatz zum *Inquilinato* ist daher in den *Pensiones* ein Hauswart *(encargado)* zur Beaufsichtigung der Mieter angestellt. Ist diesem Verantwortlichen eine Familie oder eine Person länger bekannt, dann ist ein dauerhaftes Mietverhältnis durchaus möglich. Zwischen beiden Mietformen existiert somit ein fließender Übergang, jedoch gibt es einige Merkmale, die nur für *Pensiones* zutreffen:

- Ein Hauswart ist anwesend.
- Die variable Zahlungsweise erfolgt nach einem Tag, nach einer Woche, nach einem halben oder ganzen Monat.
- Ein Mietvertrag wird meistens nicht abgeschlossen.
- Die Zimmer sind möbliert.
- Die Miete enthält die Kosten für Wasser und Strom.

Trotz dieser Unterschiede in der Organisation ist heute die Wohnqualität sowohl in den *Pensiones* als auch in den *Inquilinatos* schlecht, so daß im folgenden nur von *Inquilinato* als Synonym gesprochen wird.

Die Darstellung der Wohnformen in der Altstadt Montevideos verdeutlicht die erhebliche Spannweite der vorliegenden Wohnqualität und die Notwendigkeit, innerhalb des Mietsektors zwischen Haushalten, die in Apartmentwohnungen oder in *Inquilinatos* wohnen, zu differenzieren. Nach der Beschreibung von Wohnsituation, Mobilität und bevölkerungsstrukturellen Eigenschaften der Familien werden die Ergebnisse den Aussagen im TURNER-Modell über innerstädtische Wanderungsrichtungen sowie den von BENTON (1986) aufgestellten drei Wohnungsstrategien gegenübergestellt. Obwohl in den folgenden Tabellen die Hausbesetzer ebenfalls berücksichtigt sind, wird auf sie nicht näher eingegangen, da schon an anderer Stelle über sie berichtet wurde (vgl. GANS 1987b).

Die Eigentümer leben in Wohnungen mit der besten Qualität aller Gruppen. Dies trifft sowohl für die Ausstattung mit Küche und Bad sowie für Licht- und Wasseranschluß zu als auch für die Relation zwischen mittlerer Zahl der Räume und Haushaltsgröße (vgl. Tab. 20, 21). Zwar wechselten fast 70% der Hausbesitzer mindestens einmal die Wohnung, sie zogen aber in der Mehrzahl schon vor längerer Zeit aus anderen Stadtteilen Montevideos zu. Vor allem wohnungsorientierte und familiäre Motive sowie der Wunsch, in der Nähe von zentralen Dienstleistungseinrichtungen zu wohnen, lagen den Umzügen in den meisten Fällen zugrunde (vgl. Tab. 22, 23). Über ein Drittel der Haushaltsvorstände erreicht ein Lebensalter von mindestens 60 Jahren, und die im Vergleich geringe Familiengröße weist darauf hin, daß der Lebenszyklus durch eine stagnierende bzw. zurückgehende Zahl der Haushaltsmitglieder gekennzeichnet ist. Der Anteil verwandter oder bekannter Personen zum Haushaltsvorstand verzeichnet mit 23,7% den höchsten Wert (vgl. Tab. 24). Aus der Altersstruktur dieses Personenkreises ist zu erkennen, daß es sich sowohl um Geschwister oder Freunde als auch um Kinder und Enkelkinder der Hauseigentümer handeln muß. Ihre gute Wohnversorgung erlaubt es ihnen, Verwandte sowie Bekannte in ihren Haushalt aufzunehmen. Dies kommt beiden Seiten zugute, denn einerseits werden Mietzahlungen eingespart und ande-

Tabelle 20: Wohnformen und finanzieller Handlungsspielraum

	monatliches Einkommen (in Pesos)			Mietzahlungen[1] %	Haushaltsgröße	Zahl der Räume	Anzahl
	≤ 5.500	5.501-12.999	13.000				
Eigentümer	1	12	12	–	2,92	5,23	26
Mieter von Apartments	4	14	7	24	3,81	4,73	26
Mieter in *Inquilinatos*	11	6	1	31	3,65	1,85	20
sonstige Situation	1	10	3	–	4,13	2,73	15
Hausbesetzer	8	2	0	–	8,60	2,89	10

1) Mietbelastung in % des mittleren Einkommens

Quelle: eigene Auswertung der Befragung durch die *Grupo de Estudios Urbanos*

Tabelle 21: Wohnformen nach Ausstattung (in %)

	Küche		Bad		Licht	Wasser	baulicher Zustand	
	1	2	1	2			gut	schlecht
Eigentümer	100	–	100	–	96	96	96	–
Mieter von Apartments	96	4	96	4	100	100	54	12
Mieter in *Inquilinatos*	20	40	15	85	95	85	40	35
sonstige Situation	87	7	80	13	100	100	80	–
Hausbesetzer	60	10	50	50	50	20	–	90

1) individuelle Nutzung
2) gemeinsame Nutzung mit anderen Familien

Quelle: eigene Auswertung der Befragung durch die *Grupo de Estudios Urbanos*

rerseits verfügen Familien, die im eigenen Haus wohnen, aufgrund ihrer größeren Anzahl von Verdienstquellen (im Durchschnitt 2,1) über ein deutlich höheres Einkommen als Haushalte, die Mieter sind. Der Effekt dieser Verdichtung ist somit ein größerer finanzieller Handlungsspielraum unter Beibehaltung einer überdurchschnittlichen Wohnqualität.

Tabelle 22: Mobilität und vorherige Wohnstandorte der Haushalte nach Wohnformen

	Wohndauer ≤ 5 Jahre	Wohndauer 6 u.m. Jahre	Wohn. wechsel in % d. Haush.	vorherige Wohnstandorte Altstadt	vorherige Wohnstandorte übriges Montevideo	vorherige Wohnstandorte sonstige
Eigentümer	6	20	69,2	1	11	6
Mieter von Apartments	8	18	50,0	0	12	1
Mieter in *Inquilinatos*	11	9	75,0	0	10	2
Sonstige Situation	3	12	66,7	0	4	1
Hausbesetzer	7	3	80,0	1	5	1

Quelle: eigene Auswertung der Befragung durch die *Grupo de Estudios Urbanos*

Tabelle 23: Motive des Wohnungswechsels nach Wohnformen

	Motive arbeitsplatz orientierte	Motive wohnungs- orientierte	Motive finanzielle	Motive sonstige
Eigentümer	3	7	2	7
Mieter von Apartments	5	3	3	3
Mieter in *Inquilinatos*	6	2	4	2
sonstige Situation	7	3	2	0
Hausbesetzer	1	0	7	1

Quelle: eigene Auswertung der Befragung durch die *Grupo de Estudios Urbanos*

Ebenfalls in guten Wohnverhältnissen leben Familien, die ein Apartment mieten. Ihre Situation ist hinsichtlich Ausstattung und Größe der Wohnungen, Mobilität sowie Lebenszyklus ähnlich der von Haushalten, die Eigentümer sind (vgl. Tab. 20-24). Die Einkünfte sind trotz der Mietbelastungen noch als gut zu bezeichnen. Auch bei dieser Gruppe tragen Verwandte oder Bekannte wesentlich dazu bei, das finanzielle Budget zu erhöhen (mittlere Anzahl der Verdienstquellen 1,8).

Von diesen beiden Kategorien heben sich Mieter, die in *Pensiones* oder *Inquilinatos* wohnen, sowie Haushalte, denen eine Unterkunft geliehen oder auf andere Art und Weise zur Verfügung gestellt wurde, deutlich ab. Bei der letzten Gruppe weisen Wohnausstattung, Mobilität sowie Einkommen (Verdienstquellen 1,9) nur geringfügige Unterschiede zu Ei-

Tabelle 24: Lebenszyklus der Haushalte sowie Anteil der Verwandten oder Bekannten an den Familienmitgliedern je nach Wohnform

	Alter des Haushaltsvorstandes			Anteil der Verwandten oder Bekannten	Zahl der Haushalte
	20-40 Jahre %	40-60 Jahre %	60 u.m. Jahre %	%	
Eigentümer	11,5	50,0	38,5	23,7	26
Mieter von Apartments	23,1	57,7	19,2	20,2	26
Mieter in *Inquilinatos*	50,0	30,0	20,0	9,6	20
Sonstige Situation	26,7	73,3	-	9,7	15
Hausbesetzer	10,0	80,0	-	30,2	10

Quelle: eigene Auswertung der Befragung durch die *Grupo de Estudios Urbanos*

gentümern und Mietern von Apartments auf, aber beim Lebenszyklus (expandierende bis stagnierende Zahl von Familienmitgliedern), bei der Wohnungsgröße sowie beim niedrigen Anteil der Verwandten oder Bekannten ist eine zum Teil erhebliche Differenzierung festzustellen.

Mieter in *Inquilinatos* sind hinsichtlich der verfügbaren Wohnfläche je Familienmitglied, der Wohnausstattung und der Einkommen (mittlere Anzahl der Verdienstquellen 1,5) deutlich schlechter gestellt als die zuvor besprochenen Gruppen. Dies trifft auch für den finanziellen Handlungsspielraum zu, vor allem wenn man neben den relativ hohen Mietbelastungen noch die Unsicherheit der Einkünfte berücksichtigt. Denn immerhin stammen knapp 20% der Haushaltseinnahmen aus dem informellen Sektor, dessen Bedeutung bei Mietern von Apartments mit 8,9% deutlich niedriger liegt. Die Mehrzahl der Familien, die in *Inquilinatos* wohnen, sind junge Haushalte, die innerhalb der letzten fünf Jahre, also 1979 oder später, in die Altstadt aus anderen Stadtvierteln Montevideos umgezogen sind. Dabei überwogen arbeitsplatzorientierte Motive. Jedoch verdeutlichen die Ergebnisse zur Mobilität und zum Alter der Haushaltsvorstände, daß es auch Familien in einem späteren Lebenszyklus gibt, die schon längere Zeit in einem *Inquilinato* leben. Bei diesen Haushalten spielen eher wohnungsorientierte und finanzielle Gründe für den Wohnstandort in der Altstadt eine Rolle.

Diese Ergebnisse über Wohnstandortverhalten, Wohnsituation und Einkommen der Haushalte, die in der Altstadt leben, stehen zum Teil in Einklang, zum Teil aber auch im Widerspruch zu den Aussagen des Modells von TURNER (1968). Sein entscheidungstheoretischer Ansatz leitet die Ausbildung des innerstädtischen Wanderungssystems aus den Wohnpräferenzen der Haushalte ab, die sich in Abhängigkeit von Lebenszyklus und Wohndauer in einer Metropole ändern (vgl. TURNER 1968, BÄHR 1986). Außerdem gilt das Modell und auch seine Dynamisierung durch CONWAY/BROWN (1980) nur für Familien, die vor kurzem aus ländlich geprägten Regionen in das Zentrum eines städtischen Ballungsraumes gezogen sind und die dort zur Miete wohnen. In der Altstadt Montevideos gibt es außer ihnen Eigentümer, Hausbesetzer und Familien, denen eine Unterkunft kostenlos zur Verfügung steht. Aber auch die Mieter bilden keine homogene Gruppe. Aufgrund ihrer Wohnsituation und ihrer Wohndauer muß man bei ihnen zwischen Haushalten unterscheiden, die in einem Apartment oder in einem *Inquilinato* wohnen. Außerdem lagen die vorherigen Wohnstandorte der Familien nur in sehr wenigen Fällen außerhalb von Montevideo. Dies hängt sicherlich damit zusammen, daß die uruguayische Hauptstadt innerhalb der lateinamerikanischen Metropolen eine Sonderstellung hinsichtlich des Bevölkerungswachstums und der Zuwanderung aus dem *Interior* einnimmt (vgl. Beitrag BÄHR). Die Verstädterung setzte in Uruguay sehr früh ein und ist heute weitgehend abgeschlossen, so daß man annehmen könnte, daß die folgende Kritik am TURNERschen Modell nur für eine späte Phase der Urbanisierung zuträfe. Dies ist jedoch nicht der Fall, ist doch das Konzept des Handlungsspielraumes unabhängig von einem bestimmten Abschnitt der Verstädterung anwendbar (vgl. BÄHR 1986).

Die *bridgeheaders* von TURNER (1968) fehlen in der Altstadt weitgehend. Nur einige Familien, die in einem *Inquilinato* oder in einer leihweise zur Verfügung gestellten Wohnung leben, könnte man dieser Kategorie zuordnen. Daneben treten innerhalb des Stadtzentrums noch *consolidators* und *status-seekers* auf (Eigentümer, Mieter von Apartments) und offenbar auch Gruppen wie die Hausbesetzer, die durch soziale Veränderungen in Uruguay nach 1973, verstärkt noch durch die wirtschaftliche Krise seit 1982, eine möglichst billige Unterkunft in der Altstadt suchen (vgl. Tab. 23 u. GANS 1987b). Diese Gruppe, die durch die ökonomischen Rahmenbedingungen einen sozialen Abstieg erfuhr - und hierzu zählen sicherlich auch einige Haushalte, die in *Inquilinatos* leben -, läßt sich nur schwer in das Modell von TURNER einordnen, da seine Vorstellungen die auf verschiedenen Untersuchungsebenen wirksamen Restriktionen hinsichtlich Wahl des Zielgebietes, Verwirklichung der Umzugsentscheidung oder der Wohnwünsche nicht berücksichtigen.

Tabelle 25: Umzugswünsche und Realisierungsprobleme der Haushalte

	Umzugswunsch		wenn ja, Hinderungsgrund wegen		Summe
	ja	nein	Geldproblemen	sonstigen Ursachen	
Eigentümer	4	22	2	2	26
Mieter von Apartments	13	13	8	5	26
Mieter in *Inquilinatos*	16	4	12	4	20
Sonstige Situation	5	10	5	0	15
Hausbesetzer	9	1	8	1	10

Quelle: eigene Auswertung der Befragung durch die *Grupo de Estudios Urbanos*

Auf der individuellen Ebene spielt der finanzielle Handlungsspielraum der Haushalte die entscheidende Rolle. Aus Tabelle 25 ist trotz des kleinen Stichprobenumfangs eindeutig zu erkennen, daß bei Mietern und Hausbesetzern ein hohes Mobilitätspotential anzutreffen ist. Die bestehenden Umzugswünsche können jedoch wegen finanzieller Probleme der Haushalte nicht verwirklicht werden, so daß die Familien in der Altstadt Montevideos wohnen bleiben. Ähnliche Ergebnisse über diese erzwungene Immobilität liegen auch für Haushalte unterer Einkommensschichten in Großstädten der Industrieländer vor (KREIBICH/MEINECKE/NIEDZWETZKI 1980). Auch die drei von BENTON (1986) genannten Wohnungsstrategien, für die es mehrere Belege gibt, lassen sich in das Konzept des Handlungsspielraumes einordnen. "Verdichtung" sowie "Hausbesetzung" bedeutet für die Haushalte eine finanzielle Entlastung und das Mieten einer Wohnung in einem *Inquilinato* ist aufgrund der Zahlungsweise sowie des Mietpreises den niedrigen und unsicheren Einnahmen der Familien angepaßt.

Auf der Makroebene bleiben im Modell TURNERs sowie dessen Erweiterungen weitgehend die Bedingungen des Wohnungsmarktes außer acht. So können die Hausbesetzer aufgrund der wirtschaftlichen Entwicklung und politisch-rechtlichen Maßnahmen nur im Stadtzentrum, insbesondere in der Altstadt, leerstehende Häuser antreffen. Ähnliches gilt für die Verteilung der *Pensiones* oder *Inquilinatos* über das Stadtgebiet. Die Anziehungskraft des Stadtzentrums auf Familien unterer Einkommensschichten resultiert also weniger aus ihren Wohnpräferenzen, sondern wegen ihrer angespannten finanziellen Situation suchten sie billige Unterkünfte, die sich in der Innenstadt konzentrieren.

Das Konzept des Handlungsspielraumes erlaubt es somit, Mikro- und Makroebene bei Wanderungsentscheidungen miteinander zu verknüpfen. Außerdem kann es unabhängig von der Verstädterungsphase das innerstädtische Wanderungssystem durch die unterschiedliche Gewichtung wirksamer Restriktionen für Haushalte aller Sozialschichten erklären. Es ist ein einheitliches Konzept, das bei Großstädten in Industrie- und Entwicklungsländern anzuwenden ist.

5.4 Bewertung der Lebensverhältnisse in der Altstadt

Das Mobilitätspotential der Haushalte, das in Tabelle 25 zum Ausdruck kommt, läßt annehmen, daß die sozialen Bindungen der Familien zur Altstadt je nach Wohndauer und Besitzverhältnissen sehr variieren. Die Einstellung der Bewohner hängt sicherlich auch davon ab, wie sie in diesem Stadtviertel die Versorgungsmöglichkeiten hinsichtlich der verschiedenen Grunddaseinsfunktionen bewerten. Die Enge dieser Beziehungen sowie eine positive Beurteilung der Altstadt sind ausschlaggebend für den Verbleib im Zentrum und somit auch für die Aufgeschlossenheit gegenüber Sanierungsmaßnahmen der Stadtverwaltung und der Bereitschaft, notwendige Arbeiten sowie Aktivitäten zu unterstützen. Initiativen jeglicher Art der Bewohner, die von allen Planungen direkt oder zumindest indirekt betroffen sind, helfen, das Bewußtsein der Einwohner für ihren Stadtteil fördernd zu beeinflussen. Als Personen, die in der Altstadt wohnen, verfügen sie aufgrund ihrer alltäglichen Erfahrungen über zum Teil ausgezeichnete Kenntnisse über infrastrukturelle Engpässe, bauliche Mißstände oder soziale Defizite und können so auch die Vorhaben der Stadt kritisch beurteilen und eventuell sogar zu laufenden Planungen korrigierende Vorschläge unterbreiten.

Ein erster Schritt in diese Richtung, die Bevölkerung der Altstadt in die Erhaltungs- und Renovierungsmaßnahmen stärker einzubeziehen, ist, die Bewertung ihrer Lebensverhältnisse sowie ihre Einstellung zum Viertel zu analysieren. Die Untersuchungsergebnisse können der *Intendencia* Aufschluß darüber geben, in welchen Lebensbereichen vom Standpunkt der Bewohner aus Defizite bestehen, die vielleicht schon durch einfache Maßnahmen beseitigt werden können und dadurch auch zu einer kulturellen und sozialen Wiederbelebung des Viertels führen, weil Ursachen für das negative Image beseitigt werden.

Tabelle 26: Soziale Einordnung der Altstadt

	\multicolumn{5}{c}{Die Altstadt ist ein Viertel}	
	reicher Leute	der Mittelschicht	armer Leute	mit allen wichtigen Einrichtungen	sonstiges, keine Angabe	Anzahl
	%	%	%	%	%	
Eigentümer	0	26,9	3,8	53,8	15,4	26
Mieter von Apartments	0	7,7	53,8	34,6	3,8	26
Mieter in *Inquilinatos*	0	15,0	25,0	60,0	0	20
sonstige Situation	0	13,3	20,0	53,3	13,3	15
Hausbesetzer	0	0	70,0	30,0	0	10
insgesamt	0	14,4	30,9	47,4	7,2	97

Quelle : eigene Auswertung der Befragung durch die *Grupo de Estudios Urbanos*

Die Haushalte sind sich wohl bewußt, daß die Altstadt ein Viertel ist, in dem untere Einkommensgruppen wohnen. Die Eigentümer heben die Bedeutung der Mittelschicht hervor, Mieter von Apartments glauben dagegen, daß vor allem ärmere Leute hier wohnen. Die Ausstattung mit wichtigen Einrichtungen für den kurz- bis langfristigen Bedarf wird insgesamt erkannt und - wie in Tabelle 27 zum Ausdruck kommt - auch positiv bewertet.

Hauptsächlich die Versorgungsbereiche Verkehr, Lebensmittel, Bildung, Gesundheit und das Angebot öffentlicher Dienstleistungen werden gut bis sehr gut beurteilt, während die Einschätzung des Wohnungssektors sowie der Beschäftigungsmöglichkeiten negativ ausfällt. In der letzten Angabe drückt sich die schlechte wirtschaftliche Entwicklung auf nationaler Ebene aus. Die Stadtverwaltung könnte allerdings durch erhaltende und erneuernde Maßnahmen den Wohnungssektor aufwerten und dadurch gleichzeitig Arbeitsplätze schaffen, die auch für weniger qualifizierte Erwerbspersonen, die in der Altstadt wohnen (vgl. Kap. 5.2), zugänglich wären. Die Sanierung würde sich somit nicht nur finanziell belastend auf den öffentlichen

Tabelle 27: Bewertung der Altstadt

	Bewertung			
	gut bis sehr gut %	indifferent %	schlecht bis sehr schlecht %	k.A. %
Versorgungsbereiche				
Lebensmittel	77,3	14,4	5,2	3,1
Gesundheit	58,8	16,5	17,5	7,2
Verkehr	87,6	4,1	5,2	3,1
Bildung	61,9	23,7	11,3	3,1
Wohnen	13,4	40,2	44,3	2,1
öff. Dienste	58,7	21,6	18,6	1,0
Beschäftigung	12,4	22,7	59,7	5,2
Erholung	40,2	14,4	44,3	1,0
soziale Kontakte	73,2	9,3	16,5	1,0
Gebäude mit historischem Wert	82,0	12,4	2,1	3,1

Quelle: eigene Auswertung der Befragung durch die *Grupo de Estudios Urbanos*

Tabelle 28: Stellungnahme der Haushalte zu Aussagen über die Altstadt

Aussage	Zustimmung %	Indifferent %	Ablehnung %	k.A. %
Dieses Viertel wird immer schlimmer, da Ruinen und Abfall zunehmen.	49,5	15,5	33,0	2,0
Früher war es ein schönes Viertel, aber heute verschlechtern die Hausbesetzer das Image.	42,3	17,5	39,2	1,0
Nur wenige Viertel in der Stadt haben so schöne Stellen in unmittelbarer Nähe zu den Häusern.	49,5	13,4	32,0	5,1
Mir gefällt es hier, da es ein Viertel voller Leben ist.	42,3	9,3	44,3	4,1

Quelle: eigene Auswertung der Befragung durch die *Grupo de Estudios Urbanos*

Etat auswirken, sondern hätte auf dem Arbeitsmarkt und somit auch auf die staatlichen Einnahmen positive Effekte. Tabelle 27 belegt nachdrücklich, daß sich die Bevölkerung über die historischen und städtebaulichen Werte im kolonialen Kern Montevideos bewußt ist, und man kann hieraus folgern, daß sie gegenüber Renovierungen eine hohe Aufgeschlossenheit besitzt. Diese positive Einstellung sollte die Stadtverwaltung bei ihren Vorhaben ausnutzen, indem sie das vorhandene Potential an Eigeninitiative durch Informationsveranstaltungen, durch finanzielle Zuschüsse oder durch fachliche Beratung von Selbsthilfegruppen anregt und in die Planung einbindet. Die Bewohner haben die Notwendigkeit der Sanierung erkannt (vgl. Tab. 28). Sie soll nach ihrer Meinung offensichtlich nicht nur eine bauliche Erneuerung, sondern auch eine soziale Stabilisierung des Viertels bewirken. Denn aus Tabelle 28 wird deutlich, daß fast die Hälfte der Haushalte den Aussagen zustimmt, die eine zunehmende Verslumung der Altstadt feststellen. Dementsprechend nennen die Haushalte Maßnahmen im baulichen Bereich als die vordringlichste Aufgabe (50,6% aller 164 Angaben). Ganz allgemein wünschen sie die Verbesserung und den Neubau von Wohngebäuden auch für ärmere Leute, gehen aber ebenfalls auf spezielle Probleme der Altstadt ein: Erhaltung alter Gebäude sowie städtebaulich wertvolle Bausubstanz, Neugestalten und Aufräumen der leerstehenden Grundstücke, Beseitigen der Ruinen. Mit großem Abstand folgen an zweiter Stelle Angaben (15,9% von 164) zur Wohnumgebung. Die Bewohner fordern die zusätzliche Schaffung von Kinderspielplätzen, weitere Freiflächen zur Naherholung, die Verbesserung der Fußwege sowie der Straßenbeleuchtung und eine Organisation der Müllbeseitigung, was nochmals auf das bestehende Bewußtsein der Verslumung hinweist.

Diese kurze Darstellung belegt, daß ein großer Teil der Altstadtbevölkerung positiv zu den Sanierungsmaßnahmen der Stadt eingestellt ist und sich auch ihrer Notwendigkeit bewußt ist. Es wäre somit äußerst sinnvoll, diese Aufgeschlossenheit für konkrete Projekte auszunutzen.

6. Schlußbetrachtung

Die Notwendigkeit der Erhaltung des historischen Stadtkerns in Montevideo ist heute sowohl in der Öffentlichkeit als auch in der Stadtverwaltung kaum noch umstritten. Doch gibt es, um die städtebaulich wertvollen Gebäude zu erhalten und um die Altstadt sozial und kulturell wiederzubeleben, drei wichtige Problembereiche, die eine sinnvolle Durchführung gefährden: politische Durchsetzbarkeit der Vorstellungen, Finanzierbarkeit der Maßnahmen und Verdrängung der sozial schwachen Haushalte.

Die im Jahre 1986 erfolgte Ernennung von Prof. Marta Canessa de SANGUINETTI, der Ehefrau des Staatspräsidenten Uruguays, zum Mitglied der *Comisión Especial Permanente,* wertete das Gremium innerhalb der Stadtverwaltung erheblich auf, sicherte ihm eine große politische Durchsetzbarkeit der Ziele im Dekret No. 20.843 einschließlich der beiden Resolutionen und erschloß zusätzliche finanzielle Mittel. So ist heute der Sitz der Kommission sowie der *Grupo Técnico de Trabajo* nicht mehr ein kleines Zimmer im zehnten Stockwerk der *Intendencia* von Montevideo, sondern das sehr schön renovierte *Casa de Tomás Toribio* (vgl. Abb. 2), in dem auch eine kleine Ausstellung über die Architektur sowie über wichtige Bauelemente des vorigen Jahrhunderts untergebracht ist. Entscheidend ist aber, daß der politische Einfluß und die finanziellen Mittel erhöht wurden: So stellt heute die *Banco Hipotecario del Uruguay* einen Mitarbeiter ab, der bei Renovierungsmaßnahmen finanzielle Beratung leisten kann. Außerdem gehören jetzt zum Mitarbeiterstab sowohl Architekten, die am Beispiel einiger Gebäude in städtischem Besitz durch vorbildliche Erhaltungsarbeiten versuchen, Breitenwirkung zu erzielen, als auch sozialpädagogisches Fachpersonal, dessen Tätigkeit sich auf die sozialen Folgen der Sanierung erstreckt. Prof. SANGUINETTI kann außerdem als fachlich kompetentes Mitglied über ihren politischen Einfluß die Richtlinien im Dekret No. 20.843 gewährleisten und gegenüber der Verwaltung vertreten.

Das Engagement der *Banco Hipotecario del Uruguay* sichert zumindest vorläufig die Finanzierung der Baumaßnahmen. Es wurde ein Konzept ausgearbeitet, das den Eigentümern erhebliche Zinsvergünstigungen gewährt, wenn sie in der Altstadt Renovierungsarbeiten durchführen. Besonders gefördert werden junge Familien, die in die Altstadt umziehen und dort Eigentum erwerben. Um so wichtiger ist die Leitfunktion, die einige vorbildlich erneuerte Gebäude einnehmen. Denn ein Hausbesitzer wird sich vor allem dann an der Erhaltung seines städtebaulich wertvollen Gebäudes aktiv beteiligen, wenn er glaubt, eine angemessene Verzinsung seines eingesetzten Kapitals zu erzielen. Zu Beginn der Sanierungsphase ist eine Ertragssteigerung jedoch kaum abzusehen, so daß die Stadtverwaltung durch die vorbildliche Renovierung einiger Gebäude das Risiko einer Fehlinvestition mindern kann.

Die Gewährung zinsbegünstigter Darlehen, um den Wohnstandort "Altstadt" auch bei sozial besser gestellten Gruppen attraktiver zu gestalten, verschärft allerdings das Problem der Verdrängung unterer Einkommensgruppen, die den größten Anteil der Altstadtbevölkerung stellen. Es ist anzunehmen, daß ihre Einkünfte zu niedrig sind, um z.B. die Miete renovierter Wohnungen zu bezahlen. Zudem können sie keine Kredite erwarten, da ihre unsicheren Einkünfte eine längerfristige Planung, wie es die Vergabe von Darlehen erfordert, nicht erlaubt. Alle Maßnahmen müssen daher von einem Programm begleitet sein, das die Errichtung billiger Neubauwohnungen in der Altstadt oder im Zentrum Montevideos vorsieht. Denn der Standortvorteil in der Innenstadt ist für diese Haushalte äußerst wichtig (vgl. Kap. 5.2, 5.3). Weiterhin ist die Neubautätigkeit erforderlich, um die Spekulation mit billigem Wohnraum zu verhindern. Die Renovierungsarbeiten führen zu einer Verringerung dieses Wohnungsmarktsegmentes, und es ist nicht anzunehmen, daß die Nachfrage nach billigen Unterkünften zurückgeht. Ein sinkendes Angebot ergibt dann höhere Mietpreise, die nur durch eine entsprechende Neubautätigkeit eingeschränkt werden können.

LITERATUR

ASTORI, D. (1981): Tendencias recientes de la economía Uruguaya. In: Colección Temas Nacionales 2, Montevideo.

ALTEZOR, C. u. H. BARACCHINI (1971): Historia urbanística y edilicia de la ciudad de Montevideo. Montevideo.

ALVAREZ LENZI, R., ARANA, M. u. L. BOCCHIARDO (1986): El Montevideo de la expansión (1868-1915). Montevideo.

BÄHR, J. (1986): Innerstädtische Wanderungsbewegungen unterer Sozialschichten und peripheres Wachstum lateinamerikanischer Metropolen (mit Beispielen aus Santiago de Chile und Lima). In: Die Metropolen in Lateinamerika - Hoffnung und Bedrohung für den Menschen, K. KOHUT (Hrsg.), Eichstätter Beiträge 18, Regensburg, S. 143-178.

BENECH, E., SPRECHMANN, T., VILLAAMIL, A. u. J. BASTARRICA (1983): Montevideo. Aspectos morfológicos y tipológicos de sus estructuras residenciales 1945-1983. Bases analíticas para una política de transformación urbana, Montevideo.

BENTON, L.A. (1986): Reshaping the urban core: The politics of housing in authoritarian Uruguay. In: Latin American Research Review 21, S. 33-51.

BROMLEY, R. (1978): Organization, regulation and exploitation in the so-called 'urban informal sector': The street traders of Cali, Colombia. In: World Development 6, S. 1161-1171.

CARMONA, L. (1984): Ciudad Vieja 1829-1983. Principales transformaciones y propuestas urbanas. Montevideo.

CHEBATAROFF, J.F. (1984a): El patrimonio urbanístico y arquitectónico de la Ciudad Vieja. Montevideo.

— (1984b): Cuerpo normativo para la Ciudad Vieja de Montevideo. Montevideo.

— (1984c): Cronología de la Ciudad Vieja de Montevideo. Montevideo.

CONWAY, D. u. J. BROWN (1980): Intraurban relocation and structure: Low-income migrants in Latin America and the Caribbean. In: Latin American Research Review 15, S. 95-125.

ESSER, K., ALMER, G. GREISCHEL, P., KÜRZINGER, E. u. S. WEBER (1983): Monetarismus in Uruguay. Wirkungen auf den Industriesektor. Berlin.

FAROPPA, L.A. (1984): Políticas para una economía desequilibrada: Uruguay 1958-1981. Montevideo.

GANS, P. (1987a): Informelle Aktivitäten in der Altstadt Montevideos. In: 45. Deutscher Geographentag, Tagungsbericht und wissenschaftliche Abhandlungen, Stuttgart, S. 508-513.

— (1987b): Hausbesetzungen in der Altstadt Montevideos als Reaktion auf die ökonomische Entwicklung Uruguays nach 1973, Manuskript. Kiel.

GARCIA MIRANDA, R. u. M. RUSSI (1984): Esquema de las tipologías de vivienda en la Ciudad Vieja. Montevideo.

GILBERT, A. u. P. WARD (1982): Residential movement among the poor: The constraints on housing choice in Latin American cities. In: Trans. Inst. British Geographers, New Series 7, S. 129-149.

GORMSEN, E. (1980): Cambios en la zonificación socio-económico de ciudades Hispano-Americanas con referencia especial a los cascos coloniales. In: Revista Interamericana de Planificación 55/56, 14, S. 144-155.

GRIFFIN, E.C. (1974): Causal factors influencing agricultural land use patterns in Uruguay. In: Revista Geográfica 80, S. 13-33.

GROMPONE, R. (1981): Comerico ambulante: razones de una terca presencia. In: QueHacer 13, Lima, S. 95-111.

Grupo de Estudios Urbanos (1983): La Ciudad Vieja de Montevideo. Montevideo.

KLEINPENNING, J.M.G. (1981): Uruguay: the rise and fall of welfare state seen against a background of dependency theory. In: Revista Geográfica 93/94, S. 101-117.

KREIBICH, V., MEINECKE, B. u. K. NIEDZWETZKI (1980): Wohnungsversorgung und regionale Mobilität am Beispiel München. In: Dortmunder Beiträge zur Raumplanung 19.

LICHTENBERGER, E. (1972): Ökonomische und nichtökonomische Variablen kontinental-europäischer Citybildung. In: Die Erde 103, S. 216-262.

— (1986): Stadtgeographie, Band 1. Begriffe, Konzepte, Modelle, Prozesse, Stuttgart.

MAZZEI, E. u. D. VEIGA (1985): Pobreza urbana en Montevideo. Nueva encuesta en "Cantegriles" (1984). In: Cuadernos de CIESU 49, Montevideo.

MERTINS, G. (1984): Marginalsiedlungen in Großstädten der Dritten Welt. Ein Überblick. In: Geographische Rundschau 36, S. 434-443.

MITTENDORFF, R. (1984): Das Zentrum von Bogotá. Kennzeichen, Wandlungen und Verlagerungstendenzen des tertiären Sektors. Saarbrücken/Fort Lauderdale (= Sozialwissenschaftliche Studien zu internationalen Problemen 89).

SABELBERG, E. (1984): Die heutige Nutzung historischer Gebäude in toskanischen Städten. Gedanken zum Stellenwert alter Bausubstanz in der Innenstadtplanung. In: Aachener Geographische Arbeiten 16, S. 111-136.

SANDNER, G. (1971): Die Hauptphasen der wirtschaftlichen Entwicklung in Lateinamerika in ihrer Beziehung zur Raumerschließung. In: Hamburger Geographische Studien 24, Hamburg, S. 310-334.

SANGUINETTI, M.C. (1976): La Ciudad Vieja de Montevideo, Montevideo.

SERE, M. (1984): La Ciudad Vieja. San Felipe y Santiago de Montevideo 1724-1829. Montevideo.

SIERRA, G. de (1978): L'émigration massive des travailleurs Uruguayens de 1960 à 1976 (en particulier vers l'Argentine). In: Problèmes d'Amérique Latine, Notes et Etudes Documentaires 49, S. 85-105.

SPRECHMANN, T. (1982): Las estructuras arquitectónicas y urbanas de Montevideo a través de su historia. Primera parte: Montevideo bajo la dominación colonial. In: TRAZO 10, Montevideo, S. 25-48.

TURNER, J.C. (1967): Barriers and channels for housing development in modernizing countries. In: Journal of the American Institute of Planners 23, S. 167-180.

— (1968): Housing priorities, settlement patterns, and urban development in modernizing countries. In: Journal of the American Institute of Planners 24, S. 354-363.

URREA, F. (1982): Sector informal e ingresos en ciudades intermedias de Colombia. In: Lecturas de Economía 9, Medellín, S. 155-174.

VEIGA, D. (1984): Elementos para el diagnóstico de la pobreza urbana en el Uruguay. In: CIESU, Documentos de Trabajo 63. Montevideo.

WARD, P. u. S. MELLIGAN (1985): Urban renovation and the impact upon low income families in Mexico City. In: Urban Studies 22, S. 199-207.

World Population Data Sheet 1987 (1987). Washington D.C.

WIEGAND, U. (1986): Stadterneuerung in Mexiko am Beispiel von La Merced. In: Trialog 8, Darmstadt, S. 27-31.

WILHELMY, H. u. A. BORSDORF (1984): Die Städte Südamerikas. Teil 1: Wesen und Wandel. Berlin-Stuttgart (= Urbanisierung der Erde Bd. 3/1).